Knaur

Von Hans Herbert von Arnim sind außerdem erschienen:

Demokratie ohne Volk
Der Staat als Beute
»Der Staat sind wir!«
Die Partei, der Abgeordnete und das Geld
Diener vieler Herren
Fetter Bauch regiert nicht gern
Staat ohne Diener
Vom schönen Schein der Demokratie

Über den Autor:

Hans Herbert von Arnim, geboren 1939, leitete nach dem Jura- und Volkswirtschaftsstudium zehn Jahre lang das Karl-Bräuer-Institut des Bundes der Steuerzahler. Heute ist er Professor an der Deutschen Hochschule für Verwaltungswissenschaften Speyer. Sein Thema sind Grundfragen von Staat und Gesellschaft, was direkte Einmischung in die Politik aber nicht ausschließt. »Die Einmann-Instanz von Arnim« (*Die Zeit*) hat Dutzende von Gesetzen gekippt. Viele seiner Bücher waren Bestseller: *Staat ohne Diener, Fetter Bauch regiert nicht gern* (beide Kindler), *Der Staat als Beute, Diener vieler Herren* (beide Knaur Taschenbuch).

Hans Herbert von Arnim

POLITIK MACHT GELD

Das Schwarzgeld der Politiker – weißgewaschen

Knaur

Besuchen Sie uns im Internet:
www.droemer-weltbild.de

Originalausgabe 2001

Umschlaggestaltung: ZERO Werbeagentur, München
Satz: Ventura Publisher im Verlag
Druck und Bindung: Clausen & Bosse, Leck
Printed in Germany
ISBN 3-426-77557-3

5 4 3 2 1

Inhalt

Vorwort

Eigentlich hatte ich mich mit den Gehältern von Politikern nicht mehr befassen wollen. Zumindest von meiner Seite war zu diesem leidigen Thema genug gesagt, nachdem 1998 das Buch *Diener vieler Herren. Die Doppel- und Dreifachversorgung von Politikern* erschienen war. Die daraufhin von den Ministerpräsidenten Clement und Stoiber eingesetzte »Berger-Kommission« hat mich eines Besseren belehrt. Kaum leuchtet man irgendwo genauer hin, entdeckt man ein ganzes Netz verrückter Regelungen, und schon verdoppeln sich die Anstrengungen der Betroffenen, die Verfassungswidrigkeit dieser Einkünfte zu verschleiern und sich notfalls ausreichenden Ersatz für deren drohende Streichung zu verschaffen. Dabei greift die politische Klasse zu immer raffinierteren Methoden. Wer noch daran zweifelt, dass sich im Fluss des politischen Geldes die Eigenarten der Politik besonders deutlich widerspiegeln – hier ist viel Anschauungsmaterial für die Richtigkeit dieser These.

Speyer, Ende November 2000 — Hans Herbert von Arnim

Einleitung
Schatteneinkommen und versuchte Weißwaschung

Viele Ministerpräsidenten, Minister und parlamentarische Staatssekretäre[1] erhalten hohe, versteckte und zum großen Teil steuerfreie »Schatteneinkommen« – zusätzlich zu ihren normalen steuerpflichtigen Amtsbezügen. Diese Schatteneinkommen setzen sich aus der steuerfreien so genannten Dienstaufwandsentschädigung der Amtsträger und den Einnahmen aus einem gleichzeitig wahrgenommenen Abgeordnetenmandat zusammen. Das Schatteneinkommen beispielsweise des bayerischen Ministerpräsidenten Edmund Stoiber (CSU) entspricht einem Bruttoeinkommen von 207.840 DM jährlich, das er zusätzlich zu seinen regulären steuerpflichtigen Amtsbezügen von jährlich 323.327 DM[2] erhält – ein Plus von über 60 Prozent.

Hinzu kommen staatsfinanzierte Altersversorgungen und Übergangsgelder. Die Höchstversorgung ist regelmäßig bereits nach einem halben Arbeitsleben »erdient« und wird lange vor der allgemeinen Altersgrenze fällig. Das Übergangsgeld wird meist schon nach kurzen Amtszeiten zwei oder gar drei Jahre lang gezahlt. Die für beides rechnerisch erforderlichen Rückstellungsbeträge, die einkommensteuerfrei sind, kann man in einem weiteren Sinne auch zu den Schatteneinkommen rechnen.

Während die Altersversorgung von normalen Arbeitnehmern und die Höhe der Abgabenbelastung in der allgemeinen politischen Diskussion für erheblichen Sprengstoff sorgen, weil das bisherige Niveau nicht in alle Zukunft aufrechterhalten werden kann, gibt es für Regierungsmitglieder ausgerechnet bei der Besteuerung und der Versorgung gewaltige Privilegien. Mit den Grundgedanken der Demokratie ist das unvereinbar. Denn danach sollen die Höchsten im Staat unter den von ihnen gemachten Gesetzen ebenso leiden wie alle anderen Bürger auch.

Die Schatteneinkommen vieler Regierungsmitglieder des Bundes und der Länder sind eindeutig verfassungswidrig und müssen deshalb unverzüglich und ersatzlos abgebaut werden. Die Fortzahlung verfassungswidriger Bezüge an Ministerpräsidenten, Minister und andere Regierungsmitglieder wäre umso unerträglicher, als sie alle einen Amtseid auf die Einhaltung der Verfassung geleistet haben. Es ist schon schlimm genug, dass höchste deutsche Amtsträger in der Vergangenheit Millionenbeträge an der Verfassung vorbei eingestrichen haben, obwohl sie von der Unrechtmäßigkeit dieser Einkommen zumindest hätten wissen können. Stoiber hat allein an verfassungswidrigen steuerfreien Pauschalen insgesamt rund 1,4 Millionen DM erhalten, was einem zusätzlichen Bruttoeinkommen von etwa 2,8 Millionen Mark entspricht. Bei Wolfgang Clement (SPD), dem Ministerpräsidenten von Nordrhein-Westfalen, sind es fast 500.000 DM, was auf ein zusätzliches Bruttoeinkommen von etwa einer Million Mark hinausläuft. Es wäre aber unerträglich, wenn die verfassungswidrigen Zahlungen auch in Zukunft noch jahrelang weiterlaufen sollten. Deshalb besteht von Verfassungs wegen sofortiger Handlungsbedarf.

Bisher liegt kein Urteil des Bundesverfassungsgerichts vor, welches die Schatteneinkommen direkt betrifft. Das hängt damit zusammen, dass (nach den von der politischen Klasse selbst gemachten Gesetzen) nur die Begünstigten klagebefugt sind, und diese machen davon verständlicherweise meist keinen Gebrauch. Die Bürger und Steuerzahler haben kein Klagerecht, obwohl sie die Zeche bezahlen müssen. So versucht die politische Klasse unliebsame Karlsruher Entscheidungen zu verhindern, sich also auch prozessual gegen die Folgen verfassungswidrigen Verhaltens zu immunisieren. Umso wichtiger ist die öffentliche Kritik. Bei Entscheidungen der politischen Klasse in eigener Sache ist nun mal Öffentlichkeit »die einzige wirksame Kontrolle«, wie das Bundesverfassungsgericht selbst festgestellt hat. Trotzdem gibt es auch juristische Beurteilungsmaßstäbe. Das Gericht hat nämlich in mehreren anderen Urteilen Grundsätze aufgestellt, aus denen sich die Verfassungswidrigkeit der Schatteneinkommen von Regierungsmitgliedern des Bundes, Bayerns, Nordrhein-Westfalens und anderer Länder eindeutig ergibt.

Das Problem der Schatteneinkommen betrifft allerdings nicht alle Regierungsmitglieder in gleicher Weise. Niedersachsen und andere Länder haben sie vor Jahren massiv eingeschränkt. Auch innerhalb der einzelnen Länder bestehen große Unterschiede. Viele Regierungsmitglieder haben gar kein Abgeordnetenmandat und beziehen folglich auch keine Schatteneinkommen daraus. Das gilt derzeit für mehr als die Hälfte aller Minister. In Nordrhein-Westfalen beispielsweise sind von elf Regierungsmitgliedern acht nicht im Parlament, in Sachsen-Anhalt und Schleswig-Holstein sind es fünf von neun, in Hessen fünf von zehn, in Baden-Württemberg fünf von dreizehn, in Rheinland-Pfalz drei von neun und im Bund fünf von fünfzehn (siehe Tabelle 8, S. 224).

Es gibt in Deutschlands Regierungen eine heimliche Zweiklassengesellschaft: Minister und Minister »de Luxe«. Während die einen »nur« ihre Amtsbezüge erhalten, fließen den anderen noch zusätzliche und häufig hohe Einnahmen aus einem Parlamentsmandat zu, obwohl sie dafür praktisch nichts tun. Beispielsweise erhalten Bundesminister »de Luxe« (wie ausgerechnet die Grünen Joschka Fischer, Andrea Fischer und Jürgen Trittin), auf Bruttoeinkommen umgerechnet, rund 195.000 DM jährlich (= 60 Prozent) mehr als ihre einfachen Kollegen; baden-württembergische Minister »de Luxe« erhalten 45 Prozent mehr als ihre Kollegen ohne Mandat. Detailliert wird dies im ersten Teil des Buches aufgezeigt, in dem auch sämtliche 182 Mitglieder der Bundesregierung und der sechzehn Landesregierungen und dreißig parlamentarische Staatssekretäre namentlich mit ihren Amtsbezügen und ihren Zusatzeinkommen aus dem Mandat aufgeführt sind. Diese Zweiklassengesellschaft ist völlig willkürlich und in vielen Fällen verfassungswidrig.

Insgesamt drängt sich folgende Reform förmlich auf:

- Einführung eines Verbots für Minister, gleichzeitig ein Abgeordnetenmandat auszuüben (womit nicht nur der Gewaltentei-

lung entsprochen, sondern auch die aus dem Mandat fließenden Schatteneinkommen automatisch beseitigt wären),
- Aufhebung der staatsfinanzierten Altersversorgung und
- Begrenzung des Übergangsgelds auf ein Jahr.

Dafür sollten die steuerpflichtigen Bezüge maßvoll angehoben werden (etwa um 25 Prozent in den Ländern und 40 Prozent im Bund), woraus die Regierungsmitglieder dann ihre Altersversorgung selbst zu finanzieren hätten.
Der Vergleich mit den höchsten Repräsentanten von Großstädten wie München und Köln, von Spitzen der Verwaltung und hohen Richtern bis hin zur Präsidentin des Bundesverfassungsgerichts bestätigt, dass sich die normalen steuerpflichtigen Amtsbezüge von Regierungsmitgliedern demgegenüber mit einem wohl vertretbaren Gehaltsvorsprung durchaus im Rahmen halten. Zählt man dagegen auch die Schatteneinkommen der Regierungsmitglieder Bayerns, Nordrhein-Westfalens und bestimmter anderer Länder hinzu, so ergibt sich ein völlig überzogener Einkommensvorsprung. Das Ergebnis ist eine grobe Verzerrung der Einkommensstruktur. Zur *Ent*zerrung und zur Wiederherstellung einer ausgewogenen Struktur ist der ersatzlose Abbau der Schatteneinkommen notwendig.
Derartige Konsequenzen wollten die Ministerpräsidenten von Bayern und von Nordrhein-Westfalen aber gerade vermeiden, da in ihren Ländern die Schatteneinkommen von Regierungsmitgliedern besonders hoch sind. Sie beriefen eine Kommission, die so zusammengesetzt war, dass die Ministerpräsidenten von ihr Vorschläge über ihre Bezahlung und Versorgung erwarten konnten, die ihrem eigenen Selbstverständnis entsprechen. Dieser Kommission sollte eine Art Pilotfunktion auch für andere Bundesländer und den Bund zukommen.
Die zielgerichtete Zusammensetzung und die wunschgemäße Arbeitsweise der Kommission unter ihrem Vorsitzenden, dem Unternehmensberater Roland Berger, zeigen, wie lang der Arm der politischen Klasse tatsächlich ist. Die »Berger-Kommission«

erwies sich als der bisher größtangelegte Versuch der politischen Klasse, die natürlichen Widerstände gegen eine allzu ungenierte Anhebung ihrer Einkommen auszuhebeln oder jedenfalls zu schwächen. Zu diesem Zweck wurden Tatsachen ausgeblendet und auf der Hand liegende Wertungen unterdrückt. Es wurde seitens angesehener Persönlichkeiten in einem Maße getrickst und getäuscht, wie man es vorher nicht für möglich gehalten hätte. Und vor den fatalen Folgen ihrer Vorschläge, einer zu erwartenden Explosion des gesamten öffentlichen Besoldungsniveaus, verschloss die Kommissionsmehrheit erst recht die Augen. Im zweiten Teil dieses Buches werden die Hintergründe dieser Kommission näher ausgeleuchtet. Es handelt sich um einen exemplarischen Fall von versuchter Manipulation der Öffentlichkeit.

Teil 1
Doppelte Buchführung oder: Das im Dunkel sieht man nicht

1
Teils steuerfrei, teils gut versteckt: Die Schatteneinkommen

Wie es zu den verschleierten Nebeneinnahmen kam

Zum Begriff der Schatteneinkommen

Die Entrüstung von Politikern über die so genannte Schattenwirtschaft ist an der Tagesordnung. Dieser Graubereich, der sich staatlichen Regelungen und besonders dem Zugriff des Finanzamts entzieht, wird nicht zuletzt wegen der großen Steuerausfälle und der Verletzung der Steuergerechtigkeit kritisiert. Genau das Gleiche aber praktizieren viele Politiker am laufenden Band und scheinen dabei nicht einmal ein schlechtes Gewissen zu haben. Sie beziehen nämlich hohe steuerfreie Zusatzeinkommen, betreiben also höchstselbst eine Art Schattenwirtschaft zum eigenen Nutzen. Das ist genauso rechtswidrig und mindestens so gemeinschaftsschädlich wie die allgemeine Schattenwirtschaft: Missachten hohe Amtsträger ihre öffentliche Vorbildfunktion und gehen sie mit schlechtem Beispiel voran, so kann das desaströse Auswirkungen auf die öffentliche Moral haben.

Aus der Sicht der politischen Klasse scheint alles aber nur eine Frage der richtigen »Sprachregelung« zu sein: Wer die Macht hat, versucht, bewusst oder unbewusst, auch zu definieren, was gemeinschaftsschädlich und sittenwidrig, ja, was rechts- und verfassungswidrig ist. So setzt die politische Klasse ihren großen Einfluss auf die Gesetzgebung, auf die öffentliche Meinung und darauf, was »man« denkt und meint, dafür ein, dass ihre eigenen (früher selbst bewilligten) Schatteneinkommen nicht als das offenbar werden, was sie in Wahrheit sind: Schwarzgeld – in gesetzlicher Verpackung. Es ist wie in dem Märchen »Des Kaisers neue Kleider«: Der Kaiser und sein Hofstaat rechnen damit, dass nie-

mand es wagt, sie »nackt« zu nennen, wohingegen ihre Polizisten den nackten Mann auf der Straße sofort wegen Erregen öffentlichen Ärgernisses abführen würden.
Unter »Schatteneinkommen« verstehen wir in diesem Buch: überhöhte steuerfreie Pauschalen und unverdiente Zusatzeinkommen, die – im Bewusstsein ihrer Unrechtmäßigkeit – regelmäßig vor der Öffentlichkeit versteckt werden. Viele Regierungsmitglieder haben (neben ihren regulären und offen ausgewiesenen Amtsgehältern) gleich drei Arten von Schatteneinkommen:

- eine steuerfreie Dienstaufwandspauschale, angeblich zur Abdeckung von amtsbedingten Mehraufwendungen; in Wirklichkeit fallen solche Mehrkosten aber oft gar nicht an oder sind auch bei Normalbürgern kein erstattungsfähiger Mehraufwand,
- eine zweite, meist nur unzureichend gekürzte steuerfreie Kostenpauschale aus einem Abgeordnetenmandat, das der Regierungschef oder Minister neben seinem Amt zusätzlich innehat, ohne es wirklich auszufüllen,
- einen großen Teil der steuerpflichtigen Diäten aus dem Abgeordnetenmandat, obwohl der Betreffende schon als Amtsträger gut bezahlt und im Übrigen auch derart eingespannt ist, dass er für das Mandat kaum noch etwas tun kann.

Hinzu kommen die staatsfinanzierte Alters-, Hinterbliebenen- und Invalidenversorgung und das staatsfinanzierte Übergangsgeld. Die Höchstversorgung von 75 Prozent des Amtsgehalts ist regelmäßig bereits nach einem halben Arbeitsleben »erdient« und wird beim Ausscheiden lange vor der allgemeinen Altersgrenze fällig. Den Anspruch auf eine Mindestversorgung von etwa 30 Prozent des Amtsgehalts erwerben Regierungsmitglieder regelmäßig bereits nach vier oder fünf Amtsjahren. Die dafür rechnerisch erforderlichen Rückstellungsbeträge sind einkommensteuerfrei. Man kann insoweit ebenfalls von Schatteneinkommen sprechen. Dies gilt erst recht, wenn das ehemalige Regierungsmitglied zwei Pensionen erhält, eine aus dem Regierungsamt und eine aus dem Parlamentsmandat, wenn sich also die doppelte Bezahlung während der Aktivenzeit in einer doppelten Altersversorgung fortsetzt. Wir werden im Folgenden die erstgenannten drei Formen von verschleierten Nebeneinnahmen (steuerfreie Dienstaufwandspauschale, steuerfreie Abgeordnetenkostenpauschale und steuerpflichtige Abgeordnetendiäten) als Schatteneinkommen im engeren Sinn bezeichnen. Mit ihnen werden wir uns im Folgenden zunächst befassen. Die staatsfinanzierten Versorgungen aus dem Amt und dem Mandat einschließlich des Übergangsgeldes bezeichnen wir als Schatteneinkommen im weiteren Sinn (dazu S. 84 ff.). Wenn von Schatteneinkommen generell die Rede ist, meinen wir, wenn sich aus dem Zusammenhang nichts anderes ergibt, den engeren Begriff.

Wie es dazu kam

Die Bedenklichkeit der Schatteneinkommen ist erst allmählich ins Bewusstsein getreten. Lange sah man in steuerfreien Einkommen hoher Amtsträger kaum etwas Problematisches und schon gar nichts Verfassungswidriges. Die Diäten von Parlamentsabgeordneten waren in vollem Umfang steuerfrei. Solange sie nur ein Ersatz zur Abdeckung der besonderen, mit dem Mandat verbundenen Aufwendungen waren, leuchtete nicht nur die Steuerfreiheit, sondern auch die fehlende Verrechnung mit anderen Einkommen aus öffentlichen Kassen ein. Doch die Steuer- und Anrechnungsfreiheit wurde auch dann noch beibehalten, als die stark erhöhten Diäten weit über eine echte Aufwandsentschädigung hinausgewachsen waren. Eine Zeit lang versuchte man, dies mit der hervorgehobenen Stellung der Abgeordneten zu begründen. Allmählich wurde aber immer deutlicher, wie wenig eine solche beschwichtigende Auffassung mit dem demokratischen Grundsatz der Gleichheit, auch der steuerlichen Gleichheit, vereinbar war. Gerade Abgeordnete sollten selbst unter den von ihnen gemachten Steuergesetzen leiden, damit sie die Bedeutung der Prinzipien Steuergerechtigkeit und Steuereinfachheit in der Praxis und am eigenen Leib erfahren.

Die Verfassungswidrigkeit der Steuer- und Anrechnungsfreiheit wurde abschließend allerdings erst durch das Bundesverfassungsgericht festgestellt. Das Diätenurteil von 1975 hat das überkommene Steuer- und Anrechnungsprivileg von Abgeordneten für verfassungswidrig erklärt und eine grundlegende Reform gefordert – ein Urteil, das später mehrfach bestätigt wurde. Aber wie schon so manches Mal zuvor versagten die Angesprochenen kläglich: Die politische Klasse ist von sich aus selbst zu den dringendsten Reformen anscheinend nicht in der Lage, wenn diese ihren eigenen Interessen zuwiderlaufen. Sie kann sich eben nicht wie Münchhausen am eigenen Schopf aus dem Sumpf herausziehen.

Viele Parlamente haben hinhaltenden Widerstand geleistet, nur Teile der Abgeordnetenbezahlung der Besteuerung unterworfen und auch die Verrechnung mehrerer Einkommen aus öffentlichen Kassen nur lax durchgeführt. Das wurde dadurch erleichtert, dass die Abgeordneten selbst über ihren finanziellen Status entscheiden.

Einkommensteuerfrei bleiben

- Kostenpauschalen, die zum Teil sehr hoch sind,
- das Ansammeln der Altersversorgung und
- Direktspenden an Abgeordnete.

Die Probleme kumulieren sich bei Regierungsmitgliedern mit Abgeordnetenmandat, weil sie häufig in den Genuss sowohl der laxen Anrechnungsvorschriften als auch der Steuerprivilegien kommen: Sie erhalten – neben ihren meist zwei steuerpflichtigen Gehältern – auch noch zwei oft hohe steuerfreie Pauschalen, ohne entsprechende Aufwendungen zu haben. Zudem ist ihre Altersversorgung als Minister sehr viel höher ist als die von Abgeordneten, und gleichwohl erhalten sie oft noch eine Abgeordnetenversorgung dazu.

Die öffentliche Aufmerksamkeit konzentrierte sich lange auf Parlamentsabgeordnete. Der finanzielle Status von Ministern blieb in den ersten vier Jahrzehnten der Bundesrepublik eine Art Terra incognita. Erst als man in Hamburg versuchte, die Bezahlung und Versorgung des Parlamentspräsidenten und der Fraktionsvorsitzenden massiv aufzustocken, und als die Nachprüfung ergab, dass man sich dabei an der Bezahlung und Versorgung von Senatoren ausgerichtet hatte, gerieten auch deren finanzieller Status und generell der von deutschen Regierungsmitgliedern ins Licht der Öffentlichkeit. Die Diskussion betraf zunächst vornehmlich die Altersversorgung. Die Doppel- und Dreifacheinkommen von Regierungsmitgliedern standen und stehen noch immer im Schatten der öffentlichen Aufmerksamkeit.

Regierungsmitglieder »de Luxe«: Die Zweiklassengesellschaft

Bayern, Nordrhein-Westfalen und der Bund

Viele Ministerpräsidenten, Minister und parlamentarische Staatssekretäre des Bundes und der Länder erhalten zusätzlich zu ihren steuerpflichtigen Amtsbezügen hohe verschleierte Zusatzeinkommen, deren Existenz und Größenordnung gemeinhin unbekannt sind: eine steuerfreie pauschale Dienstaufwandsentschädigung sowie, wenn die Regierungsmitglieder gleichzeitig Abgeordnete sind, steuerpflichtige Diäten und eine üppige steuerfreie Kostenpauschale. Derartige »Schatteneinkommen« sind – neben dem Bund – in Bayern und Nordrhein-Westfalen besonders ausgeprägt. Wir werden deshalb zunächst die Regelungen vor allem in Bayern und Nordrhein-Westfalen behandeln, sozusagen stellvertretend für die anderen Länder und den Bund.
Dass auch Regierungsmitglieder steuerpflichtige Abgeordnetendiäten erhalten, überrascht schon deshalb, weil diese sich kaum mehr um ihr Parlamentsmandat kümmern können. Und für die

beiden steuerfreien »Aufwandspauschalen« fällt in der Regel ein entsprechender amts- und mandatsbedingter Aufwand gar nicht an; sie stellen somit zum großen Teil steuerfreie Einkommensbestandteile dar.

Um zu ermitteln, welchem Gegenwert diese Einkünfte entsprechen, wenn sie Teil eines steuerpflichtigen Bruttoeinkommens wären, müssen sie – bei einem angenommenen Einkommensteuersatz von 50 Prozent – rechnerisch verdoppelt werden. Führt man diese Rechnung konsequent durch, so zeigt sich, welche gewaltigen Schatteneinkommen bayerische und nordrhein-westfälische Minister zusätzlich zu ihren steuerpflichtigen Amtsbezügen derzeit einstreichen. Den Vogel unter allen Landesregierungen schießt der bayerische Ministerpräsident Edmund Stoiber ab, der (neben seinem steuerpflichtigen Amtsgehalt von 323.327 DM) Schatteneinkommen in Höhe von 207.840 DM jährlich bezieht. Selbst bayerische Staatssekretäre wie Marianne Deml erhalten (zusätzlich zu ihrem steuerpflichtigen Amtsgehalt von 276.740 DM) noch Schatteneinkommen von 171.840 DM (siehe S. 62 f. und die Schaubilder 1–4 im Anhang). Auch die Schatteneinkommen nordrhein-westfälischer Regierungsmitglieder sind hoch. So bekommt beispielsweise der nordrhein-westfälische Ministerpräsident zusätzlich zu seinen steuerpflichtigen Amtsbezügen Schatteneinkommen von jährlich 163.512 DM. Das ist weniger, als der bayerischer Ministerpräsident erhält, erstaunlicherweise auch weniger, als bayerische Minister und sogar weniger als bayerische Staatssekretäre bekommen. Der Grund dafür: Die Diäten und Kostenpauschalen nordrhein-westfälischer Abgeordneter sind niedriger als die ihrer bayerischen Kollegen.

Die Erklärung für die unterschiedlich hohen Diäten liegt mehr als zwanzig Jahre zurück, ist aber für unser Thema bedeutsam. Damals hatte Bayern die Diäten besonders hoch festgesetzt und mit üppiger steuerfreier Kostenpauschale garniert. Als die Düsseldorfer Landtagsabgeordneten sich daran ausrichten und dieselbe Regelung auch für sich selbst einführen wollten, kam ihnen der Bund der Steuerzahler Nordrhein-Westfalen in die Quere. Durch

Drohung mit einem Volksbegehren gegen das geplante nordrhein-westfälische Abgeordnetengesetz zwang er den Landtag, einen bescheideneren Weg einzuschlagen: Das Parlament setzte eine Diätenkommission unter dem Vorsitz des vormaligen Landesinnenministers und Präsidenten des deutschen Sportbundes Willi Weyer ein, die deutlich zurückhaltendere Vorschläge machte, welche dann auch realisiert wurden.
Die höchsten Schatteneinkommen in Deutschland hat Bundeskanzler Gerhard Schröder mit 242.616 DM (neben seinen steuerpflichtigen Amtsbezügen von 360.640 DM). Bundesminister wie Joschka Fischer, Jürgen Trittin und Andrea Fischer beziehen (zusätzlich zu ihren steuerpflichtigen Amtsbezügen von 310.447 DM) Schatteneinkommen von 209.016 DM.

Regierungsmitglieder »de Luxe« und einfache Regierungsmitglieder

Das Problem der Schatteneinkommen betrifft nicht alle Länder und alle Regierungsmitglieder in gleicher Weise. Doch auch darüber wird kaum gesprochen. Bei den Schatteneinkommen ist nicht nur weitgehend unbekannt, dass es sie überhaupt gibt, erst recht unbekannt sind die großen Divergenzen; die Schatteneinkommen sind nämlich nach Höhe und Zusammensetzung von Land zu Land und von Minister zu Minister völlig unterschiedlich. Beim einen Regierungsmitglied sind sie riesig, beim anderen gering. Wir haben unter deutschen Ministerpräsidenten und Ministern also eine veritable Zweiklassengesellschaft.
Keine oder nur geringe Schatteneinkommen erhalten zwei Gruppen von Regierungsmitgliedern:
Die erste Gruppe sind Regierungsmitglieder, in deren Ländern die Schatteneinkommen gezielt gesenkt wurden – aufgrund öffentlicher Kritik oder/und aufgrund größerer Bereitschaft, die normativen Vorgaben einzuhalten.
Die zweite Gruppe sind Regierungsmitglieder, die kein Abgeord-

netenmandat haben, sei es, dass die jeweilige Landesverfassung ihnen die gleichzeitige Wahrnehmung eines Mandats verbietet, sei es, dass bestimmte Minister aus anderen Gründen kein Parlamentsmandat haben, was sehr viel häufiger der Fall ist, als oft selbst Fachleuten bekannt ist. Minister ohne Mandat erhalten zwei der drei Bestandteile der Schatteneinkommen nicht: die Abgeordnetendiäten und die Abgeordnetenkostenpauschale. Ihnen bleibt nur der dritte Schatteneinkommensbestandteil: die Dienstaufwandsentschädigung, deren Höhe wiederum sehr unterschiedlich sein kann.

Die problematischsten Fälle sind Regierungsmitglieder mit Mandat und hohen Schatteneinkommen aus dem Amt (Dienstaufwandsentschädigung) und dem Mandat (Diäten und Kostenpauschale). Wir nennen sie Regierungsmitglieder »de Luxe«. Von vornherein sehr viel unproblematischer sind Regierungsmitglieder ohne Mandat, eben weil ihnen die beiden Schatteneinkommen aus dem Mandat nicht zufließen. Wir nennen sie »einfache« Regierungsmitglieder. Bei ihnen kann allenfalls noch die Dienstaufwandsentschädigung überhöht sein, was quantitativ aber in jedem Fall weniger ins Gewicht fällt.

Hessen und Niedersachsen: Niedrige Schatteneinkommen

Einige Länder wie zum Beispiel Hessen und Niedersachen haben die Schatteneinkommen ihrer Regierungen massiv reduziert. Bei ihnen betragen die Schatteneinkommen von Regierungsmitgliedern mit Abgeordnetenmandat nur etwa ein Fünftel bis ein Drittel ihrer bayerischen Kollegen. In Hessen, das seine Schatteneinkommen nach dem Diätenskandal von 1988 abgebaut hat, erhält Ministerpräsident Roland Koch jährlich »nur« 74.256 DM Schatteneinkommen, hessische Minister mit Mandat beziehen 65.856 DM. Der niedersächsische Ministerpräsident Sigmar Gabriel hat Schatteneinkommen in Höhe von 48.360 DM jährlich, seine Minister mit Sitz im Parlament erhalten 36.360 DM.

Die niedrigeren Schatteneinkommen niedersächsischer Regierungsmitglieder sind kein Zufall. Der Landtag von Hannover hat einen hochqualifizierten unabhängigen wissenschaftlichen Dienst, der derzeit von dem Staatsrechtslehrer Albert Janssen geleitet wird, und eine ihren Aufgaben gerecht werdende unabhängige Diätenkommission, in der auch der stellvertretende Vorsitzende des niedersächsischen Bundes der Steuerzahler, Bernd Schulze-Borges, sitzt. Beide Institutionen haben wesentlich dazu beigetragen, dass die sachlichen und verfassungsmäßigen Grenzen einigermaßen eingehalten und Schatteneinkommen nur in verhältnismäßig geringem Umfang gewährt werden.

Bremen und Hamburg: Kein Mandat neben dem Amt

In den Bundesländern Bremen und Hamburg erhalten Senatoren überhaupt keine Schatteneinkommen aus einem Abgeordnetenmandat, weil dort das Senatorenamt und das Parlamentsmandat (wie in vielen anderen westlichen Demokratien) laut Landesverfassung unvereinbar sind. Die Schatteneinkommen in diesen beiden Stadtstaaten beschränken sich deshalb auf die Dienstaufwandsentschädigung, die für die Senatspräsidenten 31.200 DM jährlich (Bremen) beziehungsweise 30.000 DM (Hamburg) und für die übrigen Senatoren 15.600 DM (Bremen) beziehungsweise 13.200 DM (Hamburg) beträgt.

Zwei Klassen *innerhalb* der Regierungen und Parlamente

Auch außerhalb Bremens und Hamburgs gibt es sehr viele Minister und Senatoren ohne Mandat, auch wenn das keinem verfassungsrechtlichen Verbot entspringt. In Thüringen sind vier von zehn Regierungsmitgliedern nicht im Parlament; im Bund sind es sechs von fünfzehn; in Hessen, Sachsen-Anhalt und Schleswig-Holstein haben fünf von neun und in Nordrhein-Westfalen acht von elf Regierungsmitgliedern kein Mandat. In Berlin sind drei Senatoren unter den insgesamt acht Regierungsmitgliedern nicht im Abgeordnetenhaus.

Die daraus resultierenden finanziellen Unterschiede können gewaltig sein. So erhalten Bundesminister mit Bundestagsmandat steuerpflichtige und steuerfreie Einnahmen aus diesem Mandat, die auf ein jährliches Zusatzeinkommen von brutto 194.616 DM hinauslaufen; das sind rund 60 Prozent mehr als Bundesminister bekommen, die allein auf ihre Amtsbezüge (von brutto 324.847 DM)[3] angewiesen sind. Parlamentarische Staatssekretäre im Bund erhalten zusätzlich zu ihren Bruttoamtsbezügen von 249.270 DM noch Schatteneinkommen aus ihrem Bundestagsmandat von brutto 197.801 DM; das ist ein Aufschlag von nicht weniger als 79 Prozent. Nordrhein-westfälische Minister-Abgeordnete erhalten 121.752 DM (= 36 Prozent) mehr, rheinland-pfälzische Minister-Abgeordnete 92.412 DM (= 35 Prozent) mehr als ihre Kollegen ohne Mandat. In Baden-Württemberg beträgt der Abstand zwischen den beiden Klassen von Ministern 123.900 DM (= 45 Prozent), in Sachsen 97.164 DM (= 40 Prozent). Wir haben hier also zwei Klassen von Ministern in ein und derselben Regierung.

Insgesamt haben in der Bundesregierung und den sechzehn Landesregierungen von 182 Regierungsmitgliedern (Regierungschefs, Minister und Senatoren) 85 kein Mandat inne (siehe im einzelnen Tabelle 8), das sind 47 Prozent. Von den 157 Ministern und Senatoren (also ohne die siebzehn Regierungschefs und die sechs bayerischen und zwei baden-württembergischen Staatssekretäre mit Kabinettsrang) hat sogar mehr als die Hälfte (82 = 52 Prozent) kein Mandat. Regierungsmitglieder ohne Mandat sind also keinesfalls eine aus dem Rahmen fallende atypische Besonderheit, ein Faktum, das selbst vielen so genannten Experten unbekannt ist.

In Nordrhein-Westfalen hatten die beiden Minister der Grünen, Bärbel Höhn und Michael Vesper, nach der Landtagswahl vom Mai 2000 zunächst ihr Mandat behalten – entgegen dem früher vehement verfochtenen Grundsatz der Grünen von der Trennung

von Regierungsamt und Parlamentsmandat –, es dann aber zum 25. Oktober 2000 aufgegeben.
Am größten sind die Privilegien im Bund. Hier erhalten die drei Minister-Abgeordneten der Grünen Joschka Fischer, Jürgen Trittin und Andrea Fischer mit brutto 194.616 DM sogar 60 Prozent mehr als ihre sechs Kollegen ohne Mandat.
Die Zweiklassengesellschaft besteht nicht nur unter den Regierungsmitgliedern, sondern auch unter den Abgeordneten: Die Minister-Abgeordneten überlassen ihren Abgeordnetenkollegen die parlamentarische Arbeit, erhalten aber dennoch – neben ihren ohnehin sehr viel höheren Ministergehältern – große Teile der für Abgeordnete vorgesehenen Diäten und sogar der Kostenpauschalen. Und das, obwohl sie im Ministerium einen ganzen Apparat haben: Sekretariat, Dienstwagen mit Fahrer, Referenten.

Schatteneinkommen: Illegitim und verfassungswidrig

Ganz abgesehen davon, dass es bereits unter dem Aspekt der Gewaltenteilung problematisch ist, wenn Regierungsmitglieder gleichzeitig ein Abgeordnetenmandat ausüben (siehe S. 109 ff.), erscheint die Gewährung von steuerpflichtigen Diäten und Kostenpauschalen aus dem Mandat an Regierungsmitglieder schon deshalb nicht nachvollziehbar, weil Regierungsmitglieder durch ihr Amt normalerweise derart in Anspruch genommen sind, dass gar keine Zeit bleibt für die Wahrnehmung eines Mandats, das nach eigener Einschätzung des Bundestags und der meisten Landesparlamente schließlich immerhin einen »Fulltimejob« darstellt.
Die völlige Unangemessenheit der Schatteneinkommen wurde bisher nach Möglichkeit unter der Decke gehalten. Sie gehörte zu den Tabus, über die man nicht spricht, und wurde nur in der Wissenschaft behandelt.[4] Die Verheimlichung fiel umso leichter, als die Existenz von Schatteneinkommen selbst weitgehend unbekannt ist, so dass die Öffentlichkeit von dem krassen Missverhältnis zwischen der Höhe der Schatteneinkommen vieler Regie-

rungsmitglieder und der Geringfügigkeit ihrer Leistungen als Abgeordnete erst recht nichts erfuhr. Entsprechendes gilt für die Dienstaufwandsentschädigung der Regierungsmitglieder.
Gelegentlich findet man allerdings auch in der Politik klare Worte. So hat der jetzige saarländische Ministerpäsident Peter Müller (CDU), als er noch Oppositionsabgeordneter war, den Sachverhalt beim Namen genannt:

> »Tatsache ist, wer in diesem Lande Minister ist, nimmt Verpflichtungen als Abgeordneter nicht mehr wahr, hat keinen Aufwand als Abgeordneter mehr, und deshalb ist es auch nicht sinnvoll, dass er dafür noch etwas Zusätzliches bezieht. Wir sind in diesem Punkt für die Nulllösung.«[5]

Selbst eine mehrheitlich überaus regierungsnahe Kommission hat die Unangemessenheit der Schatteneinkommen jüngst eingeräumt (siehe S. 130 f.). Sie hat sich allerdings hinsichtlich der verfassungsrechtlichen Beurteilung sehr schwer getan, obwohl diese eigentlich auf der Hand liegt. Hier muss unterschieden werden zwischen den steuerfreien Pauschalen aus Amt und Mandat einerseits und den steuerpflichtigen Abgeordnetendiäten andererseits.

Steuerfreie Pauschalen: verfassungswidrig

Bei den beiden steuerfreien Pauschalen, der Dienstaufwandsentschädigung aus dem Amt und der Kostenpauschale aus dem Mandat, fallen bereits die großen Divergenzen auf: Die Dienstaufwandsentschädigung bayerischer und nordrhein-westfälischer Minister (monatlich 1.300 DM, jährlich 15.600 DM) ist um ein Vielfaches höher als etwa die von hessischen Ministern (monatlich 350 DM, jährlich 4.200 DM). Ähnlich groß sind die Unterschiede bei den Kostenpauschalen, die Regierungsmitglieder aus dem Mandat erhalten. Während niedersächsische Regierungsmitglieder sich mit monatlich 515 DM (6.180 DM jährlich) begnügen, erhalten bayerische Regierungsmitglieder monatlich 3.744 DM (44.928 DM jährlich), also mehr als das Siebenfache, und Mitglieder der Bundesregierung monatlich 4.890 DM (58.680 DM jährlich).

Für die Steuerfreiheit sorgt ein unscheinbarer, aber für die Begünstigten außerordentlich lukrativer Automatismus: Nach einer Bestimmung im Einkommensteuergesetz (§ 3 Ziffer 12 Satz 1) bleibt alles, was in Gesetzen oder Haushaltsplänen als »Aufwandsentschädigung« bezeichnet wird, automatisch steuerfrei, auch wenn vielleicht gar kein Aufwand entsteht. Dem Finanzamt ist es dann verwehrt, vom Berechtigten Nachweise über die Höhe des tatsächlichen Aufwands zu verlangen. Dies führt dazu, dass bayerische Minister-Abgeordnete 60.528 DM und nordrhein-westfälische Minister-Abgeordnete 49.992 DM jährlich als steuerfreie Zahlungen (neben ihrem zu versteuernden Einkommen) erhalten, nur weil diese Beträge vom Gesetzgeber als »Aufwandsentschädigung« etikettiert sind. Das Finanzamt muss das selbst dann akzeptieren, wenn die Beträge offensichtlich ein zusätzliches Einkommen darstellen. Minister verfügen ja über Sekretariat, Dienstwagen mit Fahrer, Hilfskräfte und Zuarbeiter, die sie *nicht* aus ihrer Aufwandsentschädigung zu bezahlen brauchen.

Diese Regelung ist umso problematischer, als die Abgeordneten selbst darüber entscheiden, welche Beträge als »Aufwandsentschädigung« bezeichnet werden und steuerfrei bleiben. Es liegt auf der Hand, dass es dabei zu Missbräuchen kommen kann. Die Versuchung ist groß, sich durch überhöhte Festsetzung der Pauschale ein zusätzliches, nicht als solches erkennbares Einkommen zu verschaffen, das auch noch steuerfrei ist.

Die Verfassung zieht allerdings Grenzen, um Missbräuchen zu wehren: Erstattungsfähig ist, wie das Bundesverfassungsgericht betont, nur der wirklich entstandene, sachlich angemessene und begründete, besondere, mit dem Amt verbundene Aufwand.[6] Die Verfassung ist unmittelbar geltendes Recht; an sie sind auch die Parlamente als Gesetzgeber gebunden (Art. 20 Absatz 3 GG). Eine Pauschalierung ist zwar nicht von vornherein ausgeschlossen; sie muss sich aber am tatsächlich angefallenen erstattungsfähigen Aufwand orientieren. »Es kommt also«, wie das Bundesverfassungsgericht weiter hervorgehoben hat,[7] »nicht darauf an, ob eine Einnahme nach dem Steuergesetz formal als steuerfreie Aufwandsentschädigung anzusehen ist; die einkommensteuerliche Regelung wäre ihrerseits verfassungswidrig, wenn sie Abgeordneten in größerem Umfang als dargelegt steuerfreie Entschädigungen einräumte.« Sie verstößt dann gegen das Angemessenheitsgebot und den Gleichheitssatz des Grundgesetzes.[8]

Für Abgeordnete hat das Bundesverfassungsgericht den verfassungsrechtlichen Maßstab in einem weiteren Urteil wie folgt zusammengefasst: »Nur der *sachlich begründete* und nur der *besondere*, mit dem Mandat verbundene finanzielle Aufwand, nicht auch der allgemeine Aufwand, wie er auch sonst in jedem Beruf anfällt und von dem besonderen, berufseigenen Aufwand zu unterscheiden ist, kann mit einer steuerfreien Aufwandsentschädigung ausgeglichen werden.«[9] Das bedeutet: »Nur wirklich entstandener Aufwand – nur soweit dieser wirklich entstandene Aufwand auch sachlich angemessen ist und nur soweit er ein mit dem Mandat verbundener besonderer Aufwand ist – kann mit der steuerfreien Aufwandsentschädigung ausgeglichen werden.«[10] Andernfalls sind die gesetzlichen Regelungen verfassungswidrig. Dies gilt entsprechend natürlich auch für die steuerfreie Dienstaufwandsentschädigung von Regierungsmitgliedern.[11]

Bei den hohen Pauschalen, die bayerische und nordrhein-westfälische Regierungsmitglieder als Dienstaufwandsentschädigung und als Kostenpauschale aus einem gleichzeitig wahrgenommenen Mandat erhalten, ist das Verdikt der Verfassungswidrigkeit eindeutig: Eine zusätzliche Aufwandsentschädigung verbietet sich,

- weil Regierungsmitglieder ohnehin regelmäßig ihren Dienstsitz am Ort des Parlaments haben, so dass sie denjenigen Teil der Abgeordnetenpauschale, der auf Wohnung und Verpflegung in der Landeshauptstadt entfällt, gar nicht benötigen;

- weil sie als Minister einen Stab an Hilfskräften und alle möglichen Transportmittel zur Verfügung haben;
- weil sie – wegen der Arbeitsbelastung durch das Ministeramt – für ihr Abgeordnetenmandat ohnehin kaum noch etwas tun können und deshalb auch ihr sonstiger mandatsbedingter Aufwand gering ist und
- weil Kollegen in einigen anderen deutschen Bundesländern mit sehr viel geringerer Dienstaufwandsentschädigung und Abgeordnetenpauschale auskommen.

Politisch wäre es sicher die sinnvollste Lösung, die beiden Pauschalen gänzlich entfallen zu lassen und eventuellen anerkennenswerten Aufwand gegen Nachweis zu erstatten. Die Anforderungen des Verfassungsrechts gehen aber weniger weit. Da ein gewisser eng bemessener Aufwand durchaus anfallen kann, dürften niedrige Pauschalen weiterhin zulässig sein. Sie müssen sich aber an dem typischerweise anfallenden gerechtfertigten und besonderen amts- beziehungsweise mandatsbedingten Aufwand orientieren.
Im Folgenden wird davon ausgegangen, dass die verfassungsrechtliche Obergrenze für zulässige Dienstaufwandsentschädigungen in den Ländern – in Anlehnung an die Bundesregelung – für *Minister* eines Flächenstaats bei 600 DM monatlich (7.200 DM jährlich) liegt. Denn es ist nicht zu erwarten, dass Bundesminister typischerweise weniger Aufwand haben als ihre Kollegen in den Ländern. Angesichts der Entscheidungen in eigener Sache ist auch nicht zu erwarten, dass sie sich ihren typischen Aufwand etwa nicht abgelten ließen. Die verfassungsrechtliche Obergrenze für Dienstaufwandsentschädigungen von *Ministerpräsidenten* sehen wir bei 1.000 DM monatlich (12.000 DM jährlich). Dabei gehen wir einerseits von der Erwägung aus, dass hessischen Ministerpräsidenten eine Dienstaufwandsentschädigung von 700 DM monatlich genügt und auch hier – angesichts des Entscheidens in eigener Sache – nicht zu erwarten ist, dass sie typischerweise mehr Aufwand haben. Baut man andererseits noch eine gewisse »Si-

cherheitsmarge« ein, so dürften jedenfalls 1.000 DM die Obergrenze sein.

Die Obergrenze für Kostenpauschalen von Regierungsmitgliedern aus einem Landtagsmandat ist – in Anlehnung an die sachsen-anhaltinische Regelung (390 DM) und die niedersächsische Regelung (515 DM) – bei 515 DM monatlich zu sehen. Baut man auch hier noch eine »Sicherheitsmarge« ein, so dürften jedenfalls 800 DM monatlich (9.600 DM jährlich) die verfassungsrechtliche Obergrenze markieren. Darüber hinausgehende Pauschalen stellen ein steuerfreies Zusatzeinkommen dar, das verfassungswidrig ist.

Gemessen an diesen verfassungsrechtlichen Maßstäben sind die Aufwandsentschädigungen bayerischer und nordrhein-westfälischer Regierungsmitglieder und ihrer Kollegen in einigen anderen Ländern mithin eindeutig verfassungswidrig (siehe S. 56 ff.). Man mag den genauen Verlauf der genannten Grenzen im Einzelnen diskutieren. Fest steht aber, dass die Pauschalen von Regierungsmitgliedern in jenen Ländern derart hoch sind, dass sie in jedem Fall verfassungswidrig sind. Gleiches gilt für die Kostenpauschale, die Bundesminister aus einem Abgeordnetenmandat erhalten.

Steuerpflichtige Abgeordnetendiäten von Regierungsmitgliedern: verfassungswidrig

In den meisten Ländern erhalten Regierungsmitglieder, die gleichzeitig ein Abgeordnetenmandat innehaben, daraus auch gekürzte steuerpflichtige Diäten. Der Kürzungssatz ist allerdings unterschiedlich (siehe Tabelle 1, S. 214 f.). In Niedersachsen und im Saarland beträgt er 100 Prozent, so dass Regierungsmitgliedern keinerlei Diäten verbleiben. In fünf Ländern erfolgt eine Kürzung um 75 Prozent, die Regierungsmitglieder erhalten also 25 Prozent der Diäten. Im Bund, in Bayern, Nordrhein-Westfalen und in zwei anderen Ländern beträgt der Kürzungssatz nur 50 Prozent, in Baden-Württemberg gar nur 30 Prozent.

Die verfassungsrechtliche Würdigung der Diäten, die Regierungsmitglieder aus einem Abgeordnetenmandat erhalten, muss von der schon erwähnten Erkenntnis ausgehen, dass Regierungsmitglieder ohnehin kaum etwas für ihr Mandat tun können und deshalb die Gewährung von Diäten an Regierungsmitglieder keinen Sinn macht.

Eine zweite Überlegung geht in dieselbe Richtung: Die Besoldung von Ministern wird von dem so genannten Alimentationsprinzip getragen, welches das ganze deutsche öffentliche Besoldungsrecht beherrscht. Danach darf niemand zweifach aus öffentlichen Kassen bezahlt werden.[12] Deshalb darf – mit den Worten des Präsidenten des niedersächsischen Landtags – auch im Falle von Minister-Abgeordneten »aus öffentlichen Mitteln eine Vollalimentation nur einmal gewährt werden«.[13] Hierzu sei auch der jetzige Ministerpräsident des Saarlandes, Peter Müller, zitiert:

> »Wir werden als CDU Wert darauf legen, dass künftig auf eine Doppelalimentation als Minister und als Abgeordneter verzichtet wird. Tatsächlich ist es so, dass derjenige, der Minister ist, für die Abgeordnetentätigkeit ausfällt, keine Aufgaben eines Abgeordneten mehr wahrnimmt. Er ist Teil der Landesregierung, arbeitet in der Landesregierung und beschränkt sich auf seine Tätigkeiten als Regierungsmitglied. Als Abgeordneter ist er nicht mehr tätig, und deshalb soll er als Abgeordneter auch nicht mehr besoldet werden.«[14]

Dem sind der niedersächsische und der saarländische Gesetzgeber in vorbildlicher Weise gefolgt: In beiden Ländern werden neben einem Minister- oder Ministerpräsidentengehalt keinerlei Abgeordnetendiäten mehr gewährt. Diese Regelungen wurden getroffen, *ohne* dass die Amtsbezüge der Regierungsmitglieder zum Ausgleich dafür etwa angehoben worden wären.

Wenn es auch Sinn macht und verfassungs*politisch* zu empfehlen ist, dem niedersächsischen und saarländischen Beispiel zu folgen und die Abgeordnetendiäten für Regierungsmitglieder ganz zu beseitigen, so dürften doch die *verfassungsrechtlichen* Anforderungen weniger streng sein. Das Bundesverfassungsgericht hat im Diätenurteil von 1975 geschrieben, es fehle »an jedem sachlich zureichenden Grund«, das Zusammentreffen von Minister- und Abgeordnetenbezügen anders als nach den beamtenrechtlichen Anrechnungsgrundsätzen zu behandeln »und die Abgeordneten zu privilegieren ... Das wäre unvereinbar mit dem Gleichheitssatz.«[15] Da es im Beamtenrecht eine Ausnahmeregelung gibt, wonach Professoren, die Bundesverfassungsrichter werden, neben ihren Verfassungsrichterbezügen zusätzlich noch ein Drittel ihres Professorengehalts bekommen (§ 101 Absatz 3 Bundesverfassungsgerichtsgesetz), wird auch bei Ministern die Obergrenze für gerade noch zulässige Einnahmen aus dem Mandat bei einem Drittel der steuerpflichtigen Diäten gesehen.[16] In einer zwölf Jahre nach dem Diätenurteil ergangenen Entscheidung betonte das Gericht zwar die Unterschiede zwischen Abgeordneten- und Beamtenstatus, hob aber auch hervor: Wenn der Gesetzgeber die Abgeordnetenentschädigung und -versorgung *tatsächlich* nach dem Alimentationsprinzip bemessen habe, wie dies im Bund, in Bayern, Nordrhein-Westfalen und den meisten anderen Ländern der Fall ist, sei »es wenig folgerichtig, bei einem Zusammentreffen von Abgeordnetenentschädigung und -versorgung mit Bezügen aus anderen öffentlichen Kassen von deren Anrechnung abzusehen«.[17] Ein Drittel der Diäten dürfte also in jedem Fall das Äußerste sein, was verfassungsrechtlich gerade noch hinzunehmen ist. Das ist der Grund, warum viele Länder die Diäten für Regierungsmitglieder stark abgesenkt haben, regelmäßig auf 25 Prozent (siehe Tabelle 1 im Anhang). Rheinland-Pfalz hat eine Absenkung auf immerhin 30 Prozent der Diäten vorgenommen, um einer anstehenden Entscheidung des Bundesverfassungsgerichts zuvorzukommen. Diese von den Grünen beantragte Entscheidung ist inzwischen am 28. Juli 2000 ergangen.

Die genannten äußersten verfassungsrechtlichen Grenzen werden überschritten, wenn Regierungsmitglieder 50 oder mehr Prozent der Abgeordnetendiäten erhalten. Die Zahlung der hälftigen

Diäten an Regierungsmitglieder ist mit dem Verfassungsrecht schlechterdings nicht mehr in Einklang zu bringen. Dementsprechend sind Diäten für Regierungsmitglieder, wie sie in Bayern und Nordrhein-Westfalen gezahlt werden, also in Höhe von 50 Prozent der dort ohnehin hohen Diäten, *verfassungswidrig*. Aus den gleichen Gründen müssen die Diäten für die Mitglieder der Bundesregierung und die Parlamentarischen Staatssekretäre des Bundes (50 Prozent), für baden-württembergische Regierungsmitglieder (70 Prozent), Mitglieder des Berliner Senats (50 Prozent)[18] und sächsische Regierungsmitglieder (50 Prozent) als verfassungswidrig angesehen werden.

Wie die politische Klasse unliebsame Urteile verhindert

Das Zustandekommen eines Urteils über die Schatteneinkommen wird dadurch erschwert, dass die Antragsbefugnis zum Bundesverfassungsgericht beschränkt ist. Klagebefugt sind im Allgemeinen nur Angehörige der politischen Klasse selbst, nicht auch einfache Bürger oder Steuerzahler. Das hat zur Folge, dass die Antragsbefugten kein Interesse an einer Klage haben, während die daran Interessierten nicht dazu befugt sind. Ohne Kläger aber kann es nach deutschem Prozessrecht zu keinem Urteil kommen. Die politische Klasse schottet sich also gegen unliebsame Richtersprüche ab. Umso wichtiger ist die öffentliche Kritik. Sie ist, wie das Bundesverfassungsgericht selbst gesagt hat, bei Entscheidungen der politischen Klasse in eigener Sache oft »die einzige wirksame Kontrolle«.[19] Gerade die aber sollte, wie noch dargelegt wird, durch die »Berger-Kommission« entschärft werden (siehe Teil 2 ab S. 113). Dabei spielte die Verunklarung der verfassungsrechtlichen Grenzen eine wesentliche Rolle.
Die Überprüfung der Verfassungsmäßigkeit von Gesetzen durch das Bundesverfassungsgericht kann die Bundesregierung, eine Landesregierung oder ein Drittel der Mitglieder des Bundestags herbeiführen (Art. 93 Absatz 1 Ziffer 2 GG). Auch ein einzelner

Bundesminister könnte die Verfassungsmäßigkeit seiner Bezüge durch das Bundesverfassungsgericht überprüfen lassen (Art. 93 Absatz 1 Ziffer 1 GG). Ähnliche Möglichkeiten, die *Landes*verfassungsgerichte anzurufen, geben die meisten Landesverfassungen. Dagegen hat der einzelne Bürger und Steuerzahler regelmäßig keine Möglichkeit, die Verfassungswidrigkeit von Ministerbezügen vor die Verfassungsgerichte zu bringen. Die Verfassungsbeschwerde, die jedem Bürger eröffnet ist, schützt ihn nur vor der Verletzung seiner Grundrechte, nicht auch vor verfassungswidrigen Regelungen generell, selbst wenn er als Steuerzahler für die Zeche aufkommen muss.
Ein anderer möglicher Weg zu einem verfassungsgerichtlichen Urteil wäre die so genannte Richtervorlage: Wenn irgendein Gericht ein Gesetz für verfassungswidrig hält, dessen Gültigkeit in einem anstehenden Fall von entscheidender Bedeutung ist, muss es die Frage dem zuständigen Bundes- oder Landesverfassungsgericht vorlegen, das dann über die Verfassungsmäßigkeit des Gesetzes abschließend entscheidet (Art. 100 Absatz 1 GG). Aber auch dieser Weg dürfte hier praktisch nicht in Betracht kommen. Denn da die Finanzverwaltung die Steuerfreiheit trotz Verfassungswidrigkeit nicht verweigern kann, kommt es zu keinem entsprechenden Bescheid des Finanzamts, gegen den das betroffene Regierungsmitglied dann Klage vor dem Finanzgericht erheben müsste, das die Sache dann dem Verfassungsgericht vorlegen könnte. Die Finanzverwaltung muss Gesetze nämlich auch dann einhalten, wenn sie sie für verfassungswidrig hält, sie kann Regierungsmitgliedern die Steuerfreiheit ihrer Schatteneinkommen also nicht vorenthalten, selbst wenn sie die zugrunde liegenden Gesetze für verfassungswidrig hält. Die Verwaltung ist auf die interne »Remonstration« angewiesen: Sie muss ihre verfassungsrechtlichen Bedenken gegen das Gesetz nach oben weitergeben – bis hin zum Minister und zur Regierung, die die Frage dann im Wege der oben genannten Antragsmöglichkeit durch das Verfassungsgericht klären lassen können. Genau das werden sie in eigener Sache aber kaum tun. Der lange Arm der Politik sorgt also dafür, dass

es selbst über offensichtlich verfassungswidrige Einkommensbestandteile von Regierungsmitgliedern zu keinem Urteil des Verfassungsgerichts kommt.
Auch wenn es bisher kein Urteil gibt, das die Schatteneinkommen von Regierungsmitgliedern direkt betrifft, so hat das Karlsruher Gericht in mehreren Urteilen zur Aufwandsentschädigung von Abgeordneten und Beamten Grundsätze aufgestellt, nach denen sich auch die Schatteneinkommen von Regierungsmitgliedern verfassungsrechtlich beurteilen lassen.

2
Auf dem Prüfstand: Der Vergleich mit anderen öffentlichen Spitzeneinkommen

Die vorstehenden Ausführungen haben ergeben, dass die Schatteneinkommen von Regierungsmitgliedern beseitigt werden müssen. Sie sind illegitim und oberhalb enger Grenzen eindeutig verfassungswidrig. Bestimmte amts- und mandatsbedingte Aufwendungen können gegen Nachweis erstattet werden. Eine darüber hinausgehende Kompensation etwa durch eine generelle Aufstockung der Amtsgehälter kann aus verschiedenen Gründen, die später noch dargelegt werden (siehe S. 137 ff.), nicht in Betracht kommen. Im Folgenden soll aufgezeigt werden, dass die Beseitigung der Schatteneinkommen insbesondere von bayerischen und nordrhein-westfälischen Regierungsmitgliedern auch eine angemessene Relation der öffentlichen Gehälter im innerdeutschen und im internationalen Vergleich wiederherstellen würde, während kompensatorische Erhöhungen der Amtsgehälter die bisher schon bestehenden Verzerrungen sichtbar machen und aufrechterhalten würden.

Minister anderer deutscher Bundesländer

Eine Vergleichsgröße liegt natürlich besonders nahe: die Bezahlung von Regierungsmitgliedern anderer deutscher Bundesländer. In diesem Vergleich liegen Nordrhein-Westfalen und Bayern an der Spitze. Und das ist grundsätzlich auch in Ordnung. Sie sind immerhin die beiden größten Länder.
Auffällig ist allerdings, wie groß der Abstand teilweise ist. Dass die Bezüge von Regierungsmitgliedern der fünf östlichen Bundes-

länder stark zurückbleiben, beruht im Wesentlichen auf dem Abschlag, den dort alle öffentlichen Bezüge – und private Einkommen erst recht – für eine Übergangszeit hinnehmen müssen, und stellt deshalb eine nachvollziehbare Sonderentwicklung dar.

In gar keiner Weise zu rechtfertigen aber ist der übergroße Vorsprung der beiden Spitzenländer Bayern und Nordrhein-Westfalen vor anderen großen Flächenländern wie zum Beispiel Niedersachsen und Hessen. Das gilt jedenfalls dann, wenn man von Regierungsmitgliedern »de Luxe« ausgeht, in die Einkommen der Regierungsmitglieder auch deren Abgeordnetenbezüge mit einrechnet und die steuerfreien Beträge zur Umrechnung in Bruttoeinkommen verdoppelt. Nach dieser Rechnung ist das monatliche Gesamteinkommen bayerischer Minister um 13.617 DM und damit um 54 Prozent höher als das hessischer Minister und um 14.470 DM und damit um 60 Prozent höher als das niedersächsischer Minister (siehe im einzelnen Tabelle 5, S. 220).

Der Einkommensvorsprung bayerischer und nordrhein-westfälischer Regierungsmitglieder liegt weniger an den steuerpflichtigen Amtsbezügen; die sind in Bayern und Nordrhein-Westfalen nur zwischen 2.180 DM und 4.052 DM monatlich höher als in Niedersachsen und Hessen. Bei der steuerfreien Dienstaufwandsentschädigung, die in Bayern und Nordrhein-Westfalen einheitlich 1.300 DM monatlich beträgt, sind die Unterschiede schon größer, besonders zu Hessen, wo Minister nur eine Dienstaufwandsentschädigung von 350 DM erhalten; in Niedersachsen sind es 1.000 DM.

Die eigentliche Divergenz aber beruht auf den Einkommen aus dem Abgeordnetenmandat, die in Niedersachsen und Hessen für Regierungsmitglieder weitgehend gestrichen worden sind: In Niedersachsen erhalten Regierungsmitglieder, auch wenn sie gleichzeitig Abgeordnete sind, keinerlei steuerpflichtige Abgeordnetenentschädigung, und die Kostenpauschale beträgt nur 515 DM. In Hessen beläuft sich die Abgeordnetenentschädigung für Regierungsmitglieder auf 2.888 DM und die Kostenpauschale auf 950 DM. In Bayern und Nordrhein-Westfalen dagegen beträgt die zusätzliche Abgeordnetenentschädigung für Regierungsmitglieder 5.232 DM beziehungsweise 4.414 DM und die zusätzliche Abgeordneten-Kostenpauschale 3.744 DM beziehungsweise 2.866 DM. Verdoppelt man die steuerfreien Beträge zur Errechnung von Bruttoeinkommen, so ergeben sich für bayerische und nordrhein-westfälische Minister, die gleichzeitig Abgeordnete sind, Gesamteinkommen von monatlich 38.622 DM beziehungsweise 36.314 DM, für hessische und niedersächsische Minister-Abgeordnete dagegen monatlich 25.005 DM beziehungsweise 24.152 DM. Bayerische Minister haben also monatlich 13.617 DM mehr als ihre hessischen und 14.470 DM mehr als ihre niedersächsischen Kollegen, und der Vorsprung von nordrhein-westfälischen Ministern ist ähnlich hoch (vgl. Tabelle 5, S. 220).

Der wesentliche Grund für den völlig unverhältnismäßigen Einkommensvorsprung bayerischer und nordrhein-westfälischer Minister sind also die Abgeordnetenbezüge, die in Niedersachsen und Hessen vor einigen Jahren ersatzlos gestrichen oder jedenfalls stark gekürzt wurden, weil sie in der damaligen Form nicht zu rechtfertigen und verfassungswidrig waren. Bayern und Nordrhein-Westfalen haben sich einem entsprechenden Abbau der Schatteneinkommen, so zwingend er auch geboten ist, bisher verweigert.

Auch die gewaltigen Einkommensunterschiede bayerischer und nordrhein-westfälischer Regierungsmitglieder zu ihren Kollegen in den Stadtstaaten Hamburg und Bremen (vgl. hierzu die Schaubilder 1 bis 3 im Anhang) beruhen ganz wesentlich auf ähnlichen Gründen: Hamburger und Bremer Senatoren dürfen nicht gleichzeitig ein Mandat im Landesparlament ausüben und erhalten deshalb natürlich auch keinerlei Mandatseinkommen. Die riesigen Einkommensunterschiede lassen sich auch nicht (oder allenfalls zu einem kleinen Teil) mit der Größe und dem Gewicht der beiden Flächenländer Bayern und Nordrhein-Westfalen rechtfertigen. Denn immerhin haben die Regierungen der beiden Stadtstaaten Hamburg und Bremen nicht nur die Aufgaben einer Landesregierung (wie die Regierungen von Bayern und Nordrhein-West-

falen), sondern müssen zusätzlich auch die Aufgaben eines Großstadtmagistrats bewältigen.
Die Gesamtwertung ergibt: Es geht zwar grundsätzlich in Ordnung, dass Regierungsmitglieder in Bayern und Nordrhein-Westfalen unter allen Bundesländern schon jetzt an der Spitze der Einkommen stehen. Nicht zu rechtfertigen aber ist der völlig aus dem Rahmen fallende übergroße Vorsprung bayerischer und nordrhein-westfälischer Regierungsmitglieder »de Luxe«.

Bundesminister und Bundeskanzler

Bundesminister

Nicht in Ordnung ist auch die Relation zu den Bezügen von Bundesministern (siehe Tabelle 6, S. 222). Bundesminister erhalten steuerpflichtige Amtsbezüge in Höhe von monatlich 24.103 DM. Sie beziehen damit derzeit nur 535 DM mehr als nordrhein-westfälische Minister (23.568 DM) und nur 801 DM mehr als bayerische Minister (23.302 DM). Berücksichtigt man die enormen Unterschiede in den Aufgaben, Kompetenzen und in der Verantwortung zwischen Bund und Ländern, so ist ein Einkommensabstand von lediglich 2 oder 3 Prozent offensichtlich viel zu gering.
Die Relation verzerrt sich noch weiter, wenn man auch die steuerfreie Dienstaufwandsentschädigung in den Blick nimmt, die in Bayern und Nordrhein-Westfalen mit monatlich 1.300 DM mehr als doppelt so hoch ist wie die von Bundesministern (600 DM). Bezieht man die Dienstaufwandsentschädigung in den Vergleich mit ein, so sind die Amtsbezüge nordrhein-westfälischer Minister absolut sogar höher als die von Bundesministern, und die Amtsbezüge bayerischer Minister sind nur 101 DM niedriger. Rechnet man die Dienstaufwandsentschädigung in Bruttoeinkommen um und verdoppelt sie zu diesem Zweck, so sind die Amtsbezüge von Landesministern in Bayern und Nordrhein-Westfalen sogar deut-

lich höher als die von Bundesministern – ein völlig abwegiges Ergebnis. Dass bayerische und nordrhein-westfälische Minister ohne Abgeordnetenmandat ein höheres Einkommen beziehen als ihre Kollegen im Bund, ist schlechterdings nicht mehr nachzuvollziehen.

Bundeskanzler

Die Amtsbezüge des Bundeskanzlers sind etwas höher als die der beiden Ministerpräsidenten von Bayern und Nordrhein-Westfalen, und zwar auch dann, wenn man die Dienstaufwandsentschädigung in den Vergleich einbezieht. Auch hier sind die Unterschiede aber viel zu gering, um den riesigen Divergenzen an Aufgaben, Kompetenzen und Verantwortung zwischen den Ämtern auf Bundes- und Landesebene gerecht zu werden.

Einbeziehung der Abgeordneteneinnahmen

Etwas größere Abstände ergeben sich zugunsten des Bundes, wenn man die zusätzlichen Einnahmen mit heranzieht, die Regierungsmitglieder, die gleichzeitig Abgeordnete sind, aus dem Mandat erhalten. Das liegt daran, dass die (steuerpflichtigen und steuerfreien) Einkommen von Bundestagsabgeordneten höher sind als die bayerischer und nordrhein-westfälischer Landtagsabgeordneter. Doch die Unterschiede sind – im Verhältnis zu den gewaltigen Unterschieden an Aufgaben, Kompetenzen und Verantwortungsbereichen – immer noch viel zu gering. Im Übrigen müssen die Schatteneinkommen ja, wie bereits dargelegt, beseitigt werden.

Oberbürgermeister von Großstädten

Bayerische und nordrhein-westfälische Minister können durchaus mit Oberbürgermeistern bayerischer und nordrhein-westfälischer Großstädte wie München oder Köln verglichen werden. Beide werden auf Zeit berufen: Minister im Allgemeinen auf vier oder fünf Jahre, Oberbürgermeister auf sechs Jahre. Auch Aufgaben und Verantwortung des Oberbürgermeisters einer Großstadt dürften kaum geringer sein als die eines Landesministers. Gewiss, die Kompetenzen und der Verantwortungsbereich eines Oberbürgermeisters sind qualitativ andere als die eines Landesministers, sie dürften diesen vom Gewicht her aber nicht allzu sehr nachstehen. Dabei ist auch zu berücksichtigen, dass Oberbürgermeister in Bayern und in Nordrhein-Westfalen Chefs der gesamten kommunalen Verwaltung (im engeren Sinne) *und* zugleich Vorsitzende des Stadtrats sind. Sie bilden die verantwortliche Spitze der »Exekutive« und sind als direkt gewählte Stadtoberhäupter zugleich Vorsitzende der Volksvertretung und die Repräsentanten der gesamten Bürgerschaft. Auch an Legitimation, Bekanntheitsgrad und Ansehen können sich beispielsweise Münchner Oberbürgermeister mit bayerischen Ministern oft leicht messen. Oberbürgermeister wie Hans-Jochen Vogel, Georg Kronawitter oder Christian Ude waren und sind bundesweit bekannte Institutionen.

Dennoch erhalten Landesminister oft viel höhere Bezüge als Oberbürgermeister der größten Städte. Dass ihre steuerpflichtigen Amtsbezüge um fast 4.000 DM monatlich höher sind, dürfte zwar noch zu rechtfertigen sein. Geht man aber von Regierungsmitgliedern mit Abgeordnetenmandat aus, bezieht auch die Schatteneinkommen mit ein und bildet daraus ein Brutto-Gesamteinkommen, so erhöht sich der Abstand gewaltig: Die Gesamteinkommen bayerischer und nordrhein-westfälischer Minister liegen anderthalb bis zweimal so hoch wie die der Oberbürgermeister von Großstädten wie München und Köln (siehe Schaubild 1, S. 228 f.).

Dass der Einkommensvergleich mit Oberbürgermeistern eine so gewaltige Verzerrung zugunsten bayerischer und nordrhein-westfälischer Minister ergibt, jedenfalls dann, wenn diese ein Abgeordnetenmandat innehaben, ist vielleicht auch dadurch zu erklären, dass Minister an den Hebeln der parlamentarischen Gesetzgebung sitzen, die sie in der Vergangenheit gelegentlich auch zum eigenen Vorteil betätigt haben. Für nordrhein-westfälische und bayerische Bürgermeister und Oberbürgermeister gelten dagegen Unvereinbarkeitsbestimmungen: Sie dürfen nicht gleichzeitig ein Landtagsmandat wahrnehmen. Um hier die Maßstäbe wieder zurechtzurücken, müssen die Schatteneinkommen abgebaut werden.

Beamtete Staatssekretäre und Rechnungshofpräsidenten

Um weitere Vergleichsgrößen für die Einschätzung der Bezüge von Ministern zu gewinnen, erscheint es sinnvoll, auch die Spitzen der Staatsverwaltung und der Rechnungshöfe mit heranzuziehen. Beamtete Staatssekretäre in Nordrhein-Westfalen als Spitze der staatlichen Exekutive und die Rechnungshofpräsidenten in Bayern und Nordrhein-Westfalen verdienen viel weniger als Landesminister. Ein gewisser Teil der Differenz ist sicher zu rechtfertigen. Es erscheint angemessen, dass Minister einen maßvollen Zuschlag erhalten. Dieser findet aber bereits in ihren höheren Amtsbezügen seinen Ausdruck. Nordrhein-westfälische Staatssekretäre und Rechnungshofpräsidenten erhalten ein Gehalt der Besoldungsgruppe B 10, Landesminister erhalten dagegen steuerpflichtige Amtsbezüge in Höhe von $^{19}/_{16}$ der höheren Besoldungsgruppe B 11 (Bayern) beziehungsweise $^{6}/_{5}$ von B 11 (Nordrhein-Westfalen). So der Berechnungsmodus; was das in konkreten Zahlen bedeutet, zeigt Tabelle 1 auf S. 214. Zweifelhafter ist schon die Differenz zwischen dem Amtsgehalt des bayerischen (parlamentarischen) Staatssekretärs ($^{19}/_{16}$ von B 10) und dem das Ressort leitenden Beamten (B 9), der für die Leitung und Koordination der gesamten inneren Arbeit des Ministeriums verantwortlich ist. Doch sobald man die Schatteneinkommen von Ministern mit Abgeordnetenmandat einbezieht, ist die Differenz der Gesamteinkommen noch sehr viel größer: Schon die steuerfreien und die steuerpflichtigen Abgeordnetenbezüge, die bayerische und nordrhein-westfälische Minister aus einem Parlamentsmandat erhalten können, beamtete Staatssekretäre und Rechnungshofspräsidenten dagegen nicht, führen zu einem riesigen Vorsprung (siehe Schaubild 1, S. 228). Entsprechend krasse und in ihrer Höhe willkürlich anmutende Unterschiede bestehen zwischen bayerischen (parlamentarischen) Staatssekretären und den leitenden Beamten. Insgesamt ist festzuhalten: Auch im Vergleich zu beamteten Staatssekretären und Rechnungshofpräsidenten stimmt die Relation zu Ministern in Bayern und Nordrhein-Westfalen nur, wenn man den Blick auf deren Amtsgehälter beschränkt. Die Relation ist dagegen völlig verzerrt, wenn man die Schatteneinkommen mit in den Blick nimmt und Minister mit Mandat heranzieht. Deren Gesamteinkommen sind vergleichsweise viel zu hoch.

Spitzen der Rechtsprechung

Die höchsten Richter der Bundes*länder* (zum Beispiel Präsidenten von Oberlandesgerichten) erhalten ein monatliches Amtsgehalt von 14.348 DM[20] (siehe Tabelle 7, S. 223). Das erscheint relativ wenig im Verhältnis zu bayerischen und nordrhein-westfälischen Landesministern, die ein um mehr als die Hälfte höheres Amtsgehalt (rund 23.600 DM) beziehen. Auch *Bundes*richter bleiben im Allgemeinen noch erheblich zurück. Selbst Präsidenten des Bundesgerichtshofs (und andere Präsidenten oberster Gerichtshöfe des Bundes und sogar Mitglieder des Bundesverfassungsgerichts) erhalten »nur« 20.610 DM. Ein ähnlich hohes Gehalt wie bayerische und nordrhein-westfälische Minister erhält lediglich der Präsident des Bundesverfassungsgerichts, der ein Amtsgehalt von 24.103 DM zuzüglich einer Dienstaufwandsentschädigung von 600 DM bekommt. Berücksichtigt man, dass es sich dabei um den Präsidenten eines der fünf Verfassungsorgane der Bundesrepublik

Deutschland handelt, erscheint fraglich, ob das Gehaltsgefüge noch stimmt oder ob es nicht bereits hier zu Lasten der Dritten Gewalt und zugunsten der Exekutive, insbesondere von Ministern, verschoben ist. Bezieht man nun aber auch die Schatteneinkommen von bayerischen und nordrhein-westfälischen Regierungsmitgliedern in den Vergleich mit ein (und verdoppelt dabei die steuerfreien Einkommensteile zur Umrechnung in Bruttoeinkommen), so ergibt sich beispielsweise für bayerische Minister ein weiteres Einkommen von monatlich 15.320 DM. Zusammen mit ihren Amtsgehältern als Regierungsmitglieder ergeben sich Gesamteinkommen, die völlig aus dem Vergleichsrahmen mit Gerichtspräsidenten herausfallen.

Der Einkommensvergleich mit hohen Richtern führt also gleichfalls zu einem gespaltenen Ergebnis – je nachdem welche Einkommensbestandteile man heranzieht. Fasst man nur die steuerpflichtigen Amtsgehälter von Ministern ins Auge, so erscheinen die Relationen wohl noch einigermaßen vertretbar. Zieht man aber auch die hohen Schatteneinkommen heran, die bayerische und nordrhein-westfälische Minister erhalten, insbesondere dann, wenn sie noch ein Abgeordnetenmandat innehaben, so sind die riesigen Einkommensvorsprünge der Regierungsmitglieder schlechterdings nicht mehr nachzuvollziehen und zu rechtfertigen.

Internationaler Vergleich

Wie sieht es international aus? Sind die deutschen Regelungen und Einkommenshöhen im internationalen Maßstab gerechtfertigt? Wir wollen das am Beispiel von sechs europäischen Nachbarländern – Österreich, Schweiz, Frankreich, Niederlande, Belgien, Großbritannien – und den Vereinigten Staaten überprüfen.

Vergleicht man die Einkommen bayerischer und nordrhein-westfälischer Ministerpräsidenten mit denen der Regierungschefs dieser anderen westlichen Demokratien, so ergibt sich,

dass sie weit mehr verdienen als die meisten ausländischen Regierungschefs. Im Einzelnen erhalten wir den folgenden Befund: Zunächst einmal wird deutlich, dass Regierungsmitglieder in allen herangezogenen Vergleichsländern (mit Ausnahme Großbritanniens) keinerlei Zusatzeinkommen aus einem Abgeordnetenmandat erhalten, weil dort – aus Gründen der Gewaltenteilung – kraft Verfassung der Grundsatz der Unvereinbarkeit gilt und Regierungsmitglieder deshalb kein Mandat ausüben dürfen. Für das Abgeordneteneinkommen von 97.536 DM, das bayerische und nordrhein-westfälische Regierungsmitglieder (durchschnittlich) erhalten (siehe Tabelle 4, S. 219),[21] gibt es in sechs von sieben Vergleichsländern also kein Äquivalent. Mit anderen Worten und in unserer Terminologie: Dort gibt es von vornherein keine Regierungsmitglieder »de Luxe«.
Beschränkt man den Vergleich auf die Amtsbezüge und setzt die korrekten Beträge für bayerische und nordrhein-westfälische Ministerpräsidenten ein, also 329.071 DM[22] für das steuerpflichtige Amtsgehalt und 27.600 DM für die steuerfreie Dienstaufwandspauschale, so zeigt sich: Bayerische und nordrhein-westfälische Ministerpräsidenten haben – auch *ohne* die zusätzliche Abgeordnetenbezahlung, ja sogar ohne die Dienstaufwandspauschale – höhere oder ähnlich hohe Einkommen wie viele ausländische Regierungschefs. So haben sie beispielsweise höhere Einkommen als der Ministerpräsident der Niederlande (193.104 DM steuerpflichtig und 18.041 DM steuerfrei jährlich) und der Premierminister von Frankreich (148.680 DM steuerpflichtig und 65.016 DM steuerfrei) und ähnlich hohe Einkommen wie der Premierminister von Belgien (314.338 DM steuerpflichtig und 11.869 DM steuerfrei). Amerikanische Gouverneure bekommen selbst in den größten der fünfzig US-amerikanischen Staaten ein steuerpflichtiges Gehalt von nicht mehr als 215.863 DM (so der Gouverneur von Kalifornien mit über 30 Millionen Einwohnern) beziehungsweise 245.544 DM (so der Gouverneur des nach der Zahl der Bürger zweitgrößten amerikanischen Staates New York mit über 18 Millionen Einwohnern). Hinzu kommen einige Leistungen, die bei

unseren Berechnungen nicht aufgeführt sind, wie kostenloser Transport mit Pkw, im Falle des Gouverneurs von New York auch mit Flugzeug, und die Bereitstellung einer Residenz. Aber Dienstwagen mit Fahrer haben auch deutsche Regierungsmitglieder, und kostenlosen Transport mit Flugzeugen kennen wir aus Nordrhein-Westfalen inzwischen zur Genüge; ebenso hat beispielsweise der bayerische Ministerpräsident sogar einen »Anspruch auf eine Amtswohnung mit Ausstattung«.[23]

Die relativ hohen Zahlen für österreichische Landeshauptmänner (siehe Tabelle 4, S. 219) dürften auch damit zusammenhängen, dass in Österreich die politische Klasse den Staat noch fester im Griff hat und ihn sich in noch stärkerem Maße »zur Beute macht« (so die Formulierung des früheren Bundespräsidenten Richard von Weizsäcker), als es in Deutschland der Fall ist. Im Übrigen werden die österreichischen Werte durch die an die allgemeine Sozialversicherung angelehnte Altersversorgung relativiert.

Resümee: Schatteneinkommen sprengen das Gehaltsgefüge

Die vorstehenden Vergleiche bestätigen: Es sind die zusätzlichen Schatteneinkommen, die dazu führen, dass bayerische und nordrhein-westfälische Regierungsmitglieder aus dem Gehaltsgefüge deutscher Amtsträger so sehr nach oben herausstechen und dass selbst bayerische Staatssekretäre noch sehr viel höhere Gesamteinkommen haben als die Ministerpräsidenten fast aller anderen Bundesländer. Sogar ohne Schatteneinkommen hätten bayerische und nordrhein-westfälische Regierungsmitglieder einen angemessenen Einkommensvorsprung vor höchsten Beamten, vor Oberbürgermeistern von Großstädten wie München und Köln und vor hohen Richtern in Deutschland bis hin zur Präsidentin des Bundesverfassungsgerichts. Die verschleierten, nicht zu rechtfertigenden und verfassungswidrigen Schatteneinkommen, die die Vergleichsgruppen nicht bekommen, verschaffen bayerischen und

nordrhein-westfälischen Regierungsmitgliedern einen übergroßen und nicht mehr nachvollziehbaren Einkommensvorsprung, der das öffentliche Einkommensgefüge völlig verzerrt. Sind es aber diese illegitimen und verschleierten Zusatzeinkommen, die die derzeitige Überzogenheit der Gesamteinnahmen bayerischer und nordrhein-westfälischer Regierungsmitglieder wesentlich begründen, so erscheint es angemessen und richtig, die Schatteneinkommen ersatzlos abzubauen. Dies würde die angemessene Gesamtrelation weitgehend wiederherstellen und erscheint deshalb als einzig angemessener Weg aus der Verfassungswidrigkeit.
Auch nach der Beseitigung der Schatteneinkommen bleibt das Einkommen bayerischer und nordrhein-westfälischer Ministerpräsidenten immer noch höher als das Einkommen mancher ausländischen Ministerpräsidenten sogar auf zentralstaatlicher Ebene. Dabei ist zu beachten, dass ausländische Regierungsmitglieder in sechs der zum Vergleich herangezogenen sieben westlichen Demokratien keinerlei Zusatzeinkommen aus einem Abgeordnetenmandat erhalten, weil sie ein solches gar nicht wahrnehmen dürfen.

3
Verdiente Politiker: Die Schatteneinkommen der Ministerpräsidenten, Minister und parlamentarischen Staatssekretäre

Die bisherige Analyse hat Folgendes ergeben:

- Im Bund, in Bayern, Nordrhein-Westfalen und in vielen anderen Bundesländern erhalten Bundeskanzler und Ministerpräsidenten, Minister und parlamentarische Staatssekretäre hohe heimliche Zusatzeinkommen (»Schatteneinkommen«).
- Die Schatteneinkommen fließen aus der Dienstaufwandsentschädigung, die Regierungsmitglieder aus ihrem Amt erhalten, vornehmlich aber aus dem Parlamentsmandat, das viele neben ihrem Regierungsamt innehaben.
- Es bestehen allerdings große Unterschiede, und zwar auf zwei Ebenen (wenn man einmal von der zusätzlichen dritten Ebene, dem West-Ost-Gefälle der Einkommen, absieht): *zwischen* den Regierungen und *innerhalb* der Regierungen.
- Einige Länder wie zum Beispiel Niedersachsen haben die Schatteneinkommen weitgehend abgebaut, ohne die normalen Amtsbezüge ihrer Regierungsmitglieder kompensatorisch anzuheben. Entsprechendes gilt für Bremen und Hamburg, wo Senatsamt und Parlamentsmandat kraft Verfassung unvereinbar sind. Es gibt also in finanzieller Hinsicht zwei Klassen von Regierungen in Deutschland: Die Mitglieder der einen Klasse beziehen sechsstellige Summen mehr als die der anderen.
- Auch *innerhalb* derjenigen Länder, in denen Regierungsmitglieder hohe Schatteneinkommen aus Abgeordnetenmandaten beziehen, gibt es gewaltige finanzielle Unterschiede, weil viele Minister gar kein Mandat innehaben. Ihr Anteil ist mit 52

Prozent überraschend hoch. Es gibt also auch zwei finanzielle Klassen in ein und derselben Regierung.

- Schatteneinkommen sind sachlich ungerechtfertigt und – oberhalb bestimmter gerade noch zu tolerierender Höchstbeträge (siehe S. 35 f., 38 f.) – verfassungswidrig und müssen deshalb unverzüglich abgebaut werden.
- Der innerdeutsche Vergleich mit anderen öffentlichen Spitzeneinkommen und der internationale Vergleich mit den Einkommen ausländischer Regierungsmitglieder enthüllt, dass die Schatteneinkommen die eigentliche Ursache für die Überzogenheit der Einkommen vieler deutscher Regierungsmitglieder sind. Auch aus diesem Grund kommt eine Erhöhung der Amtsbezüge zum Ausgleich für den Abbau der Schatteneinkommen nicht in Betracht.
- Im Übrigen sei hier schon im Vorgriff auf spätere Ausführungen festgehalten: Eine kompensatorische Erhöhung der normalen Amtsbezüge als Ersatz für die verfassungswidrigen Schatteneinkommen würde auf eine »Reinwaschung« verfassungswidriger Leistungen in rechtmäßige Einkommen hinauslaufen und kommt auch aus diesem Grund nicht in Frage.

Im Folgenden soll zunächst einmal ein tabellarischer Überblick darüber gegeben werden, welche Schatteneinkommen Regierungsmitglieder im Bund und in den Ländern erhalten. Dabei richtet sich die Reihenfolge nach der Höhe der Schatteneinkommen der Regierungschefs: Der Bund und die Länder Bayern und Nordrhein-Westfalen stehen ganz oben, die Länder Niedersachsen, Bremen und Hamburg mit den geringsten Schatteneinkommen ganz unten. Danach wird für den Bund und jedes Land namentlich aufgelistet, welche Regierungsmitglieder welche Schatteneinkommen beziehen. Daraus lässt sich dann auch entnehmen, wer welche verfassungswidrigen Einkommen erhält. (Alle Angaben: Jahreseinkommen in D-Mark-Beträgen.)

Regierungschefs mit Abgeordnetenmandat, soweit zulässig

		Schatteneinkommen DM				Amtsgehalt DM	Schattenzuschlag (1a von 2) in %	Bruttogesamteinkommen DM	Schattenquote (1a von 4) in %
		1				2	3	4	5
		Insgesamt 1a	DAE verdoppelt 1b	Kostenpauschale verdoppelt 1c	Diäten 1d				
1	Bund	242.616	48.000	117.360	77.256	360.640	67%	603.256	40%
2	Bayern	207.840	55.200	89.856	62.784	323.327	64%	531.167	39%
3	Nordrhein-Westfalen	176.952	55.200	68.784	52.968	334.815	53%	511.767	35%
4	Baden-Württemberg	171.900	48.000	54.312	69.588	303.272	57%	475.172	36%
5	Sachsen	145.164	48.000	56.640	40.524	257.036	56%	402.200	36%
6	Thüringen	129.672	36.000	60.696	32.976	250.348	52%	380.020	34%
7	Rheinland-Pfalz	128.412	36.000	59.400	33.012	275.580	47%	403.992	32%
8	Brandenburg	103.896	28.800	52.368	22.728	234.955	44%	338.851	31%
9	Berlin	92.460	18.000	40.800	33.660	296.575	31%	389.035	24%
10	Saarland	81.360	33.600	47.760	-	275.580	30%	356.940	23%
11	Mecklenburg-Vorpommern	77.232	20.760	35.832	20.640	237.087	33%	314.319	25%
12	Hessen	74.256	16.800	22.800	34.656	300.967	25%	375.223	20%
13	Schleswig-Holstein	63.956	12.440	28.800	22.716	278.195	23%	342.151	19%
14	Sachsen-Anhalt	58.860	26.400	9.360	23.100	237.087	25%	295.947	20%
15	Niedersachsen	48.360	36.000	12.360	-	306.776	16%	355.126	14%
16	Bremen	31.200	31.200	-	-	253.131	12%	284.331	11%
17	Hamburg	30.000	30.000	-	-	296.420	10%	326.420	9%
	Zum Vergleich: Verfassungsrechtliche Obergrenzen für Kostenpauschalen von Länderregierungschefs		24.000	19.200					

1 DAE = Dienstaufwandsentschädigung

2 Die steuerfreie Kostenpauschale aus dem Mandat ist ungerechtfertigt, da Regierungsmitglieder für ihr Mandat regelmäßig praktisch nichts mehr tun. Entsprechendes gilt für die steuerfreie Dienstaufwandsentschädigung aus dem Amt, da Regierungsmitglieder mit Hilfskräften aller Art ausgestattet sind, so dass praktisch kein persönlicher Aufwand anfällt (siehe S. 33). Zur Umrechnung in Bruttoeinkommen werden diese steuerfreien Einkommensbestandteile – bei Unterstellung eines Einkommensteuersatzes von 50 Prozent – verdoppelt.

Minister und Senatoren mit Abgeordnetenmandat, soweit zulässig

		Schatteneinkommen DM				Amtsgehalt DM	Schattenzuschlag (1a von 2) in %	Bruttogesamteinkommen DM	Schattenquote (1a von 4) in %
		1				2	3	4	5
		Insgesamt 1a	DAE verdoppelt 1b	Kostenpauschale verdoppelt 1c	Diäten 1d				
1	Bund	209.016	14.400	117.360	77.256	310.447	67%	519.463	40%
2	Bayern	183.840	31.200	89.856	62.784	300.130	61%	483.970	38%
3	Nordrhein-Westfalen	152.952	31.200	68.784	52.968	303.556	50%	456.508	34%
4	Baden-Württemberg	147.900	24.000	54.312	69.588	253.131	58%	401.031	37%
5	Sachsen	121.164	24.000	56.640	40.524	214.651	56%	335.815	36%
6	Thüringen	117.672	24.000	60.696	32.976	210.908	56%	328.580	36%
7	Rheinland-Pfalz	108.420	16.008	59.400	33.012	252.139	43%	360.559	30%
8	Brandenburg	94.296	19.200	52.368	22.728	215.730	44%	310.026	30%
9	Berlin	81.660	7.200	40.800	33.660	249.705	33%	331.365	25%
10	Mecklenburg-Vorpommern	71.004	14.532	35.832	20.640	218.623	32%	289.627	25%
11	Hessen	65.856	8.400	22.800	34.656	251.379	26%	317.235	21%
12	Saarland	64.560	16.800	47.760	-	252.139	26%	316.699	20%
13	Schleswig-Holstein	58.236	6.720	28.800	22.716	256.531	23%	314.767	19%
14	Sachsen-Anhalt	49.260	16.800	9.360	23.100	215.730	23%	264.990	19%
15	Niedersachsen	36.360	24.000	12.360	-	272.051	13%	308.411	12%
16	Bremen	15.600	15.600	-	-	253.131	6%	268.731	6%
17	Hamburg	13.200	13.200	-	-	296.420	5%	309.620	4%
	Zum Vergleich: Verfassungsrechtliche Obergrenzen für Kostenpauschalen		14.400	19.200					

1 DAE = Dienstaufwandsentschädigung

2 Die steuerfreie Kostenpauschale aus dem Mandat ist ungerechtfertigt, da Regierungsmitglieder für ihr Mandat regelmäßig praktisch nichts mehr tun. Entsprechendes gilt für die steuerfreie Dienstaufwandsentschädigung aus dem Amt, da Regierungsmitglieder mit Hilfskräften aller Art ausgestattet sind, so dass praktisch kein persönlicher Aufwand anfällt (siehe S. 33). Zur Umrechnung in Bruttoeinkommen werden diese steuerfreien Einkommensbestandteile – bei Unterstellung eines Einkommensteuersatzes von 50 Prozent – verdoppelt.

Parlamentarische Staatssekretäre

		Schatteneinkommen DM				Amtsgehalt DM	Schattenzuschlag (1a von 2) in %	Bruttogesamteinkommen DM	Schatten quote (1a von 4) in %
		1				2	3	4	5
		Insgesamt 1a	DAE verdoppelt 1b	Kostenpauschale verdoppelt 1c	Diäten 1d				
1	Bund	208.601	10.800	117.360	80.441	238.473	88%	447.074	47%
2	Bayern	171.840	19.200	89.856	62.784	276.740	62%	448.580	38%
3	Baden-Württemberg	135.900	12.000	54.312	69.588	215.521	63%	351.421	39%

Bund

Bundeskanzler und Minister »de Luxe«

Im Bund erhalten der Bundeskanzler und acht Minister »de Luxe« Schatteneinkommen aus dem Amt und aus einem gleichzeitig wahrgenommenen Bundestagsmandat:

	Steuerpflichtiges Amtsgehalt	Schatteneinkommen aus Amt und Mandat	Relation Spalte 2 zu Spalte 1	Bruttogesamteinkommen (Summe Spalte 1 und 2)
	1	2	3	4
Bundeskanzler Gerhard Schröder	360.640 DM	242.616 DM	67%	603.256 DM
Außenminister Joschka Fischer	310.447 DM	209.016 DM	67%	519.463 DM
Bundesminister für Verkehr, Bau und Wohnungswesen Kurt Bodewig	310.447 DM	209.016 DM	67%	519.463 DM
Bildungs- und Forschungsministerin Edelgard Bulmahn	310.447 DM	209.016 DM	67%	519.463 DM
Bundesjustizministerin Herta Däubler-Gmelin	310.447 DM	209.016 DM	67%	519.463 DM
Bundesgesundheitsministerin Andrea Fischer	310.447 DM	209.016 DM	67%	519.463 DM
Bundesverteidigungsminister Rudolf Scharping	310.447 DM	209.016 DM	67%	519.463 DM
Bundesinnenminister Otto Schily	310.447 DM	209.016 DM	67%	519.463 DM
Bundesumweltminister Jürgen Trittin	310.447 DM	209.016 DM	67%	519.463 DM
Bundesministerin für wirtschaftliche Zusammenarbeit und Entwicklung Heidemarie Wieczorek-Zeul	310.447 DM	209.016 DM	67%	519.463 DM

Die Schatteneinkommen in einer Gesamthöhe von 242.616 DM, die der Bundeskanzler bezieht, und die Schatteneinkommen der genannten Bundesminister in Höhe von 209.016 DM, die die Gesamteinkommen um zwei Drittel (67 Prozent) aufstocken, sind weit überzogen und müssen unverzüglich abgebaut werden. Eindeutig verfassungswidrig sind die Kostenpauschale aus dem Bundestagsmandat in Höhe von 58.680 DM (brutto 117.360 DM) und die hälftigen Diäten in Höhe von 77.256 DM.

Einfache Minister

Fünf Bundesminister beziehen mangels Bundestagsmandats auch keine Schatteneinkommen daraus:

	Steuerpflichtiges Amtsgehalt	Schatteneinkommen aus dem Amt	Relation Spalte 2 zu Spalte 1	Bruttogesamteinkommen (Summe Spalte 1 und 2)
	1	2	3	4
Bundesministerin für Familie, Senioren, Frauen und Jugend Christine Bergmann	310.447 DM	14.400 DM	5%	324.847
Bundesfinanzminister Hans Eichel	310.447 DM	14.400 DM	5%	324.847
Bundesminister für Ernährung, Landwirtschaft und Forsten Karl-Heinz Funke	310.447 DM	14.400 DM	5%	324.847
Bundesminister für Wirtschaft und Technologie Werner Müller	310.447 DM	14.400 DM	5%	324.847
Bundesminister für Arbeit und Sozialordnung Walter Riester	310.447 DM	14.400 DM	5%	324.847

Bundesminister ohne Mandat erhalten ein Gesamteinkommen von brutto 324.847 DM. Das sind 194.616 DM weniger als ihre Kollegen »de Luxe«.

Parlamentarische Staatssekretäre »de Luxe«

	Steuer-pflichtiges Amtsgehalt	Schatteneinkommen aus Amt und Mandat	Relation Spalte 2 zu Spalte 1	Bruttogesamt-einkommen (Summe Spalte 1 und 2)
	1	2	3	4
Gisela Altmann	238.473	208.601	88%	447.074
Gerd Andres	238.473	208.601	88%	447.074
Hans-Martin Bury (Staatsminister)	238.473	208.601	88%	447.074
Wolf-Michael Catenhusen	238.473	208.601	88%	447.074
Karl Diller	238.473	208.601	88%	447.074
Ursula Eid	238.473	208.601	88%	447.074
Achim Großmann	238.473	208.601	88%	447.074
Barbara Hendricks	238.473	208.601	88%	447.074
Lothar Ibrügger	238.473	208.601	88%	447.074
Fritz Rudolf Körper	238.473	208.601	88%	447.074
Walter Kolbow	238.473	208.601	88%	447.074
Ulrike Mascher	238.473	208.601	88%	447.074
Sigmar Mosdorf	238.473	208.601	88%	447.074
Edith Niehuis	238.473	208.601	88%	447.074
Christa Nickels	238.473	208.601	88%	447.074
Eckhart Pick	238.473	208.601	88%	447.074
Simone Probst	238.473	208.601	88%	447.074
Siegfried Scheffler	238.473	208.601	88%	447.074
Brigitte Schulte	238.473	208.601	88%	447.074
Rudolf Schwanitz (Staatsminister)	238.473	208.601	88%	447.074
Cornelie Sonntag-Wolgast	238.473	208.601	88%	447.074
Gerald Thalheim	238.473	208.601	88%	447.074
Ludger Volmer (Staatsminister)	238.473	208.601	88%	447.074
Christoph Zöpel (Staatsminister)	238.473	208.601	88%	447.074

Besonders hoch – im Verhältnis zu ihrem Amtsgehalt von 238.473 DM – sind die Schatteneinkommen der oben aufgeführten vierundzwanzig Parlamentarischen Staatssekretäre, die alle auch ein Bundestagsmandat innehaben (und normalerweise auch innehaben müssen). Ihnen kann das Recht verliehen werden, die Bezeichnung »Staatsminister« zu führen.[24] Ihre Schatteneinkommen betragen 208.601 DM und erhöhen ihr Amtsgehalt um nicht weniger als 88 Prozent auf ein Bruttogesamteinkommen von 447.074 DM.

Parlamentarische Staatssekretäre erhalten sogar höhere Abgeordnetendiäten als Bundesminister, nämlich 80.441 DM (= 52 Prozent), statt 77.256 DM. Das liegt daran, dass Regierungsmitgliedern zwar grundsätzlich 50 Prozent ihrer Diäten gekürzt werden, die Kürzung aber nicht mehr als ein Drittel des Amtsgehalts ausmachen darf. Diese Plafondierung greift bei Ministern nicht, wohl aber bei Parlamentarischen Staatssekretären.

Die vierundzwanzig Parlamentarischen Staatssekretäre »de Luxe«, deren Namen aufgrund ihrer geringen Funktionen und Verantwortung kaum einer kennt, erhalten mit 447.074 DM sehr viel höhere Gesamteinkommen als Bundesminister mit großen und wichtigen Aufgabengebieten wie zum Beispiel der Bundesminister der Finanzen Hans Eichel[25] und der Bundesminister für Arbeit und Sozialordnung Walter Riester. Diese völlig willkürlichen Gehaltsunterschiede beruhen auf den Schatteneinkommen und bestätigen einmal mehr deren Unhaltbarkeit.
Die Schatteneinkommen der Parlamentarischen Staatssekretäre müssen unverzüglich abgebaut werden. Eindeutig verfassungswidrig sind die Kostenpauschale aus dem Bundestagsmandat in Höhe von 58.680 DM (brutto 117.360 DM) und die Diäten aus dem Bundestagsmandat.

Der einfache Parlamentarische Staatssekretär

Parlamentarische Staatssekretäre »beim Bundeskanzler« brauchen nicht unbedingt dem Bundestag anzugehören.[26] Dies ist derzeit nur bei Michael Naumann, dem Staatsminister und Beauftragten der Bundesregierung für Angelegenheiten der Kultur und der Medien, der Fall. (Dasselbe gilt für seinen designierten Nachfolger Julian Nida-Rümelin, der im Januar 2001 das Amt übernehmen soll.) Er hat ein steuerpflichtiges Amtsgehalt von 238.473 DM im Jahr plus eine Dienstaufwandsentschädigung von brutto 10.800 DM. Damit bezieht ausgerechnet der prominenteste unter den Parlamentarischen Staatssekretären 197.801 DM weniger als seine vierundzwanzig Kollegen mit Bundestagsmandat.

Bayern

Ministerpräsident und Minister »de Luxe«

In Bayern erhalten der Ministerpräsident und fast alle Minister (bis auf einen) folgende Schatteneinkommen:

	Steuer-pflichtiges Amtsgehalt	Schatteneinkommen aus Amt und Mandat	Relation Spalte 2 zu Spalte 1	Bruttogesamt-einkommen (Summe Spalte 1 und 2)
	1	2	3	4
Ministerpräsident Edmund Stoiber	323.327 DM	207.840 DM	64%	531.167
Stellvertreterin des Ministerpräsidenten, Staatsministerin für Arbeit und Sozialordnung, Familie, Frauen und Gesundheit Barbara Stamm	300.130 DM	195.840 DM	65%	495.970
Innenminister Günther Beckstein	300.130 DM	183.840 DM	61%	483.970
Staatsminister für Bundes- und Europaangelegenheiten in der Staatskanzlei Reinhold Bocklet	300.130 DM	183.840 DM	61%	483.970
Finanzminister Kurt Faltlhauser	300.130 DM	183.840 DM	61%	483.970
Staatsministerin für Unterricht und Kultus Monika Hohlmeier	300.130 DM	183.840 DM	61%	483.970
Leiter der Bayerischen Staatskanzlei Erwin Huber	300.130 DM	183.840 DM	61%	483.970
Staatsminister für Ernährung, Landwirtschaft und Forsten Josef Miller	300.130 DM	183.840 DM	61%	483.970
Justizminister Manfred Weiß	300.130 DM	183.840 DM	61%	483.970
Staatsminister für Wirtschaft, Verkehr und Technologie Otto Wiesheu	300.130 DM	183.840 DM	61%	483.970
Staatsminister für Wissenschaft, Forschung und Kunst Hans Zehetmair	300.130 DM	183.840 DM	61%	483.970

Die Schatteneinkommen des bayerischen Ministerpräsidenten in Höhe von 207.840 DM, der stellvertretenden Ministerpräsidentin in Höhe von 195.840 DM und der neun weiteren Minister »de Luxe« in Höhe von 183.840 DM sind weit überzogen und müssen unverzüglich abgebaut werden. Sie sind in allen drei Bestandteilen (siehe Tabellen S. 56 f.) verfassungswidrig.

Der einfache Minister

Der Minister für Landesentwicklung und Umweltfragen Werner Schnappauf hat als Einziger kein Landtagsmandat, erhält daraus also auch keine Schatteneinkommen. Sein Bruttoeinkommen beträgt »nur« 331.330 DM, ist also um 152.640 DM niedriger als das seiner bayerischen Ministerkollegen »de Luxe«. Es ist aber immer noch höher als das einfacher Bundesminister wie Hans Eichel oder Walter Riester, die 324.847 DM erhalten. Das liegt nicht zuletzt an der Dienstaufwandsentschädigung bayerischer Minister, die mit brutto 31.200 DM sachlich überzogen und verfassungswidrig ist, weil sie die Obergrenze von 7.200 DM (= brutto 14.400 DM) weit überschreitet (siehe oben S. 35 f.).

Staatssekretäre

In Bayern haben alle sechs Staatssekretäre, die dort gleichberechtigte Regierungsmitglieder sind, ein Landtagsmandat und erhalten ebenfalls hohe Schatteneinkommen:

	Steuerpflichtiges Amtsgehalt	Schatteneinkommen aus Amt und Mandat	Relation Spalte 2 zu Spalte 1	Bruttogesamteinkommen (Summe Spalte 1 und 2)
	1	2	3	4
Marianne Deml	276.740	171.840	62%	448.580
Karl Freller	276.740	171.840	62%	448.580
Hermann Regensburger	276.740	171.840	62%	448.580
Georg Schmid	276.740	171.840	62%	448.580
Hans Spitzner	276.740	171.840	62%	448.580
Christa Stewens	276.740	171.840	62%	448.580

Die Schatteneinkommen bayerischer Staatssekretäre in Höhe von 171.840 DM sind in allen drei Bestandteilen verfassungswidrig. Sie erhöhen ihre Gesamtbezüge auf 448.580 DM und verschaffen ihnen so ein Gesamteinkommen, das höher ist als das von Parlamentarischen Staatssekretären im Bund, ja sogar höher als das Gesamteinkommen der Regierungschefs fast aller Bundesländer (außer Bayern, Nordrhein-Westfalen und Baden-Württemberg). Das zeigt einmal mehr die völlige Willkürlichkeit der Schatteneinkommen.

Nordrhein-Westfalen

Ministerpräsident und Minister »de Luxe«

In Nordrhein-Westfalen erhalten der Ministerpräsident und die zwei Minister »de Luxe« folgende Schatteneinkommen:

	Steuerpflichtiges Amtsgehalt	Schatteneinkommen aus Amt und Mandat	Relation Spalte 2 zu Spalte 1	Bruttogesamteinkommen (Summe Spalte 1 und 2)
	1	2	3	4
Ministerpräsident Wolfgang Clement	334.816 DM	176.952 DM	53%	511.767 DM
Ministerin für Schule, Wissenschaft und Forschung Gabriele Behler	303.556 DM	152.952 DM	50%	456.508 DM
Finanzminister Peer Steinbrück	303.556 DM	152.952 DM	50%	456.508 DM

Die Schatteneinkommen des nordrhein-westfälischen Ministerpräsidenten in Höhe von 176.952 DM und der vier nordrhein-westfälischen Minister »de Luxe« in Höhe von 152.952 DM sind weit überzogen und müssen unverzüglich abgebaut werden. Sie sind in allen drei Bestandteilen (siehe Tabellen S. 56 f.) verfassungswidrig.

Einfache Minister

Acht nordrhein-westfälische Minister haben kein Landtagsmandat und beziehen daraus auch keine Schatteneinkommen. Ihr Bruttoeinkommen von 334.756 DM ist um 108.312 DM niedriger als das ihrer nordrhein-westfälischen Kollegen »de Luxe«. Es ist aber immer noch höher als das einfacher Bundesminister, die 324.847 DM erhalten. Das liegt nicht zuletzt an der Dienstaufwandsentschädigung nordrhein-westfälischer Minister, die mit 31.200 DM brutto die verfassungsrechtliche Obergrenze von 7.200 DM (= brutto 14.400 DM) überschreitet.

	Steuer-pflichtiges Amtsgehalt	Schatteneinkommen aus dem Amt	Relation Spalte 2 zu Spalte 1	Bruttogesamt-einkommen (Summe Spalte 1 und 2)
	1	2	3	4
Stellvertreter des Ministerpräsidenten, Minister für Städtebau und Wohnen, Kultur und Sport Michael Vesper	303.556	31.200	10%	334.756
Innenminister Fritz Behrens	303.556	31.200	10%	334.756
Justizminister Jochen Dieckmann	303.556	31.200	10%	334.756
Ministerin für Jugend, Familie und Gesundheit Birgit Fischer	303.556	31.200	10%	334.756
Ministerin für Umwelt und Naturschutz, Landwirtschaft und Verbraucherschutz Bärbel Höhn	303.556	31.200	10%	334.756
Minister für Bundes- und Europaangelegenheiten Detlev Samland	303.556	31.200	10%	334.756
Minister für Arbeit, Soziales, Qualifikation und Technologie Harald Schartau	303.556	31.200	10%	334.756
Minister für Wirtschaft und Mittelstand, Energie und Verkehr Ernst Schwanhold	303.556	31.200	10%	334.756

Baden-Württemberg

Ministerpräsident und Minister »de Luxe«

In Baden-Württemberg beziehen der Ministerpräsident und die sechs Minister »de Luxe« folgende Schatteneinkommen:

	Steuer-pflichtiges Amtsgehalt	Schatteneinkommen aus Amt und Mandat	Relation Spalte 2 zu Spalte 1	Bruttogesamt-einkommen (Summe Spalte 1 und 2)
	1	2	3	4
Ministerpräsident Erwin Teufel	303.272	171.900	57%	475.172
Stellvertretender Ministerpräsident und Wirtschaftsminister Walter Döhring	253.131	147.900	58%	401.031
Minister für Umwelt und Verkehr Ulrich Müller	253.131	147.900	58%	401.031
Sozialminister Friedhelm Repnik	253.131	147.900	58%	401.031
Innenminister Thomas Schäuble	253.131	147.900	58%	401.031
Finanzminister Gerhard Stratthaus	253.131	147.900	58%	401.031
Minister für Wissenschaft, Forschung und Kunst Klaus von Trotha	253.131	147.900	58%	401.031

Die Schatteneinkommen des baden-württembergischen Ministerpräsidenten in Höhe von 171.900 DM und der genannten sechs Minister in Höhe von 147.900 DM sind in allen drei Bestandteilen verfassungswidrig und müssen unverzüglich abgebaut werden. Die Diäten werden nur um 30 Prozent gekürzt, so dass Regierungsmitgliedern 69.588 DM verbleiben, mehr als allen Kollegen in anderen Landesregierungen. Eine ähnliche Regelung (Kürzung der Diäten nur um 30 Prozent) hatten ursprünglich auch das Saarland und Rheinland-Pfalz.[27] Diese Länder haben die Kürzung aber im Hinblick auf die verfassungsrechtlichen Anforderungen auf 75 beziehungsweise 70 Prozent erhöht. Im Saarland erfolgt inzwischen sogar eine 100-prozentige Verrechnung.

Einfache Minister

	Steuerpflichtiges Amtsgehalt	Schatteneinkommen aus dem Amt	Relation Spalte 2 zu Spalte 1	Bruttogesamteinkommen (Summe Spalte 1 und 2)
	1	2	3	4
Justizminister Ulrich Goll	253.131	24.000	10%	277.131
Minister im Staatsministerium Christoph E. Palmer	253.131	24.000	10%	277.131
Ministerin für Kultus, Jugend und Sport Annette Schavan	253.131	24.000	10%	277.131
Ministerin für den ländlichen Raum Gerdi Staiblin	253.131	24.000	10%	277.131

Die übrigen vier Minister in Baden-Württemberg haben kein Landtagsmandat und also auch keine Schatteneinkommen hieraus. Ihre Dienstaufwandsentschädigung von 24.000 DM brutto überschreitet jedoch die verfassungsrechtliche Obergrenze von 7.200 DM (= 14.400 DM brutto).

Staatssekretäre

Sechs der sieben baden-württembergischen Staatssekretäre haben ein Landtagsmandat (s. Tabelle S. 67). Ihre Schatteneinkommen betragen brutto 135.900 DM und sind zumindest in den Mandatsbestandteilen: Kostenpauschale (brutto 54.312 DM) und Diäten (69.588 DM), verfassungswidrig. Kein Mandat hat nur der Staatssekretär im Kabinettsrang Horst Mehrländer; sein Schatteneinkommen besteht in einer Dienstaufwandsentschädigung von brutto 12.000 DM.

	Steuerpflichtiges Amtsgehalt	Schatteneinkommen aus Amt und Mandat	Relation Spalte 2 zu Spalte 1	Bruttogesamteinkommen (Summe Spalte 1 und 2)
	1	2	3	4
Staatssekretär im Kabinettsrang Willi Stächele	215.521	135.900	63%	351.421
Politischer Staatssekretär Rudolf Köberle	215.521	135.900	63%	351.421
Politische Staatssekretärin Johanna Lichy	215.521	135.900	63%	351.421
Politischer Staatssekretär Stefan Mappus	215.521	135.900	63%	351.421
Politischer Staatssekretär Wolfgang Rückert	215.521	135.900	63%	351.421
Politischer Staatssekretär Michael Sieber	215.521	135.900	63%	351.421

Sachsen

Ministerpräsident und Minister »de Luxe«

	Steuerpflichtiges Amtsgehalt	Schatteneinkommen aus Amt und Mandat	Relation Spalte 2 zu Spalte 1	Bruttogesamteinkommen (Summe Spalte 1 und 2)
	1	2	3	4
Ministerpräsident Kurt Biedenkopf	257.036	145.164	56%	402.200
Staatsminister für Umwelt und Landwirtschaft Steffen Flath	214.651	121.164	56%	335.815
Staatsminister für Soziales, Gesundheit, Jugend und Familie Hans Geisler	214.651	121.164	56%	335.815
Finanzminister Georg Milbradt	214.651	121.164	56%	335.815
Kultusminister Matthias Rößler	214.651	121.164	56%	335.815
Gleichstellungsministerin Christine Weber	214.651	121.164	56%	335.815

Die Schatteneinkommen des sächsischen Ministerpräsidenten in Höhe von 145.164 DM und der fünf Minister »de Luxe« in Höhe von 121.164 DM sind in allen drei Bestandteilen weit überhöht und verfassungswidrig und müssen unverzüglich abgebaut werden. Aufgrund der hohen Schatteneinkommen erhalten der Ministerpräsident und seine Minister »de Luxe« – trotz ihrer nach »Osttarif« abgesenkten Amtsgehälter – höhere Brutto-Gesamteinnahmen als ihre Kollegen in allen anderen Bundesländern, auch denen im Westen (mit Ausnahme von Bayern, Baden-Württemberg und Nordrhein-Westfalen).

Einfache Minister

	Steuer-pflichtiges Amtsgehalt	Schatteneinkommen aus dem Amt	Relation Spalte 2 zu Spalte 1	Bruttogesamt-einkommen (Summe Spalte 1 und 2)
	1	2	3	4
Innenminister Klaus Hardraht	214.651	24.000	11%	238.651
Justizminister Manfred Kolbe	214.651	24.000	11%	238.651
Chef der Staatskanzlei Thomas de Maiziére	214.651	24.000	11%	238.651
Staatsminister für Wissenschaft und Kunst Hans Joachim Meyer	214.651	24.000	11%	238.651
Staatsminister für Wirtschaft und Arbeit Kajo Schommer	214.651	24.000	11%	238.651
Staatsminister für Bundes- und Europaangelegenheiten Stanislaw Tillich	214.651	24.000	11%	238.651

Sechs Minister haben kein Landtagsmandat und also auch keine Schatteneinkommen hieraus. Ihre Dienstaufwandsentschädigung von 24.000 DM brutto überschreitet jedoch die verfassungsrechtliche Obergrenze von 7.200 DM (= brutto 14.400 DM).

Thüringen

Ministerpräsident und Minister »de Luxe«

	Steuer-pflichtiges Amtsgehalt	Schatteneinkommen aus Amt und Mandat	Relation Spalte 2 zu Spalte 1	Bruttogesamt-einkommen (Summe Spalte 1 und 2)
	1	2	3	4
Ministerpräsident Bernhard Vogel	250.348	129.672	52%	380.020
Finanzminister und stellvertretender Ministerpräsident Andreas Trautvetter	210.908	117.672	56%	328.580
Innenminister Christian Köckert	210.908	117.672	56%	328.580
Minister für Soziales, Familie und Gesundheit Frank-Michael Pietzsch	210.908	117.672	56%	328.580
Minister für Wirtschaft, Arbeit und Infrastruktur Franz Schuster	210.908	117.672	56%	328.580
Minister für Landwirtschaft, Naturschutz und Umwelt Volker Sklenar	210.908	117.672	56%	328.580

Die Schatteneinkommen des thüringischen Ministerpräsidenten in Höhe von 129.672 DM und der fünf Minister »de Luxe« in Höhe von 117.672 DM sind überzogen und müssen unverzüglich abgebaut werden. Zumindest zwei Bestandteile der Schatteneinkommen (Dienstaufwandsentschädigung und Kostenpauschale aus dem Mandat) sind verfassungswidrig. Aufgrund der hohen Schatteneinkommen haben der Ministerpräsident und seine Kollegen »de Luxe« – trotz ihrer nach »Osttarif« abgesenkten Amtsgehälter – höhere Bruttogesamteinkommen als selbst die meisten Kollegen im Westen (siehe Tabellen S. 56 f.).

Einfache Minister

Vier Minister in Thüringen haben kein Landtagsmandat und also auch keine Schatteneinkommen hieraus. Ihre Dienstaufwandsentschädigung von 24.000 DM brutto überschreitet jedoch die verfassungsrechtliche Obergrenze von 7.200 DM (= brutto 14.400 DM).

	Steuer-pflichtiges Amtsgehalt	Schatteneinkommen aus dem Amt	Relation Spalte 2 zu Spalte 1	Bruttogesamt-einkommen (Summe Spalte 1 und 2)
	1	2	3	4
Justizminister Andreas Birkmann	210.908	24.000	11%	234.908
Minister für Bundes- und Europaangelegenheiten und Chef der Staatskanzlei Jürgen Gnauck	210.908	24.000	11%	234.908
Kultusminister Michael Krapp	210.908	24.000	11%	234.908
Ministerin für Wissenschaft, Forschung und Kunst Dagmar Schipanski	210.908	24.000	11%	234.908

Rheinland-Pfalz

Ministerpräsident und Minister »de Luxe«

Die Schatteneinkommen des Ministerpräsidenten von Rheinland-Pfalz in Höhe von 128.412 DM und der fünf Minister »de Luxe« in Höhe von 108.420 DM sind überhöht und müssen unverzüglich abgebaut werden. Sie sind in zwei Bestandteilen (Dienstaufwandspauschale und Kostenaufwandspauschale aus dem Abgeordnetenmandat) verfassungswidrig.

	Steuer-pflichtiges Amtsgehalt	Schatteneinkommen aus Amt und Mandat	Relation Spalte 2 zu Spalte 1	Bruttogesamt-einkommen (Summe Spalte 1 und 2)
	1	2	3	4
Ministerpräsident Kurt Beck	275.580	128.412	47%	403.992
Stellvertretender Ministerpräsident und Minister für Wirtschaft, Verkehr, Landwirtschaft und Weinbau Hans-Artur Bauckhage	252.139	108.420	43%	360.559
Minister für Arbeit, Soziales und Gesundheit Florian Gerster	252.139	108.420	43%	360.559
Justizminister Herbert Mertin	252.139	108.420	43%	360.559
Finanzminister Gernot Mittler	252.139	108.420	43%	360.559
Minister für Inneres und für Sport Walter Zuber	252.139	108.420	43%	360.559

Einfache Minister

	Steuer-pflichtiges Amtsgehalt	Schatteneinkommen aus dem Amt	Relation Spalte 2 zu Spalte 1	Bruttogesamt-einkommen (Summe Spalte 1 und 2)
	1	2	3	4
Ministerin für Kultur, Jugend, Familie und Frauen Rose Götte	252.139	16.008	6%	268.147
Ministerin für Umwelt und Forsten Klaudia Martini	252.139	16.008	6%	268.147
Minister für Bildung, Wissenschaft und Weiterbildung Jürgen Zöllner	252.139	16.008	6%	268.147

Drei rheinland-pfälzische Minister haben kein Landtagsmandat und also auch keine Schatteneinkommen hieraus. Ihre Dienstaufwandsentschädigung von 16.008 DM brutto überschreitet jedoch die verfassungsrechtliche Obergrenze von 7.200 DM (= brutto 14.400 DM).

Brandenburg

Ministerpräsident und Minister »de Luxe«

	Steuer-pflichtiges Amtsgehalt	Schatteneinkommen aus Amt und Mandat	Relation Spalte 2 zu Spalte 1	Bruttogesamt-einkommen (Summe Spalte 1 und 2)
	1	2	3	4
Ministerpräsident Manfred Stolpe	234.955	103.896	44%	338.851
Minister für Landwirtschaft, Umweltschutz und Raumordnung Wolfgang Birthler	215.730	94.296	44%	310.026
Minister für Stadtentwicklung, Wohnen und Verkehr Hartmut Meyer	215.730	94.296	44%	310.026
Minister für Bildung, Jugend und Sport Steffen Reiche	215.730	94.296	44%	310.026
Innenminister Jörg Schönbohm	215.730	94.296	44%	310.026
Finanzministerin Dagmar Ziegler	215.730	94.296	44%	310.026
Minister für Arbeit, Soziales, Gesundheit und Frauen Alwin Ziel	215.730	94.296	44%	310.026

Die Schatteneinkommen des brandenburgischen Ministerpräsidenten in Höhe von 103.896 DM und der sechs Minister »de Luxe« in Höhe von 94.296 DM sind besonders wegen der hohen Kostenpauschale aus dem Mandat in Höhe von brutto 52.368 DM verfassungswidrig und müssen unverzüglich abgebaut werden. Die hohen Schatteneinkommen verschaffen dem brandenburgischen Ministerpräsidenten und seinen Kollegen – trotz ihrer nach dem »Osttarif« abgesenkten Amtsgehälter – ein Bruttogesamteinkommen, das höher ist als das vieler ihrer westlichen Kollegen.

Einfache Minister

	Steuer-pflichtiges Amtsgehalt	Schatteneinkommen aus dem Amt	Relation Spalte 2 zu Spalte 1	Bruttogesamt-einkommen (Summe Spalte 1 und 2)
	1	2	3	4
Wirtschaftsminister Wolfgang Fürniß	215.730	19.200	9%	234.930
Minister der Justiz und für Europaangelegenheiten Kurt Schelter	215.730	19.200	9%	234.930
Ministerin für Wissenschaft, Forschung und Kultur Johanna Wanka	215.730	19.200	9%	234.930

Drei brandenburgische Minister haben kein Landtagsmandat und also auch keine Schatteneinkommen hieraus. Ihre Dienstaufwandsentschädigung von 19.200 DM brutto überschreitet jedoch die verfassungsrechtliche Obergrenze von 7.200 DM (= brutto 14.400 DM).

Berlin

Regierender Bürgermeister, Bürgermeister und Senatoren »de Luxe«

In Berlin erhalten der Regierende Bürgermeister, der Bürgermeister und drei weitere Senatoren folgende Schatteneinkommen:

	Steuer-pflichtiges Amtsgehalt	Schatteneinkommen aus Amt und Mandat	Relation Spalte 2 zu Spalte 1	Bruttogesamt-einkommen (Summe Spalte 1 und 2)
	1	2	3	4
Regierender Bürgermeister Eberhard Diepgen	296.575	92.460	31%	389.035
Bürgermeister und Senator für Schule, Jugend und Sport Klaus Böger	267.184	86.460	31%	353.644
Senator für Wirtschaft und Technologie Wolfgang Branoner	249.705	81.660	33%	331.365
Senatorin für Arbeit, Soziales und Frauen Gabriele Schöttler	249.705	81.660	33%	331.365
Senator für Stadtentwicklung Peter Strieder	249.705	81.660	33%	331.365

Die Schatteneinkommen des Regierenden Bürgermeisters von Berlin in Höhe von 92.460 DM, des Bürgermeisters von 86.460 und der drei Senatoren »de Luxe« in Höhe von 81.660 DM sind überzogen und müssen unverzüglich abgebaut werden. Zwei Bestandteile der Schatteneinkommen (die Diäten und die Kostenpauschale aus dem Abgeordnetenmandat) sind verfassungswidrig.

Einfache Senatoren

	Steuer-pflichtiges Amtsgehalt	Schatteneinkommen aus dem Amt	Relation Spalte 2 zu Spalte 1	Bruttogesamt-einkommen (Summe Spalte 1 und 2)
	1	2	3	4
Bürgermeister und Innensenator Eckart Werthebach	267.184	12.000	3%	275.184
Finanzsenator Peter Kurth	249.705	7.200	3%	256.905
Senator für Wissenschaft, Forschung und Kultur Christoph Stölzl	249.705	7.200	3%	256.905

Weitere drei Berliner Senatoren haben kein Mandat im Abgeordnetenhaus und erhalten daraus auch keine Schatteneinkommen. Ihre Dienstaufwandsentschädigung dürfte sich im verfassungsrechtlichen Rahmen halten, obwohl die oben genannte äußerste Marke von 7.200 DM (14.400 DM brutto) für Stadtstaaten wohl gesenkt werden müsste (zweifelhaft allerdings die Dienstaufwandsentschädigung des Bürgermeisters Werthebach). Rechts*politisch* sollte aber auch in Berlin die Dienstaufwandspauschale von Senatoren beseitigt und ein Anspruch auf Kostenerstattung im Bedarfsfall und auf Einzelnachweis eingerichtet werden.

Saarland

Ministerpräsident und Minister »de Luxe«

	Steuerpflichtiges Amtsgehalt	Schatteneinkommen aus Amt und Mandat	Relation Spalte 2 zu Spalte 1	Bruttogesamteinkommen (Summe Spalte 1 und 2)
	1	2	3	4
Ministerpräsident Peter Müller	275.580	81.360	30%	356.940
Ministerin für Inneres und Sport Annegret Kramp-Karrenbauer	252.139	64.560	26%	316.699
Minister für Bildung, Kultur und Wissenschaft Jürgen Schreier	252.139	64.560	26%	316.699

Die Schatteneinkommen des Ministerpräsidenten des Saarlandes in Höhe von 81.360 DM und der beiden Minister »de Luxe« in Höhe von 64.560 DM, die besonders auf der hohen Kostenpauschale aus dem Mandat von brutto 47.760 DM beruhen, sind verfassungswidrig und müssen unverzüglich abgebaut werden. Anzuerkennen ist andererseits, dass nach der Übernahme der Regierung durch die CDU unter Ministerpräsident Peter Müller die steuerpflichtigen Diäten für Regierungsmitglieder ersatzlos beseitigt wurden.

Einfache Minister

	Steuer-pflichtiges Amtsgehalt	Schatteneinkommen aus dem Amt	Relation Spalte 2 zu Spalte 1	Bruttogesamt-einkommen (Summe Spalte 1 und 2)
	1	2	3	4
Wirtschaftsminister Hanspeter Georgi	252.139	16.800	7%	268.939
Ministerin für Arbeit, Frauen, Gesundheit und Soziales Regina Görner	252.139	16.800	7%	268.939
Finanzminister und Minister für Bundesangelegenheiten Peter Jacoby	252.139	16.800	7%	268.939
Umweltminister Stefan Mörsdorf	252.139	16.800	7%	268.939
Justizministerin Ingeborg Spoerhase-Eisel	252.139	16.800	7%	268.939

Fünf saarländische Minister haben kein Landtagsmandat und also auch keine Schatteneinkommen hieraus. Ihre Dienstaufwandsentschädigung von 16.800 DM brutto überschreitet jedoch die verfassungsrechtliche Obergrenze von 7.200 DM (= brutto 14.400 DM).

Mecklenburg-Vorpommern

Ministerpräsident und Minister »de Luxe«

	Steuer-pflichtiges Amtsgehalt	Schatteneinkommen aus Amt und Mandat	Relation Spalte 2 zu Spalte 1	Bruttogesamt-einkommen (Summe Spalte 1 und 2)
	1	2	3	4
Ministerpräsident Harald Ringstorff	237.087	77.232	33%	314.319
Stellvertretender Ministerpräsident und Minister für Arbeit und Bau Helmut Holter	218.623	71.004	32%	289.627
Minister für Ernährung, Landwirtschaft, Forsten und Fischerei Till Backhaus	218.623	71.004	32%	289.627
Sozialministerin Martina Bunge	218.623	71.004	32%	289.627
Wirtschaftsminister Rolf Eggert	218.623	71.004	32%	289.627
Finanzminister Sigrid Keler	218.623	71.004	32%	289.627
Innenminister Gottfried Timm	218.623	71.004	32%	289.627

Die Schatteneinkommen des Ministerpräsidenten von Mecklenburg-Vorpommern in Höhe von 77.232 DM und der Minister »de Luxe« in Höhe von 71.004 DM sind aufgrund der hohen Kostenpauschalen aus dem Mandat (brutto 35.832 DM) verfassungswidrig und müssen unverzüglich abgebaut werden.

Einfache Minister

	Steuer-pflichtiges Amtsgehalt	Schatteneinkommen aus dem Amt	Relation Spalte 2 zu Spalte 1	Bruttogesamt-einkommen (Summe Spalte 1 und 2)
	1	2	3	4
Minister für Bildung, Wissenschaft und Kultur Peter Kauffold	218.623	14.532	7%	233.155
Umweltminister Wolfgang Methling	218.623	14.532	7%	233.155
Justizminister Erwin Sellering	218.623	14.532	7%	233.155

Die übrigen drei Minister haben kein Landtagsmandat. Ihre Dienstaufwandsentschädigung von 14.532 DM brutto überschreitet knapp die Obergrenze von 7.200 DM (= brutto 14.400 DM).

Hessen

Ministerpräsident und Minister »de Luxe«

	Steuer-pflichtiges Amtsgehalt	Schatteneinkommen aus Amt und Mandat	Relation Spalte 2 zu Spalte 1	Bruttogesamt-einkommen (Summe Spalte 1 und 2)
	1	2	3	4
Ministerpräsident Roland Koch	300.967	74.256	25%	375.223
Minister für Inneres und Sport Volker Bouffier	251.379	65.856	26%	317.235
Justizminister Christean Wagner	251.379	65.856	26%	317.235
Finanzminister Karlheinz Weimar	251.379	65.856	26%	317.235
Kultusministerin Karin Wolff	251.379	65.856	26%	317.235

Die Schatteneinkommen des hessischen Ministerpräsidenten in Höhe von 74.256 DM und der vier Minister »de Luxe« in Höhe von 65.856 DM sind überzogen und hinsichtlich der Kostenpauschale aus dem Abgeordnetenmandat auch verfassungswidrig. Sie sollten unverzüglich abgebaut werden.

Einfache Minister

	Steuer-pflichtiges Amtsgehalt	Schatteneinkommen aus dem Amt	Relation Spalte 2 zu Spalte 1	Bruttogesamt-einkommen (Summe Spalte 1 und 2)
	1	2	3	4
Minister für Umwelt, Landwirtschaft und Forsten Wilhelm Dietzel	251.379	8.400	3%	259.779
Sozialministerin Marlies Mosiek-Urbahn	251.379	8.400	3%	259.779
Minister für Wirtschaft, Verkehr und Landesentwicklung Dieter Posch	251.379	8.400	3%	259.779
Minister für Bundes- und Europaangelegenheiten Jochen Riebel	251.379	8.400	3%	259.779
Ministerin für Wissenschaft und Kunst Ruth Wagner	251.379	8.400	3%	259.779

Die übrigen fünf hessischen Minister haben kein Landtagsmandat. Ihre Dienstaufwandsentschädigung von 8.400 DM brutto ist nicht verfassungswidrig, weil sie die Obergrenze von 7.200 DM (= brutto 14.400 DM) nicht überschreitet, sollte rechts*politisch* aber gleichfalls beseitigt und dafür, falls erforderlich, ein Anspruch auf Kostenerstattung im Bedarfsfall und auf Einzelnachweis eingerichtet werden.

Schleswig-Holstein

Ministerpräsidentin und Minister »de Luxe«

	Steuer-pflichtiges Amtsgehalt	Schatteneinkommen aus Amt und Mandat	Relation Spalte 2 zu Spalte 1	Bruttogesamt-einkommen (Summe Spalte 1 und 2)
	1	2	3	4
Ministerpräsidentin Heide Simonis	278.195	63.956	23%	342.151
Ministerin für Bildung, Wissenschaft, Forschung und Kultur Ute Erdsiek-Rave	256.531	58.236	23%	314.767
Ministerin für ländliche Räume, Landesplanung, Landesentwicklung und Tourismus Ingrid Franzen	256.531	58.236	23%	314.767
Minister für Wirtschaft, Technologie und Verkehr Bernd Rohwer	256.531	58.236	23%	314.767

Die Schatteneinkommen der Ministerpräsidentin von Schleswig-Holstein in Höhe von 63.956 DM und der drei Minister »de Luxe« in Höhe von 58.236 DM sollten unverzüglich abgebaut werden. Die Kostenpauschale aus dem Abgeordnetenmandat ist verfassungswidrig (siehe Tabellen S. 56 f.).

Einfache Minister

	Steuer-pflichtiges Amtsgehalt	Schatteneinkommen aus dem Amt	Relation Spalte 2 zu Spalte 1	Bruttogesamt-einkommen (Summe Spalte 1 und 2)
	1	2	3	4
Innenminister Klaus Buß	256.531	6.720	3%	263.251
Ministerin für Justiz, Frauen, Jugend und Familie Anne Lütkes	256.531	6.720	3%	263.251
Ministerin für Arbeit, Gesundheit und Soziales Heide Moser	256.531	6.720	3%	263.251
Minister für Umwelt, Natur und Forsten Klaus Müller	256.531	6.720	3%	263.251
Minister für Finanzen und Energie Claus Möller	256.531	6.720	3%	263.251

Die übrigen fünf Minister Schleswig-Holsteins haben kein Landtagsmandat. Ihre Dienstaufwandsentschädigung von 6.720 DM brutto hält sich innerhalb der verfassungsrechtlichen Grenze von 14.400 DM, sollte rechts*politisch* aber gleichfalls beseitigt und dafür, falls erforderlich, ein Anspruch auf Kostenerstattung im Bedarfsfall und auf Einzelnachweis eingerichtet werden.

Sachsen-Anhalt

Ministerpräsident und Minister »de Luxe«

	Steuer-pflichtiges Amtsgehalt	Schatteneinkommen aus Amt und Mandat	Relation Spalte 2 zu Spalte 1	Bruttogesamt-einkommen (Summe Spalte 1 und 2)
	1	2	3	4
Ministerpräsident Reinhard Höppner	237.087	58.860	25%	295.947
Minister für Wohnungswesen, Städtebau und Kultur Jürgen Heyer	215.730	49.260	23%	264.990
Ministerin für Arbeit, Frauen, Gesundheit und Soziales Gerlinde Kuppe	215.730	49.260	23%	264.990
Innenminister Manfred Püchel	215.730	49.260	23%	264.990

Die Schatteneinkommen des Ministerpräsidenten von Sachsen-Anhalt in Höhe von 58.860 DM und der Minister »de Luxe« in Höhe von 49.260 DM sollten abgebaut werden. Die Dienstaufwandsentschädigungen überschreiten die verfassungsrechtlichen Grenzen (siehe Tabellen S. 56 f.).

Einfache Minister

Die übrigen fünf Minister in Sachsen-Anhalt haben kein Landtagsmandat. Ihre Dienstaufwandsentschädigung von 16.800 DM brutto überschreitet jedoch die verfassungsrechtliche Obergrenze von 7.200 DM (= brutto 14.400 DM).

	Steuer-pflichtiges Amtsgehalt	Schatteneinkommen aus dem Amt	Relation Spalte 2 zu Spalte 1	Bruttogesamt-einkommen (Summe Spalte 1 und 2)
	1	2	3	4
Minister für Wirtschaft und Technologie Matthias Gabriel	215.730	16.800	8%	232.530
Finanzminister Wolfgang Gerhards	215.730	16.800	8%	232.530
Kultusminister Gerd Harms	215.730	16.800	8%	232.530
Minister für Raumordnung, Landwirtschaft und Umwelt Johann Konrad Keller	215.730	16.800	8%	232.530
Justizministerin Karin Schubert	215.730	16.800	8%	232.530

Niedersachsen

Ministerpräsident und Minister »de Luxe«

	Steuer-pflichtiges Amtsgehalt	Schatteneinkommen aus Amt und Mandat	Relation Spalte 2 zu Spalte 1	Bruttogesamt-einkommen (Summe Spalte 1 und 2)
	1	2	3	4
Ministerpräsident Sigmar Gabriel	306.776	48.360	16%	355.136
Finanzminister Heinrich Aller	272.051	36.360	13%	308.411
Innenminister Heiner Bartling	272.051	36.360	13%	308.411
Umweltminister Wolfgang Jüttner	272.051	36.360	13%	308.411
Minister für Wissenschaft und Kultur Thomas Oppermann	272.051	36.360	13%	308.411
Minister für Bundes- und Europaangelegenheiten Wolfgang Senff	272.051	36.360	13%	308.411

Die Schatteneinkommen des niedersächsischen Ministerpräsidenten in Höhe von 48.360 DM und der fünf Minister »de Luxe« in Höhe von 36.360 DM sollten abgebaut werden. Die Dienstaufwandsentschädigungen überschreiten die verfassungsrechtlichen Grenzen. Anzuerkennen ist jedoch, dass die Kostenpauschale aus dem Mandat stark gesenkt und die Diäten beseitigt worden sind.

Einfache Minister

	Steuer-pflichtiges Amtsgehalt	Schatteneinkommen aus dem Amt	Relation Spalte 2 zu Spalte 1	Bruttogesamt-einkommen (Summe Spalte 1 und 2)
	1	2	3	4
Minister für Ernährung, Landwirtschaft und Forsten Uwe Bartels	272.051	24.000	9%	296.051
Kultusministerin Renate Jürgens-Pieper	272.051	24.000	9%	296.051
Ministerin für Wirtschaft, Technologie und Verkehr Susanne Knorre	272.051	24.000	9%	296.051
Justizminister Christian Pfeiffer	272.051	24.000	9%	296.051
Ministerin für Jugend, Familie, Frauen, Arbeit und Soziales Gitta Trauernicht	272.051	24.000	9%	296.051

Die übrigen fünf Minister haben kein Landtagsmandat. Ihre Dienstaufwandsentschädigungen von 24.000 DM brutto überschreiten die Obergrenze von 7.200 DM (= brutto 14.400 DM).

Bremen

Bürgermeister und Senatoren

	Steuer-pflichtiges Amtsgehalt	Schatteneinkommen aus Amt und Mandat	Relation Spalte 2 zu Spalte 1	Bruttogesamt-einkommen (Summe Spalte 1 und 2)
	1	2	3	4
Bürgermeister, Präsident des Senats und Senator für kirchliche Angelegenheiten, Justiz und Verfassung Henning Scherf	253.131	31.200	12%	284.331
Bürgermeister und Finanzsenator Hartmut Perschau	253.131	23.400	9%	276.531
Senatorin für Arbeit, Frauen, Gesundheit, Jugend und Soziales Hilde Adolf	253.131	15.600	6%	268.731
Senator für Wissenschaft und Häfen Josef Hattig	253.131	15.600	6%	268.731
Senator für Bildung und Wissenschaft Willi Lemke	253.131	15.600	6%	268.731
Senator für Inneres, Kultur und Sport Bernd Schulte	253.131	15.600	6%	268.731
Bau- und Umweltsenatorin Christine Wischer	253.131	15.600	6%	268.731

In Bremen dürfen Senatsmitglieder kein Mandat ausüben, erhalten deshalb auch keine Schatteneinkommen daraus. Das ist anzuerkennen. Die Dienstaufwandsentschädigung des Präsidenten des Senats in Höhe von brutto 31.200 DM und der übrigen fünf Senatsmitglieder in Höhe von brutto 15.600 DM überschreiten jedoch die verfassungsrechtlichen Obergrenzen von 12.000 DM (brutto 24.000 DM) beziehungsweise 7.200 DM (brutto 14.400 DM). Das gilt wohl auch für den Bürgermeister, bei dem die Obergrenze niedriger als beim Präsidenten anzusetzen ist.

Hamburg

Bürgermeister und Senatoren

	Steuerpflichtiges Amtsgehalt	Schatteneinkommen aus Amt und Mandat	Relation Spalte 2 zu Spalte 1	Bruttogesamteinkommen (Summe Spalte 1 und 2)
	1	2	3	4
Präsident des Senats und Erster Bürgermeister Ortwin Runde	296.420	30.000	10%	326.420
Zweite Bürgermeisterin, Wissenschaftssenatorin und Senatorin für Gleichstellung Krista Sager	296.420	18.000	6%	314.420
Senator für Europa und Entwicklungszusammenarbeit Willfried Maier	296.420	13.200	4%	309.620
Wirtschaftssenator Thomas Mirow	296.420	13.200	4%	309.620
Finanzsenatorin Ingrid Nümann-Seidewinkel	296.420	13.200	4%	309.620
Senatorin für Schule, Jugend und Berufsausbildung Ute Pape	296.420	13.200	4%	309.620
Justizsenatorin Lore Maria Peschel-Gutzeit	296.420	13.200	4%	309.620
Umweltsenator Alexander Porschke	296.420	13.200	4%	309.620
Senatorin für Arbeit, Gesundheit und Soziales Karin Roth	296.420	13.200	4%	309.620
Bausenator Eugen Wagner	296.420	13.200	4%	309.620
Kultursenatorin Christina Weiss	296.420	13.200	4%	309.620
Innensenator Hartmut Wrocklage	296.420	13.200	4%	309.620

In Hamburg dürfen Senatsmitglieder nicht gleichzeitig ein Mandat in der »Bürgerschaft«, dem Hamburger Parlament, ausüben und erhalten deshalb auch keine Schatteneinkommen daraus. Das ist anzuerkennen. Die Dienstaufwandsentschädigungen der zweiten Bürgermeisterin von 18.000 DM und der Senatoren in Höhe von 13.200 DM halten sich wohl innerhalb der verfassungsrechtlichen Grenzen, nicht aber die Dienstaufwandsentschädigung des hamburgischen Senatspräsidenten in Höhe von 30.000 DM.

4
Sonderrechte: Die Überversorgung von Regierungsmitgliedern

Pensionen

Vergleich mit Sozialversicherungsrenten

Vergleicht man die Amtsgehälter von Politikern mit den Einkommen eines Normalverdieners, so stellt man fest, dass ein Bundesminister gut das Fünffache, ein Landesminister das Vier- bis Fünffache und ein Bundestagsabgeordneter knapp das Dreifache eines durchschnittlichen deutschen Arbeitnehmers verdient.[28] Gegen diese Relationen ist nichts einzuwenden. Völlig anders sind dagegen die Relationen bei den Altersrenten. Nachdenkliche Politiker geben offen zu, dass sie überversorgt sind.[29] Viele Berufspolitiker erwerben schon nach wenigen Jahren eine hohe Versorgung, die meist lange vor der üblichen Altersgrenze fällig wird.
Um sich das Ausmaß der Überversorgung rechnerisch exakt vor Augen zu führen, liegt es nahe, auch hinsichtlich der Altersversorgung einen Vergleich mit Normalverdienern vorzunehmen. Zu diesem Zweck legen wir die Ansprüche aus der gesetzlichen Rentenversicherung zugrunde, die für die große Mehrheit der Deutschen das Alter sichern muss.
Die Sozialversicherungsrente eines Durchschnittsverdieners beträgt im Jahr 2000 2.186 DM monatlich (zwölfmal im Jahr).[30] Dividiert man diesen Betrag durch die dafür erforderlichen 45 Beitragsjahre, so erhält man den Versorgungswert pro aktivem Berufsjahr: 49 DM. Das bedeutet: Je Jahr der Berufstätigkeit erwirbt der versicherungspflichtige Durchschnittsverdiener einen Anspruch auf 49 DM monatliche Rente, fällig ab dem 65. Lebensjahr.[31]

Um die Altersversorgung von Politikern damit vergleichen zu können, ist auch für sie der Versorgungswert pro Amtsjahr zu ermitteln, indem die Versorgungsansprüche durch die Zahl der dafür erforderlichen Amtsjahre dividiert werden. So erwirbt ein *Bundesminister* nach vier Amtsjahren einen Anspruch auf Altersversorgung in Höhe von 6.990 DM monatlich (= 29 Prozent des Amtsgehalts von 24.103 DM, pro Jahr also mehr als 7 Prozent) und nach insgesamt 23 Amtsjahren einen Altersversicherungsanspruch von 18.077 DM (= 75 Prozent, pro Jahr also 3,26 Prozent). Der Versorgungswert pro Aktivenjahr beträgt in den ersten vier Jahren 1.748 DM, über die mögliche Gesamterwerbszeit von 23 Jahren 786 DM. Damit ist der Versorgungswert pro Aktivenjahr bei vierjähriger Ministerzeit fünfunddreißigmal so hoch, bei 23jähriger Ministerzeit sechzehnmal so hoch wie bei Sozialversicherten.

Bei Landesministern hängt die Relation davon ab, ob man die bisherige Regelung zugrunde legt, die für viele amtierende Regierungsmitglieder noch gilt, oder die inzwischen geänderte, neue Regelung. Nach bisherigem »Recht« kann ein *nordrhein-westfälischer* Minister schon nach vier Amtsjahren einen Anspruch auf eine Pension in Höhe von monatlich 14.848 DM erwerben (= 63 Prozent des Amtsgehalts von 23.568 DM, pro Jahr also 15,75 Prozent). Nach weiteren sechs Jahren hat er Anspruch auf die Höchstpension von 17.676 DM (= 75 Prozent, pro Jahr also 7,5 Prozent). Der Versorgungswert pro Amtsjahr beträgt in den ersten vier Jahren 3.712 DM, über zehn Amtsjähre verteilt 1.778 DM. Damit ist der Versorgungswert pro Aktivenjahr bei vierjähriger Amtszeit sechsundsiebzigmal so hoch wie bei normalen Sozialversicherten, bei zehnjähriger Amtszeit ist er sechsunddreißigmal so hoch. Diese offensichtlich völlig überzogene Regelung gilt immer noch für Regierungsmitglieder, die zur Zeit der Gesetzesänderung im Jahre 1999 schon im Amt waren, also zum Beispiel für Ministerpräsident Clement und die beiden Minister der Grünen Bärbel Höhn und Michael Vesper. Dass man die bescheidenere Neuregelung nicht auf die amtierenden Minister erstreckte, folge – so die Argumentation – aus den verfassungsrechtlichen Grundsätzen des Vertrauensschutzes und des Rückwirkungsverbots.[32] Diese Argumentation trifft nicht zu. Die Änderung hätte *verfassungsrechtlich* ohne weiteres auch auf die amtierenden Regierungsmitglieder erstreckt werden können (siehe S. 191 ff.) und *politisch* hätte dieser Weg gewählt werden müssen.

Nach der inzwischen geänderten nordrhein-westfälischen Regelung erwirbt ein Minister nach fünf Jahren Amtszeit einen Anspruch auf Altersversorgung in Höhe von monatlich 7.424 DM (= 31,5 Prozent des Amtsgehalts von 23.568 DM, pro Jahr also 6,3 Prozent) und nach 23 Amtsjahren 17.676 DM (= 75 Prozent, pro Jahr also 3,26 Prozent). Der Versorgungswert pro Aktivenjahr beträgt in den ersten fünf Jahren 1.485 DM, über die mögliche Gesamterwerbszeit von 23 Jahren 769 DM. Damit ist der Versorgungswert pro Aktivenjahr bei fünfjähriger Amtszeit dreißigmal so hoch, bei 23-jähriger Amtszeit sechzehnmal so hoch wie bei Sozialversicherten. Die schon 1993 eingeschränkte *bayerische* Versorgungsregelung für den Ministerpräsidenten, die Minister und Staatssekretäre hat dieselbe Struktur wie die (neuerdings geltende) nordrhein-westfälische und weist deshalb auch die gleichen überzogenen Relationen zur Versorgung normaler Arbeitnehmer auf.

Bei diesen Vergleichen ist noch nicht einmal berücksichtigt, dass die Versorgung von Regierungsmitgliedern nach dem Ausscheiden aus dem Amt meist bereits mit dem vollendeten 55. Lebensjahr zu laufen beginnt. Berücksichtigt ist auch noch nicht der Steuervorteil, der darin liegt, dass normale Arbeitnehmer eigene Beiträge aus ihrem Einkommen leisten müssen (die nur innerhalb enger Grenzen steuerbegünstigt sind), während dies bei Politikern nicht der Fall ist. Bei den hohen Altersversorgungsansprüchen, die Regierungsmitglieder erhalten, läuft dies auf ein riesiges Privileg hinaus, das nur teilweise dadurch ausgeglichen wird, dass Minister nach bisherigem Recht später ihre Altersbezüge versteuern müssen. Unberücksichtigt bleibt ferner, dass Minister die Versorgung fast dreizehnmal im Jahr erhalten, Sozialversicherte nur zwölfmal. Und schon gar nicht ist berücksichtigt, dass die im Gang befindliche allgemeine Rentenreform die Renten/Beitrags-Relation für normale Arbeitnehmer noch weiter verschlechtert.

Fälle krasser Überversorgung

Den inzwischen in deutschen Ministergesetzen üblichen (ohnehin üppigen) Rahmen überschreitet die Versorgungsregelung für Regierungsmitglieder in *Baden-Württemberg*. Dort erwirbt ein Minister nach fünf Amtsjahren einen Versorgungsanspruch von 40 Prozent des Amtsgehalts einschließlich des Familienzuschlags (und nicht wie in Bayern und Nordrhein-Westfalen 31,5 Prozent)[32a] ab dem vollendeten 55. Lebensjahr; das sind fast 8.000 DM monatlich, also beinahe viermal so viel wie ein normaler Arbeitnehmer in 45 Jahren an Rente erwirbt. Die Versorgung erhöht sich jedes Jahr um 3 Prozent des Amtsgehalts (in Bayern und Nordrhein-Westfalen: 2,5 Prozent). Erlangt ein Regierungsmitglied die normalen Voraussetzungen für eine Altersversorgung (insbesondere fünf Amtsjahre) nicht, so erhält er nach mindestens zweijähriger Amtszeit eine Versorgung von 25 Prozent der Amtsbezüge (im Bund, in Hessen und Niedersachsen: $15\tfrac{1}{3}$ Prozent) als »Altersehrensold«, wenn das Regierungsmitglied nach Auslaufen des Übergangsgeldes von zwei Jahren das 65. Lebensjahr vollendet hat.[32b]

Im Freistaat *Sachsen* erhalten ehemalige Regierungsmitglieder eine besonders üppige Versorgung: nach vier Amtsjahren 45 Prozent der steuerpflichtigen Amtsbezüge. Das sind nach derzeitigem Stand für ehemalige Minister über 7.500 DM monatlich. Für jedes weitere Amtsjahr gibt es zusätzlich 2,5 Prozent, so dass die Höchstversorgung von 75 Prozent bereits nach sechzehn Amtsjahren erreicht wird, fast sieben Jahre früher als beispielsweise im Bund, in Bayern und Nordrhein-Westfalen. Die Versorgung wird mit vollendetem 55. Lebensjahr des ehemaligen Regierungsmitgliedes fällig, nach acht Amtsjahren sogar – unabhängig vom Lebensalter – sofort nach dem Ausscheiden aus dem Amt. Auch in Sachsen gibt es – ähnlich wie in Baden-Württemberg – ein »Altersgeld« von 25 Prozent der Amtsbezüge, wenn nach Auslaufen des Übergangsgeldes die Voraussetzungen für die normale Altersversorgung nicht erfüllt sind; in Sachsen sind dafür allerdings nur vier Amtsjahre erforderlich, und das Übergangsgeld wird bis zu drei Jahre lang gewährt.

Völlig überzogen ist die Versorgungsregelung in *Thüringen*. Nach vier Jahren gibt es dort für ehemalige Regierungsmitglieder optisch zwar »nur« 35 Prozent der Amtsbezüge als Versorgung. Doch werden bis zu zehn Jahre, die Regierungsmitglieder vor Beginn ihres Amtes der (frei gewählten) Volkskammer oder dem Thüringer Landtag angehört haben, mit je 2½ Prozent angerechnet. Bei unveränderter Beibehaltung dieser Vorschrift kann sich also schon nach vier Amtsjahren ein Versorgungsanspruch von 60 Prozent ergeben. Das sind nach heutigem Stand rund 10.000 DM monatlich. Die Höchstversorgung von 75 Prozent wird dann schon nach 10 Amtsjahren erreicht werden können (im Bund, in Bayern und Nordrhein-Westfalen: 22,4 Amtsjahre) und beginnt dann sogar unabhängig vom Lebensalter. Die Anrechnung von Parlamentsjahren auf die Ministerversorgung ist grob unangemessen und inzwischen in allen anderen Ländern, wo es sie früher einmal gab (zum Beispiel in Hamburg, in Rheinland-Pfalz und im Saarland), abgeschafft worden.

Total aus dem Rahmen fällt nach wie vor auch die Versorgung in *Schleswig-Holstein*. Dort kann eine Ministerin, ein Minister oder eine Ministerpräsidentin schon nach fünf Amtsjahren eine Pension von 55 Prozent ihrer Amtsbezüge erhalten, und zwar sofort mit dem Ausscheiden – unabhängig vom (möglicherweise sehr jungen) Lebensalter. Die überzogene schleswig-holsteinische Regelung beruht vor allem auf dreierlei:

- Die ersten fünf Ministerjahre zählen doppelt: Sie begründen nicht nur einen Pensionsanspruch in Höhe von 35 Prozent der

Amtsbezüge, sondern jedes der fünf Jahre schlägt noch mal zusätzlich mit 2 Prozent zu Buche.

- Ausbildungs-, Studien- und Referendarjahre werden bis zu insgesamt fünf Jahren wie Ministerjahre gerechnet, was die Versorgung um weitere 2 Prozent pro Jahr erhöht.
- Das Ruhegehalt fällt nach fünfjähriger Amtszeit ohne Rücksicht auf das Lebensalter an.

Solange in Schleswig-Holstein eine vierjährige Wahlperiode bestand, versuchte die Landesregierung ihre Versorgungsprivilegien mit dem Argument zu rechtfertigen, der Erwerb des Versorgungsanspruchs setze (fünf Jahre und damit) eine zweimalige Wahl voraus. Mit der (im September 1998 beschlossenen) Einführung der fünfjährigen Wahlperiode in Schleswig-Holstein verliert dieses Argument aber seine Grundlage. Die Regelung hätte deshalb spätestens in der abgelaufenen Wahlperiode geändert werden müssen. Das ist nicht geschehen. Die Landesregierung hat erst vor kurzem den längst überfälligen Gesetzentwurf eingebracht, dessen Einschränkungen grundsätzlich aber erst für künftig, das heißt nach Inkrafttreten des Gesetzes, in die Landesregierung eintretende Minister gelten sollen.[32c] Das bedeutet, dass zum Beispiel der erst kürzlich ins Kabinett berufene grüne Umweltminister Klaus Müller nach nur fünf Amtsjahren einen Versorgungsanspruch von 55 Prozent der Amtsbezüge haben wird; das sind nach derzeitigem Stand rund 11.000 DM monatlich, also eine Versorgung, die fünfmal so hoch ist wie die Rente, für die ein normaler Sozialversicherter 45 Jahre lang arbeiten muss. Die Einschränkung hätte von Verfassungs wegen auch auf amtierende Regierungsmitglieder erstreckt werden können (und politisch eigentlich erstreckt werden müssen, erst recht auf solche, die erst in der laufenden Wahlperiode Minister geworden sind). Eine Verfassungssperre besteht nicht (siehe S. 191 ff.).

Doppelversorgung aus Amt und Mandat

Beim Vergleich mit Sozialversicherten ist auch nicht berücksichtigt, dass die Begünstigten oft beides gleichzeitig waren: Minister *und* Abgeordnete, und daraus zwei häufig nicht oder nur teilweise verrechnete Pensionen bekommen, so dass der Versorgungsvorsprung zum Normalbürger noch weiter zunimmt. Die Doppelbezahlung aus dem Regierungsamt und dem Abgeordnetenmandat setzt sich insoweit als Doppelversorgung fort. Ein Beispiel ist Cornelia Yzer: Sie war acht Jahre lang Bundestagsabgeordnete (1990 bis 1998) und gleichzeitig knapp fünf Jahre Parlamentarische Staatssekretärin im Bundesministerium für Bildung, Wissenschaft, Forschung und Technologie (Mai 1992 bis Januar 1997), ein Amt, das sie niederlegte, als sie am 1. März 1997 Hauptgeschäftsführerin des Verbandes Forschender Arzneimittelhersteller wurde. Die heute 38-Jährige hat damit schon heute den Anspruch auf zwei dynamisierte lebenslange Pensionen sicher, die sich ungekürzt addieren: Einen als ehemalige Parlamentarische Staatssekretärin (nach derzeitigem Stand über 5.500 DM monatlich ab dem 55. Lebensjahr) und einen zweiten aus dem Abgeordnetenmandat auf über 4.000 DM ab dem 65. Lebensjahr, zusammen also 9.400 DM monatlich ab Alter 65. Mit Mitte 30 hatte Frau Yzer damit bereits eine Altersrente sicher, für die viereinhalb Normalverdiener ihr ganzes Arbeitsleben benötigen. Der Fall Yzer ist kein Einzelfall. Die Auswüchse haben auch hier System. Sie beruhen auf bestimmten Gesetzen, die den Betroffenen ganz legal eine groteske Überversorgung verschaffen: dem Gesetz über Parlamentarische Staatssekretäre, das seinerseits auf das Bundesministergesetz verweist, und dem Abgeordnetengesetz. Da Parlamentarische Staatssekretäre fast immer und Minister oft auch Abgeordnete sind, erwerben sie beide Versorgungsansprüche gleichzeitig. Das Abgeordnetengesetz enthält zwar eine so genannte Anrechnungsvorschrift, die in vielen Fällen aber auf eine *Nicht*anrechnung hinausläuft. Danach werden nämlich Pensionen aus einem Amt als Minister oder Parlamentarischer Staatssekretär und aus einem Abgeordnetenmandat in Bezug auf eine eventuelle Anrechnung sehr großzügig behandelt, selbst dann, wenn beide Ämter gleichzeitig ausgeübt worden sind:

- Eine Verrechnung findet überhaupt nicht statt, solange die Renten zusammen nicht höher als die Entschädigung von Bundestagesabgeordneten sind. Davon profitierte Frau Yzer.
- Sind die Renten höher als die Entschädigung, wird der überschießende Betrag nicht etwa gestrichen, sondern nur zur Hälfte gekürzt.

In den Bundesländern finden sich im Prinzip ähnliche Regelungen. Auch dort werden zwei Versorgungen nur gekürzt, wenn sie oberhalb einer – meist sehr großzügig bemessenen – Anrechnungsschwelle liegen, und der überschießende Betrag wird in den meisten Ländern nur zu 50 Prozent, in Berlin zu 40 Prozent, in Mecklenburg-Vorpommern, Sachsen-Anhalt und Schleswig-Holstein nur zu 30 Prozent gekürzt. In Hessen, Niedersachsen und Thüringen ist zwar bei Überschreiten der Schwelle eine Anrechnung von 100 Prozent vorgesehen, die Schwelle ist aber besonders hoch angesetzt.
Ein Beispiel unter vielen ist Monika Hohlmeier, die seit 1990 Mitglied des Bayerischen Landtags, seit Juni 1993 Staatssekretärin und seit 1998 Ministerin im Kabinett Stoiber ist. Der heute 38-Jährigen (geboren 2.7.1962) ist eine hohe Pension bereits sicher: aus den zehn Jahren als Landtagsabgeordnete monatlich 4.505 DM und aus den zeitgleichen fünf Jahren als Staatssekretärin und zwei Jahren als Ministerin 8.505 DM (ab dem 55. Lebensjahr), zusammen 13.010 DM monatlich. Eine Verrechnung erfolgt nur oberhalb der Schwelle von 10.746 DM, und dann auch nur zur Hälfte, so dass Frau Hohlmeier schon jetzt eine Altersversorgung von 11.878 DM sicher ist. Zusätzlich hat Frau Hohlmeier, wenn sie ausscheidet, Anspruch auf hohe Übergangsgelder.
Ein anderes Beispiel für den gleichzeitigen Erwerb zweier Pensionen in kurzer Zeit und in jungen Jahren ist Rudolf Köberle aus

Fronreute, Kreis Ravensburg. Er ist »Politischer Staatssekretär« in Baden-Württemberg. Der 47-Jährige (geboren 29.11.1953) hat schon heute, nach zehn Jahren im Landtag und acht zeitgleichen Jahren als Staatssekretär, eine Pension von 3.136 DM plus 8.199 DM, zusammen also von beiden öffentlichen Dienstherren, denen er gleichzeitig dient, 11.335 DM monatlich, sicher. Sollte er nach der baden-württembergischen Landtagswahl vom März 2001 ausscheiden, so kann er die Pension aus diesem Amt sogar unmittelbar nach dem Ausscheiden beanspruchen und braucht nicht bis zum vollendeten 55. Lebensjahr zu warten.

Die Beurteilung dieser Regelungen muss von den entsprechenden Regelungen für die Versorgung von *Beamten* ausgehen. Nach § 54 Beamtenversorgungsgesetz wird, wenn zwei Beamtenpensionen zusammentreffen, grundsätzlich nur *eine* Versorgung gezahlt, und zwar im Ergebnis die höhere, während die andere in vollem Umfang gekürzt wird.

Ebenso wie die Beamtenversorgung ermöglicht auch die Versorgung von Ministern und Parlamentarischen Staatssekretären schon für sich allein regelmäßig eine angemessene Lebensführung. Kommt eine zweite Versorgung hinzu, so ergibt sich leicht eine Überversorgung.[33] Doppelalimentationen müssen auch hier vermieden werden. Unerträglich ist es in jedem Fall, wenn »in ein und demselben Lebensabschnitt für eine weitgehend identische Tätigkeit eine doppelte Versorgung« erlangt wird.[34] Von zwei (oder auch mehr) Ruhegehaltsansprüchen sollte grundsätzlich nur der höhere gezahlt werden, wenn beide zeitgleich erworben sind.

Wir hatten bei Behandlung der Aktivenbezüge von Ministern oder parlamentarischen Staatssekretären, die gleichzeitig Abgeordnete sind, festgestellt, wie problematisch es bereits ist, wenn neben den Ministerbezügen noch große Teile der Abgeordnetenentschädigung gezahlt werden (siehe S. 21 ff.). Hier nun, bei den Altersbezügen, verschärft sich das Problem noch weiter. Die zweite Altersrente, also die aus dem Abgeordnetenmandat, wird nämlich nicht aus der gekürzten, sondern aus der vollen Abgeordnetenentschädigung berechnet. Die 50-prozentige Kürzung der Abgeordnetenversorgung greift erst oberhalb eines Betrages, der oft nicht erreicht wird. Beide Renten werden dann nicht nur nach den ungekürzten Ausgangsbeträgen berechnet, sondern auch ungekürzt ausgezahlt. Wenn die Regelungen über die Aktivenbezüge verfassungswidrig sind (siehe S. 36 ff.), so sind es die über Doppelrenten erst recht. Auch hier fehlt es »an jedem sachlich zureichenden Grund, diesen Fall anders als entsprechend den gegenwärtig im Beamtenrecht geregelten Grundsätzen zu behandeln und den Abgeordneten zu privilegieren«.[35]

Den verfassungsrechtlichen Anforderungen genügen weder die Regelungen im Bund noch in irgendeinem Land.

Übergangsgelder

Die Aussage, dass Politiker überversorgt sind, gilt auch für Übergangsgelder. Wer nach einer Erklärung sucht, warum dies so ist, findet sie in der Geschichte. Übergangsgelder dienten früher, als es noch keine staatliche Pension für Minister gab, als eine Art Pensions*ersatz* und wurden deshalb weit über das Maß hinaus ausgebaut, welches für einen bloßen Übergang in einen neuen Beruf nach Ende des Ministeramts erforderlich ist.

Das Übergangsgeld für Minister in der heutigen Form wurde durch das Reichsministergesetz von 1930[36] eingeführt. Es sollte einen gewissen *Ersatz* für das Ruhegehalt geben und wurde deshalb früher auch als »zeitliches Ruhegehalt« bezeichnet.[37] Seine Funktion bestand nicht nur darin, die Wiedereingliederung des ehemaligen Ministers in den Beruf zu erleichtern – dafür erschien es im Regelfall viel zu umfangreich bemessen –, sondern auch darin, dass der ehemalige Minister sich mittels des Übergangsgeldes in eine eigene Altersversorgung »einkaufen« konnte; das Übergangsgeld sollte also einen Beitrag zur Eigenvorsorge des ausgeschiedenen Ministers leisten. Es gab deshalb auch später, als ein Ruhegehalt eingeführt worden war, dieses aber an ein bestimmtes

Lebensalter beim Ausscheiden des Ministers geknüpft war, nur entweder Übergangsgelder *oder* Ruhegehalt. Dieses Alternativverhältnis bestand auch noch nach dem Bundesministergesetz von 1953: Wer jünger ausschied, erhielt endgültig kein Ruhegehalt und kam deshalb in den Genuss des Übergangsgeldes. Wer dagegen einen Ruhegehaltsanspruch hatte, bekam kein Übergangsgeld.[38] Das Übergangsgeld blieb Ruhegehalt*ersatz*.

Die ursprüngliche Berechtigung des Übergangsgeldes ist – jedenfalls in der überkommenen Struktur – entfallen, seitdem ein allgemeines, ausschließlich staatsfinanziertes Ruhegehalt für Minister eingeführt worden ist. Nunmehr benötigt der ehemalige Minister das Übergangsgeld nicht mehr zur Vorsorge für sein Alter. Wenn das Übergangsgeld – trotz des Wegfalls seines ursprünglichen Sinnes – in der überdimensionierten Form gleichwohl im Bund und in vielen Ländern noch fortbesteht, erklärt sich dies aus der Schwierigkeit, welche die politische Klasse damit hat, sich von ihren Privilegien zu trennen – so überholt sie inzwischen auch sein mögen.

Geht man von dem – heute allein noch zeitgemäßen – Sinn des Übergangsgeldes als Start- und Anpassungshilfe beim Übergang zu einer neuen Erwerbstätigkeit aus, so ergeben sich drei Eckpunkte für eine angemessene Gestaltung:

- Die Zahlung eines Übergangsgeldes kommt wirklich nur für eine Übergangszeit in Betracht. Ein Jahr erscheint jedenfalls als äußerste zeitliche Grenze, und es sollte nur drei Monate lang voll, die restlichen neun Monate dagegen nur zur Hälfte gezahlt werden. Ein – nicht auf eigenen Antrag – entlassener Beamter hat maximal einen Anspruch auf sechs monatliche Dienstbezüge.[39]
- Wer ausreichend Erwerbseinkommen bezieht, bedarf keiner Anpassungshilfe. Anderweitiges Erwerbseinkommen, auch aus privater und erst recht aus halbstaatlicher Quelle, muss deshalb auf das Übergangsgeld angerechnet und dieses entsprechend gekürzt werden.

- Wer schon im Pensionsalter ist, kann keine berufliche Anpassungshilfe mehr beanspruchen. Nach Eintritt des Versorgungsfalls macht ein Übergangsgeld keinen Sinn mehr.

Thüringen sieht vorbildlich ein Übergangsgeld von maximal einem Jahr vor. In den anderen Ländern und im Bund besteht nach wie vor Reformbedarf. Im Bund, in Rheinland-Pfalz und Sachsen wird (nach drei Amtsjahren) sogar drei Jahre lang ein Übergangsgeld gezahlt.

Die Regelungen über die Anrechnung privaten Erwerbseinkommens auf das Übergangsgeld von ehemaligen Regierungsmitgliedern ist höchst unterschiedlich ausgestaltet: Nur im Bund, in Baden-Württemberg, Bayern, Niedersachsen, Nordrhein-Westfalen und Schleswig-Holstein wird konsequent jedes private Erwerbseinkommen angerechnet. In anderen Ländern erfolgt die Anrechnung erst oberhalb einer sehr hohen Schwelle (Ministerbezüge) und dürfte deshalb häufig leer laufen (so die Regelung in Brandenburg, Bremen, Hamburg, Hessen, Rheinland-Pfalz und im Saarland). In einer dritten Gruppe von Ländern (Mecklenburg-Vorpommern, Sachsen und Thüringen) wird nur der Anschein einer Anrechnung erweckt. Dort verweist der Gesetzgeber entweder ausdrücklich auf § 53a Beamtenversorgungsgesetz, der unter gewissen Umständen eine Anrechnung vorsieht, oder allgemein auf die beamtenrechtlichen Versorgungsbestimmungen (und damit auch auf § 53a). Die in § 53a genannten besonderen Umstände treten beim Übergangsgeld normalerweise aber gar nicht auf, so dass im Ergebnis keine Anrechnung erfolgt.

Der Grundsatz, dass ein Übergangsgeld an ehemalige Regierungsmitglieder, die das Versorgungsalter erreicht haben, sinnwidrig ist und deshalb nicht gewährt werden darf, wurde bisher nirgendwo ins Werk gesetzt. Der Bund und die Länder sollten das Übergangsgeld von Regierungsmitgliedern beim Übergang in den Ruhestand beseitigen.

5
Handlungsbedarf: Das muss geschehen

Aus den vorstehenden Analysen ergeben sich folgende Reformvorschläge. Sie sind zum großen Teil verfassungsrechtlich oder doch politisch zwingend geboten.

Sofortige Beseitigung der Schatteneinkommen!

Die steuerfreie Dienstaufwandsentschädigung von Regierungsmitgliedern, ihre Diäten, ihre steuerfreie Kostenpauschale und ihre Versorgung aus einem gleichzeitig wahrgenommenen Abgeordnetenmandat müssen entfallen. Solche Schatteneinkommen stellen funktionslose Privilegien dar, für die kein Raum besteht. Soweit amts- und mandatsbedingte Kosten anfallen, die aber nur in engem Rahmen anzuerkennen sind, sollten sie gegen Einzelabrechnung erstattet werden. Der längst überfällige Abbau der Kostenpauschalen, Diäten und Abgeordnetenversorgung stellt, soweit sie gewisse – allenfalls noch zu tolerierende – Marken überschreiten, sogar ein rechtliches Muss dar, das keinen weiteren Aufschub duldet. Die Aufwandspauschalen, die zusätzlichen Diäten und Abgeordnetenversorgungen von Regierungsmitgliedern Bayerns, Nordrhein-Westfalens, vieler anderer Länder und des Bundes sind nicht nur illegitim, sie sind verfassungswidrig. Deshalb sind sie in anderen Bundesländern, etwa in Niedersachsen, schon früher ersatzlos abgebaut oder doch stark reduziert worden. Die Beseitigung der Schatteneinkommen würde die doppelte Zweiklassengesellschaft unter deutschen Regierungen beseitigen, also sowohl die zwei Klassen von Regierungen als auch die zwei Klassen von Ministern innerhalb ein und derselben Regierung.

Streichung der staatlichen Pension von Regierungsmitgliedern und Anhebung des Amtsgehalts um 25 Prozent (Länder) beziehungsweise 40 Prozent (Bund)!

Landesregierungen

Die staatliche Pension von Regierungsmitgliedern ist zu streichen.[39a] Damit wäre der unerträgliche Zustand beseitigt, dass Minister ausgerechnet bei der Altersversorgung in den Genuss einer privilegierenden Sonderregelung kommen. Die allgemeine Rentenversicherung ist – angesichts der Entwicklung der altersmäßigen Zusammensetzung der Bevölkerung und wegen einer Reihe von Sonderbelastungen – im bisherigen Umfang nicht mehr zu finanzieren; Rentenkürzungen sind unvermeidlich. Auch für Freiberufler und Gewerbetreibende ist die Sicherung der Altersversorgung ein großes Problem. Gleichzeitig aber leben die höchsten Repräsentanten des Staates in einem versorgungsmäßigen Schlaraffenland, von dem normale Menschen nur träumen können. Sie brauchen keine Beiträge zu entrichten, was einen doppelten Effekt hat: Sie sparen nicht nur die Beiträge ein, sondern die Finanzierung der Versorgung durch den Staat läuft auch an der Steuer vorbei. Nur wenn Ministerpräsidenten und Minister sich mit ähnlichen Versorgungssystemen wie Private herumschlagen müssten, könnten sie deren Sorgen wirklich aus eigenem Erleben verstehen. Es ist ein Grundgedanke der Demokratie, dass auch die Höchsten im Staat unter den von ihnen gemachten Gesetzen leiden müssen wie alle anderen Bürger. Die Beseitigung der bisherigen staatlichen Versorgung von Ministern würde wie ein Signal wirken und den Weg frei machen, endlich ernsthaft auch über die Altersversorgung von Beamten und Richtern nachzudenken und darüber öffentlich zu diskutieren. Fast alle Verantwortlichen in diesem Land – die Regierungsmitglieder, die die politische Richtung vorgeben, die Beamten, die in den Ministerien die Gesetze ausarbeiten, die Abgeordneten, die die Gesetze beschließen, und die Bundesverfassungsrichter, die die Gesetze kontrollieren – erfahren die Versorgungsprobleme der Masse der Bevölkerung gar nicht selbst. Das erschwert es ihnen, nicht nur die Probleme wirklich hautnah zu begreifen, sondern fördert auch die Abgehobenheit und Bürgerferne der Politik generell.

Die steuerpflichtigen Amtsbezüge von Ministerpräsidenten und Ministern Bayerns, Nordrhein-Westfalens und anderer Länder sollten um 25 Prozent angehoben werden. Damit ergäben sich für Ministerpräsidenten Bezüge von etwa 411.000 DM, für Landesminister von rund 377.000 DM. Aus den um 25 Prozent erhöhten steuerpflichtigen Bezügen sollten die Ministerpräsidenten und Minister ihre Versorgung selbst finanzieren.[39b] Sollten gegen die Selbstfinanzierung der Altersversorgung landesverfassungsrechtliche Bedenken geltend gemacht werden können, schlagen diese schon deshalb nicht durch, weil die Landesverfassungen gegebenenfalls geändert werden können.

Auf diese Weise würde das bisherige Versorgungsprivileg von Regierungsmitgliedern beseitigt, das in einer Zeit keinen Platz mehr hat, in der Normalversorger um die Sicherheit ihrer Altersversorgung bangen und die Beiträge zumindest teilweise aus versteuertem Einkommen erbringen müssen.

Bundesregierung

Für Mitglieder der Bundesregierung gelten die gleichen Grundsätze. Auch bei ihnen sollten die Schatteneinkommen beseitigt werden; auch sie sollten selbst für ihr Alter sorgen und dies aus ihrem maßvoll zu erhöhenden steuerpflichtigen Amtsgehalt finanzieren. Die Anhebung sollte für den Bundeskanzler und die Bundesminister allerdings nicht 25, sondern 40 Prozent betragen und damit höher ausfallen als bei ihren Länderkollegen. Der Grund: Die Einkommensrelation zwischen Bund und Ländern ist bisher zu Lasten von Regierungsmitgliedern des Bundes verzerrt. Bayerische und nordrhein-westfälische Minister haben praktisch ebenso hohe

Amtsgehälter wie Bundesminister – trotz deren sehr viel größerer Kompetenzen und Verantwortung (siehe S. 45 f.).
Auf diese Weise erhielten alle Bundesminister einheitlich eine Erhöhung ihrer Amtsgehälter von 310.447 DM auf 434.626 DM. Dadurch würden die Einkommen von Ministern, die kein Mandat haben, wie zum Beispiel Walter Riester oder Werner Müller, erheblich aufgestockt und insgesamt die Einkommen der Bundesminister einander angeglichen und die Zweiklassengesellschaft beseitigt. Das Amtsgehalt des Bundeskanzlers würde von 360.640 DM auf 504.896 DM steigen.

Begrenzung des Übergangsgeldes auf ein Jahr!

Das staatliche Übergangsgeld sollte auf maximal ein Jahr begrenzt werden. Erwerbseinkommen müssen im Bund und in allen Ländern voll angerechnet werden (wie dies zum Beispiel in Bayern und Nordrhein-Westfalen vorgesehen ist). Nach Erreichen der Altersgrenze darf kein Übergangsgeld mehr geleistet werden.[39c]

Ein neues Entscheidungsverfahren!

Bisher sind die Amtsgehälter der Regierungsmitglieder an die von Spitzenbeamten angekoppelt. Beispielsweise erhalten Bundesminister Amtsgehälter in Höhe von $^4/_3$ und der Bundeskanzler in Höhe von $^5/_3$ der Bezüge eines beamteten Staatssekretärs der Besoldungsgruppe B 11 (siehe Tabellen 1 und 2 im Anhang, S. 214 ff.). Diese Verweistechnik bedeutet: Mit jeder Erhöhung der Beamtenbesoldung steigen automatisch auch die Bezüge aller Regierungsmitglieder im Bund und in den Ländern um denselben Prozentsatz. Das ist hoch problematisch. Das Bundesverfassungsgericht hat die Koppelung der *Abgeordnetenentschädigung* an die Beamtenbesoldung im Diätenurteil für verfassungswidrig erklärt. Sieht man den Kern dieses Verdikts in der Herstellung der öffentlichen Kontrolle über Entscheidungen des Parlaments in eigener Sache, so muss es auch auf die *Ministerbezüge* erstreckt werden, über die das Parlament ebenfalls in eigener Sache entscheidet.[40] Wie die frühere Koppelung der Diäten an die Beamtenbesoldung ist auch die Koppelung der Ministerbezüge »der Intention nach dazu bestimmt, das Parlament der Notwendigkeit zu entheben, jede Veränderung in der Höhe der Entschädigung (bzw. des Gehalts) im Plenum zu diskutieren und vor den Augen der Öffentlichkeit darüber als einer selbständigen politischen Frage zu entscheiden«.[41] Die Koppelung enthebt das Parlament in eigener Sache der Notwendigkeit einer gesonderten Entscheidung über die Erhöhung von Ministerbezügen. »Genau dies aber widerstreitet der verfassungsrechtlich gebotenen *selbständigen* (und nicht in die ganz andere Entscheidung über die angemessene Besoldung der Beamten eingeschlossene) Entscheidung des Parlaments«.[42] Die Folge ist völlige Intransparenz: Aus den Gesetzen ist direkt nicht einmal zu entnehmen, welche Amtsgehälter Regierungsmitglieder verdienen (von den Schatteneinkommen ganz zu schweigen). Die Koppelung begründet zudem den bösen Schein mangelnder Unbefangenheit von Ministern bei Tarif- und Besoldungsentscheidungen für öffentliche Bedienstete. Denn sie führt dazu, dass die Minister von hohen Tarifabschlüssen im öffentlichen Dienst (die oft vom Besoldungsgesetzgeber übernommen werden) profitieren. Als Verhandlungsführer von Bund und Ländern profitieren sie aufgrund der Koppelung also von den Erfolgen der Gegenseite.[43]

Daraus folgt: Die Gehälter von Regierungsmitgliedern müssen als feste Beträge im Gesetz ausgewiesen und die Koppelung an die Beamtenbesoldung muss beseitigt werden. So war es früher. Nach § 14 Reichsministergesetz von 1930[44] erhielten Reichsminister ein Amtsgehalt von 36.000 RM jährlich, plus einige genau in Jahresbeträgen aufgeschlüsselte Zuschläge. Dies war auch nach 1945 zunächst noch die Regel; erst 1953 hat der Bundestagsausschuss für Beamtenrecht eine Koppelung in den Regierungsentwurf des Bundesministergesetzes eingefügt, der noch Fest-

beträge vorgesehen hatte, und dem waren dann auch alle Länder gefolgt.
Der beste Weg wäre es, die Gehälter der Regierungsmitglieder jeweils am Ende einer Legislaturperiode im öffentlichen Gesetzgebungsverfahren für die gesamte folgende Periode festzulegen und das Ergebnis betragsmäßig im Ministergesetz auszuweisen. Dieses neue Entscheidungsverfahren müsste in den Verfassungen verankert und so gegen Ad-hoc-Änderungen der jeweiligen Regierungsmehrheit gesichert werden.

Abschaffung der parlamentarischen Staatssekretäre!

Neben den höchsten Beamten, den *beamteten* Staatssekretären, gibt es im Bund und in einigen Ländern so genannte *parlamentarische* Staatssekretäre. Im folgenden konzentrieren wir uns auf die parlamentarischen Staatssekretäre Bayerns, Baden-Württembergs und des Bundes. Zwar besteht auch in Nordrhein-Westfalen und Sachsen die gesetzliche Möglichkeit, parlamentarische Staatssekretäre zu berufen; davon wird zur Zeit aber kein Gebrauch gemacht.

Bayern

Das – mit Recht vielfach kritisierte und seit Jahrzehnten zur Beseitigung vorgeschlagene – Amt des bayerischen Staatssekretärs sollte abgeschafft werden. Seit dem »Gutachten für Staatsvereinfachung« von 1955,[45] einer nach dem Vorbild der englischen »Royal Commissions« eingesetzten Sachverständigenkommission, ist eigentlich klar, dass dieses Amt nicht sinnvoll ist und längst abgeschafft gehört. Da bayerische Staatssekretäre Sitz und Stimme im Kabinett haben, besteht seit eh und je eine Tendenz zur Übergröße der Regierung. Aufgrund einer Verfassungsänderung von 1998[46] ist die Zahl der Regierungsmitglieder auf achtzehn limitiert, vorher waren es zweiundzwanzig[47] und früher sogar mal dreiundzwanzig.[48] Nach Art. 43 Abs. 2 Bayerische Verfassung (neuer Fassung) kann die Regierung – außer dem Ministerpräsidenten – aus bis zu siebzehn Ministern und Staatssekretären bestehen. Diese Obergrenze wird voll ausgeschöpft. Derzeit gibt es neben dem Ministerpräsidenten elf Minister und sechs Staatssekretäre. Mit achtzehn Mitgliedern ist die Regierung immer noch größer als jede andere deutsche Regierung und würde der Europäischen Union alle Ehren machen.[49] Ein Landeskabinett dieser Größe ist offensichtlich »überdimensioniert«.[50] Die Übergröße behindert den Entscheidungsprozess.[51]

Es macht auch wenig Sinn, dem – im Ministerium dem Minister unterstellten und seinen Weisungen unterworfenen – Staatssekretär im Kabinett Autonomie und Gleichberechtigung mit allen anderen Kabinettsmitgliedern einschließlich seinem eigenen Minister zu geben; das begründet eine ungute Zwitterstellung. Ebenso wenig Sinn macht, dass ein und dasselbe Ministerium in der Regierung durch zwei gleichberechtigte Personen vertreten wird. Merkwürdig ist auch, dass der Ministerpräsident die Staatssekretäre beruft, ohne dabei an die Zustimmung des jeweiligen Ministers gebunden zu sein, diesem also einen Staatssekretär auch gegen seinen Willen aufdrängen kann.

Vieles spricht dafür, dass die von allen Seiten kritisierte Mitgliedschaft bayerischer Staatssekretäre im Kabinett nur deshalb aufrechterhalten wird, um ihre überzogene finanzielle Dotierung scheinbar zu legitimieren.

Die Aufblähung des Regierungskollegiums über Ministerpräsidenten und Minister hinaus ist »durch kein berechtigtes Staatsinteresse geboten«. Staatssekretäre zu gleichberechtigten Mitgliedern zu machen ist »überhaupt nicht vertretbar«.[52] Dass die total verunglückte Institution des bayerischen Staatssekretärs trotz der schon frühen Warnungen und der durchschlagenden Sachkritik immer noch besteht, liegt an der Einsetzbarkeit der Staatssekretäre für Zwecke des Machterhalts der Regierungspartei und an den Begehrlichkeiten, die die Existenz solcher hoch dotierter Stellen weckt. Doch »höchste Regierungsstellen« nur zu diesen Zwecken »aufrechtzuerhalten« kann, wie es schon vor fünfundvierzig Jahren aus berufenem Munde hieß, »vor dem Volk nicht verantwortet werden«.[53] Auch das Bestreben des Ministerpräsidenten, die Mitglieder der Regierungsfraktion im Landtag durch die Vergabe solcher Stellen disziplinieren zu können, stellt natürlich keine Rechtfertigung dar.

Kurz, die Einrichtung des bayerischen Staatssekretärs hat sich, wie der Politikwissenschaftler Theodor Eschenburg schon vor Jahren zusammenfasste, in gar keiner Weise bewährt.[54] Doch alle Anstrengungen, den bayerischen Staatssekretär abzuschaffen, sind bislang am Eigeninteresse der politischen Klasse gescheitert. »Jeder schimpft auf die Institution des Halbministers, aber deren Korrektur ist ein bayerisches Tabu.«[55] Bei Einführung des Parlamentarischen Staatssekretärs im Bund ging man deshalb allgemein davon aus, die Regelung in Bayern sei »ein Beispiel dafür, wie es im Bund nicht gemacht werden sollte«.[56] Deshalb gehören Parlamentarische Staatssekretäre des Bundes nicht der Regierung an und können nicht ohne Zustimmung des Ministers berufen werden. Gleichwohl ist die Kritik auch an ihrer Einrichtung nicht verstummt. Sie seien »überflüssig wie ein Kropf«, so heißt es, und vergrößerten lediglich die ämtermäßige Verfügungsmasse des Bundeskanzlers, um wichtige Fraktionsmitglieder am goldenen Zügel zu halten: durch Belohnung fügsamer Gefolgschaft mit lukrativen Positionen beziehungsweise durch ihre Verweigerung bei Unbotmäßigkeit (Näheres siehe S. 106 ff.). Für bayerische Staatssekretäre gilt das erst recht.

Die Kritik an der Einrichtung des bayerischen Staatssekretärs gewinnt umso größeres Gewicht, als er im Ministerium natürlich nur die zweite Geige spielt und an Einfluss, Verantwortung und Kompetenzen weit hinter dem Minister zurücksteht, aber gleichwohl finanziell außerordentlich üppig dotiert ist – weit üppiger als der beamtete Behördenleiter, unter dessen Führung die eigentliche Sacharbeit vorgenommen und koordiniert wird. Bayerische (parlamentarische) Staatssekretäre sind besser bezahlt als sämtliche

Minister anderer deutscher Länder, die meist weniger als drei Viertel, teils sogar weniger als zwei Drittel der Einkommen bayerischer Staatssekretäre erhalten (siehe Schaubild 3, S. 232). Bayerische Staatssekretäre »verdienen« sogar mehr als alle deutschen Ministerpräsidenten außerhalb Bayerns, Nordrhein-Westfalens und Baden-Württembergs (siehe Schaubild 2, S. 230).

Baden-Württemberg

Auch in Baden-Württemberg gibt es parlamentarische Staatssekretäre – ähnlich wie in Bayern, allerdings in verwirrender Vielfalt. Verfassung und Gesetz von Baden-Württemberg kennen drei Formen:

- Staatssekretäre mit Kabinettsrang und Stimmrecht im Kabinett,[57]
- ehrenamtliche Staatsräte, ebenfalls mit Kabinettsrang und Stimmrecht, und
- politische Staatssekretäre ohne Kabinettsrang.

Von der erstgenannten Kategorie der Staatssekretäre mit Sitz und vollem Stimmrecht im Kabinett gibt es derzeit zwei, von denen einer auch Mitglied des Landtags ist. Da sie im Ministerium dem Minister unterstellt sind, besteht eine ähnlich unbefriedigende Zwitterstellung wie bei bayerischen Staatssekretären. Eschenburg hat deshalb auch die baden-württembergischen Staatssekretäre mit Recht als Fremdkörper in einem Ministerium bezeichnet.[58]
Die zweitgenannte Kategorie der ehrenamtlichen Staatsräte ist in jüngerer Zeit praktisch obsolet geworden, was angesichts der lukrativen Alternativen nicht sonderlich überrascht.
Dafür ist die drittgenannte Kategorie, der politische Staatssekretär, umso verbreiteter. Derzeit gibt es in Baden-Württemberg fünf politische Staatssekretäre, die alle auch ein Parlamentsmandat haben, obwohl dies kein gesetzliches Muss ist. Während die erst-

genannten Staatssekretäre kraft Verfassung höchstens ein Drittel der Zahl der Minister ausmachen dürfen, sieht die Verfassung für politische Staatssekretäre keine zahlenmäßige Begrenzung vor. Das liegt nicht zuletzt daran, dass sie in der Landesverfassung überhaupt nicht vorgesehen sind und erst 1972 durch ein besonderes Gesetz – nach dem »Vorbild« der Parlamentarischen Staatssekretäre im Bund – eingeführt wurden[59], obwohl die Lage in den Ländern eine völlig andere ist als die im Bund: Eschenburg hat darauf hingewiesen, dass generell »in den Ländern, bei denen das Schwergewicht der Verwaltung liegt, kein Platz für einen parlamentarischen Staatssekretär ist«.[60] Entsprechend umstritten ist die Verfassungsmäßigkeit dieser Einrichtung.[61] Der Staatsgerichtshof hat die Verfassungsmäßigkeit zwar mit der denkbar knappsten Mehrheit von fünf zu vier Richterstimmen bejaht,[62] aber nur unter Auflagen, die der Institution erst recht die Funktion entziehen.[63] Da politische Staatssekretäre hoheitliche Befugnisse grundsätzlich nicht ausüben dürfen,[64] ist ihre Einschaltung in die ministerielle Administration kaum möglich. Es bleiben »politische Aufgaben«, wie die Verbindung zur Fraktion und zur Staatskanzlei, die Vertretung in Fachministerkonferenzen der Bundesländer und Stellungnahmen gegenüber der Öffentlichkeit. Im Volksmund wird der politische Staatssekretär deshalb respektlos »Grüß-Gott-August« genannt.[65]

Auch in Baden-Württemberg besteht wie in Bayern ein ausgesprochenes Missverhältnis zwischen der begrenzten Funktion und dem überzogenen finanziellen Status. Baden-württembergische Staatssekretäre haben Bezüge von 215.521 DM jährlich, und, wenn sie im Landtag sind, zusätzliche (auf Bruttoeinkommen umgerechnete) Schatteneinkommen von 135.900 DM, insgesamt also ein Bruttoeinkommen von 351.421 DM.

Bund

Derzeit gibt es fünfundzwanzig Parlamentarische Staatssekretäre in Berlin: in jedem der vierzehn Ministerien mindestens einen, in sechs Ministerien zwei und im Ministerium für Verkehr und Bauwesen und beim Bundeskanzler sogar je drei. Kennzeichen von Parlamentarischen Staatssekretären ist, dass sie fast nichts zu sagen haben. Einige werden in Bonn offen als Versager bezeichnet,[66] ohne dass dies – angesichts ihrer geringen Kompetenzen – aber viel ausmachte.[67] (Anderen soll ihre persönliche Tüchtigkeit hier keineswegs abgesprochen werden.) Dem früheren Bundesminister und späteren Bundestagspräsidenten Rainer Barzel wird der Ausspruch zugeschrieben, Parlamentarische Staatssekretäre seien »unnötig wie ein Kropf«. Sie erledigten keine Arbeit, sondern machten nur welche, eine Feststellung, die den früheren beamteten Staatssekretär Günther Hartkopf zu der süffisanten Bemerkung animierte, Parlamentarische Staatssekretäre seien »eine sehr nützliche Einrichtung. Sie nehmen uns die Arbeit ab, die es nicht gäbe, wenn wir sie nicht hätten.«[68] Selbst der frühere Vorsitzende der CDU und der Unionsfraktion im Bundestag, Wolfgang Schäuble, hält Parlamentarische Staatssekretäre für »eher entbehrlich«.

Was Parlamentarische Staatssekretäre eigentlich zu tun haben, ist nur sehr unscharf und dehnungsfähig umschrieben. Sie sind, jedenfalls im Bund, keine Regierungsmitglieder. Nach dem Gesetz über Parlamentarische Staatssekretäre sind sie grundsätzlich auch Bundestagsabgeordnete. Zugleich haben sie die Minister, »denen sie beigegeben sind, bei der Erfüllung ihrer Regierungsaufgaben« zu unterstützen. (Das macht Parlamentarischen Staatssekretären auch rechtlich die wirksame Kontrolle ihrer Minister unmöglich, zu der sie in ihrer gleichzeitigen Eigenschaft als Abgeordnete eigentlich verpflichtet wären. Zur verfassungspolitischen Unvereinbarkeit beider Funktionen siehe S. 109 ff.) Die Geschäftsordnung der Bundesregierung lässt lediglich eine Vertretung der Minister »für Erklärungen vor dem Bundestag, vor dem Bundesrat und in den Sitzungen der Bundesregierung« zu. Aufgabenzuweisungen im Einzelnen erfolgen meist durch Hausanordnungen oder, schlimmer noch, von Fall zu Fall. Das führt, wie der frühere Leiter der Organisationsabteilung des Bundesministeriums des Innern, Hans-Joachim Ordemann, mit Recht kritisiert, »zu Unsicherheiten. Reibungskonflikte zur Ministerialbürokratie, besonders zu den beamteten Staatssekretären, sind unvermeidbar.«[69]

In krassem Gegensatz zur relativen Machtlosigkeit und meist geringen Bedeutung von Parlamentarischen Staatssekretären steht ihre Bezahlung. Sie haben fast so hohe Bezüge wie Bundesminister. Hier zeigt sich, dass das Problem der Politikerbezüge oft weniger die hohe Bezahlung, sondern vielmehr die geringe Leistung ist – oder besser: das Missverhältnis zwischen beiden. Viele Parlamentarische Staatssekretäre bilden klassische Beispiele für Politiker, die »nicht verdienen, was sie verdienen«. Das wird besonders deutlich im Verhältnis zu den *beamteten* Staatssekretären, die unter dem Minister an der Spitze des Ministeriums stehen und intern die eigentliche Arbeit tun. Parlamentarische Staatssekretäre erhalten zunächst einmal (in etwa) deren Gehalt von 18.515 DM,[70] zusätzlich aber noch, da sie kraft Gesetzes auch Bundestagsabgeordnete sein müssen, 6.703 DM steuerpflichtige Abgeordnetenbezüge, außerdem steuerfreie Pauschalen von insgesamt 5.340 DM monatlich.[71] Auf diese Weise haben Parlamentarische Staatssekretäre – umgerechnet in Bruttobezüge – 15.534 DM im Monat *mehr* als ihre *beamteten* Kollegen.

Parlamentarische Staatssekretäre sind im Grundgesetz von 1949 nicht vorgesehen und wurden erst 1967 durch einfaches Gesetz eingeführt. Sie sind ein typisches Produkt der damals herrschenden großen Koalition. Nach dem Gesetz von 1967[72] erhielten Parlamentarische Staatssekretäre – neben den gekürzten Diäten und der Versorgung aus dem Mandat – eine Entschädigung von 75 Prozent des Amtsgehalts eines Bundesministers. Die Zusatzversorgung aus dem Amt wurde erst 1974 eingeführt. Das macht die Posten für diejenigen, die sie ergattern, zum Lottogewinn.

Ursprünglich waren die Stellen von Parlamentarischen Staatssekretären als Nachwuchsstellen für Minister gedacht. Ein solches Aufrücken ist im Laufe der Jahre aber immer mehr zur Ausnahme geworden. Das Amt ist »zur Sackgasse« geworden, wie der frühere Außenminister Hans-Dietrich Genscher selbstkritisch anmerkt. Die Einrichtung von Parlamentarischen Staatssekretären ist zunehmend zum bloßen machtpolitischen Instrument des Regierungschefs verkommen, um die Regierungsfraktion bei der Stange zu halten, politisch gefügiges Verhalten zu belohnen und auf diese Weise die Abgeordneten durch den goldenen Zügel der Vergabe von begehrten Ämtern zu disziplinieren.

Nach dem Grundgedanken der Gewaltenteilung müssten Parlamentarische Staatssekretäre eigentlich abgeschafft werden. Ebenso wenig wie Minister gleichzeitig Abgeordnete sein sollten, kann ein Staatssekretär gleichzeitig zwei Herren dienen: der Regierung *und* dem Parlament.

Fazit

Hinsichtlich der parlamentarischen Staatssekretäre im Bund, in Bayern und Baden-Württemberg gibt es eine große Gemeinsamkeit: Sie werden vielfach kritisiert, und die ganze Institution erscheint seit langem ungerechtfertigt. Dass sie nicht abgeschafft wird, liegt vor allem an zwei elementaren Bedürfnissen der politischen Klasse, die parlamentarische Staatssekretäre befriedigen: dem Hunger nach Macht(sicherung) und nach Posten.

Hält man trotz der vielen guten Gründe, die für ihre Abschaffung sprechen, an der Einrichtung des parlamentarischen Staatssekretärs fest, so ließe sich die Idee, die Minister im Parlament oder bei sonstigen politischen Angelegenheiten durch einen Vertreter zu entlasten, auch auf weniger aufwendige Weise realisieren. Das demonstriert das Land Schleswig-Holstein seit mehr als fünfundzwanzig Jahren. Dort kann die Regierung bestimmte Abgeordnete zu parlamentarischen Vertretern von Ministern machen und mit den Aufgaben von parlamentarischen Staatssekretären betrauen.

Dies geschieht aber *ehrenamtlich,* das heißt: ohne Amtsgehalt und ohne Versorgungsanspruch. Parlamentarische Staatssekretäre in Schleswig-Holstein erhalten lediglich eine zusätzliche monatliche Entschädigung von 1.908 DM (und kein zusätzliches Staatssekretärsgehalt).[73] Daran (und an dem »ehrenamtlichen Staatsrat« in Baden-Württemberg) sieht man, dass es auch anders geht – warum also nicht auch im Bund und in Bayern? Will man die Einrichtung des parlamentarischen Staatssekretärs nicht überhaupt abschaffen, kann Schleswig-Holstein das Vorbild für eine sinnvolle Reform sein.

Kein Abgeordnetenmandat neben dem Ministeramt!

Regierungsmitgliedern sind in jedem Fall die Diäten, die Kostenpauschale, die Altersversorgung und andere Leistungen aus einem gleichzeitig wahrgenommenen Mandat zu streichen. Das wurde oben bereits ausgeführt. Noch konsequenter wäre es, die Wahrnehmung eines Mandats überhaupt zu verbieten.

Regierungsmitglieder sollten in Zukunft kein Abgeordnetenmandat mehr ausüben dürfen. Ein solches Verbot entspräche dem Grundsatz der Gewaltenteilung. Es ist nicht in Ordnung, wenn ein und derselbe Politiker mehrere, eigentlich unvereinbare Funktionen wahrnimmt. Wenn Exekutivspitzen wie Ministerpräsidenten, Minister und parlamentarische Staatssekretäre gleichzeitig der Legislative, also dem Parlament angehören, das die Exekutive eigentlich zu kontrollieren hat, kann weder die eine noch die andere Aufgabe richtig wahrgenommen werden. »Kein Gesäß ist so breit, dass jemand gleichzeitig auf der Regierungsbank und auf einem Abgeordnetenstuhl sitzen kann«, hat der frühere Hamburger Senator und Staatsrechtslehrer Ingo von Münch treffend gesagt. Niemand kann gleichzeitig mehreren Herren dienen. Schließlich dürfen auch andere Angehörige der Exekutive (Beamte und öffentliche Angestellte), die in den Bundestag oder etwa in den bayerischen oder nordrhein-westfälischen Landtag gewählt wer-

den, Amt und Mandat nicht gleichzeitig ausüben. Für sie gelten strikte Unvereinbarkeitsbestimmungen.
Dass es solche Bestimmungen ausgerechnet für die Spitzen der Exekutive – den Ministerpräsidenten, die Minister und die parlamentarischen Staatssekretäre – bisher nicht gibt, stellt einen Systembruch dar. Das bestätigt auch der internationale Vergleich: In sechs von sieben herangezogenen westlichen Vergleichsländern dürfen Regierungsmitglieder nicht gleichzeitig dem Parlament angehören. Ebenso wenig dürfen die Senatoren in den Bundesländern Hamburg und Bremen ein Parlamentsmandat wahrnehmen,[74] und auch in den anderen deutschen Ländern und im Bund hat schon jetzt eine sehr viel größere Zahl von Ministern und Senatoren kein Mandat als gemeinhin bekannt ist; in Deutschland ist mehr als die Hälfte der Minister und Senatoren nicht gleichzeitig im Parlament (siehe Tabelle 8, S. 224).
Hinter vorgehaltener Hand wird auch von vielen Politikern eingeräumt, dass die Häufung von Ministeramt und Parlamentsmandat in derselben Person ein Missstand ist, der eigentlich abgeschafft gehört. Doch die Eigeninteressen der politischen Klasse stehen quer zu einer solchen Reform: Kaum ein Regierungsmitglied will freiwillig auf zusätzliche Bezüge aus dem Mandat verzichten. Außerdem stellt das Mandat beim Verlust des Ministeramts eine Art Auffangnetz dar, mit dem der ehemalige Minister im Spiel bleibt und die politische Karriere leichter fortsetzen kann. Es gibt aber auch beherzte Politiker, die – zumindest solange sie in der Opposition sind – das offene Wort nicht scheuen. Ein Beispiel ist der jetzige saarländische Ministerpräsident Peter Müller:

> »Ich persönlich verhehle nicht, ich bin ein Vertreter der Ministerinkompatibilität, weil das einfach dem Grundsatz der Gewaltenteilung eher entspricht. Aufgabe des Parlamentes ist es, die Regierung zu kontrollieren. Wenn ich beide Funktionen gleichzeitig habe, Parlamentarier und Regierungsmitglied, ergibt sich notwendigerweise daraus eine Einschränkung der gegenseitigen Kontrollfunktion, dann ergibt sich eine Gewalten-

verschränkung. Und die sollten wir in unserem System auf ein Mindestmaß reduzieren. Fraktionen, auch Mehrheitsfraktionen, die keine Regierungsmitglieder als Fraktionsmitglieder haben, werden in höherem Maße konfliktbereit sein als Fraktionen, bei denen dies der Fall ist. Vor diesem Hintergrund denke ich, dass das System der gegenseitigen Kontrolle, dass das System von Checks and Balances, das unserem demokratischen Modell zugrunde liegt, gestärkt wird, wenn jemand, der Minister ist, nicht gleichzeitig Abgeordneter sein kann.«[75]

Teil 2
Die Hofkommission oder: Der lange Arm der Politik

6
Überblick:
Auftrag erfüllt

Wie im ersten Teil des Buches dargelegt, müssen Schatteneinkommen *ersatzlos* abgebaut werden. Genau das aber wollten die Ministerpräsidenten Stoiber und Clement verhindern, in deren Länder die Schatteneinkommen von Regierungsmitgliedern besonders hoch sind. Zu diesem Zweck hatten sie eine clevere Idee, die sie auch der deutschen Ministerpräsidentenkonferenz vortrugen: die Einsetzung einer handverlesenen Hofkommission mit dem einen oder anderen Feigenblatt. Da die Verhältnisse im Bund und in vielen anderen Ländern prinzipiell ganz ähnlich liegen wie in den beiden größten Bundesländern, sollte dieser Kommission eine Art Pilotfunktion auch für die anderen zukommen.
Die daraufhin eingesetzte »Unabhängige Kommission zur Neuordnung der Bezüge von Mitgliedern der Landesregierungen in Bayern und Nordrhein-Westfalen« schlägt eine gewaltige Erhöhung der steuerpflichtigen Amtsgehälter vor: Bayerische und nordrhein-westfälische Ministerpräsidenten sollen 650.000 DM, Minister 500.000 DM und bayerische Staatssekretäre 450.000 DM jährlich erhalten. Hinzu kommt eine ausschließlich vom Staat finanzierte Altersversorgung, für die zusätzlich jedes Jahr 130.000 DM für den Ministerpräsidenten, 100.000 DM für jeden Minister und 90.000 DM für jeden bayerischen Staatssekretär, an der Einkommensteuer vorbei, zurückgelegt werden sollen, sowie ein Übergangsgeld, das beim Ausscheiden schon nach zwei Amtsjahren zwei Jahre lang gezahlt wird.

Mitglieder der »Unabhängigen Kommission zur Neuordnung der Bezüge von Mitgliedern der Landesregierungen in Bayern und Nordrhein-Westfalen«

Prof. Roland Berger Geschäftsführender Gesellschafter (Vorsitzender) der Roland Berger und Partner GmbH International Consultants, München (Vorsitzender der Kommission)	
Prof. Dr. Hans Herbert von Arnim Deutsche Hochschule für Verwaltungswissenschaften Speyer (am 9.9.2000 ausgeschieden)	**Jochen Kienbaum** Vorsitzender der Geschäftsführung Kienbaum und Partner GmbH, Gummersbach
Prof. Dr. Peter Badura Universität München	**Helmut Markwort** Chefredakteur des *Focus*, München, und Vorstandsmitglied des Burda-Konzerns, Offenburg
Felix Busse Rechtsanwalt und Vizepräsident des Deutschen Anwaltvereins, Bonn	**Werner Neugebauer** Bezirksleiter der Industriegewerkschaft Metall Bayern, München
Walter Haas DGB-Landesvorsitzender von Nordrhein-Westfalen, Düsseldorf	**Prof. Dr. Dr. h. c. Elisabeth Noelle-Neumann-Meier-Leibniz** Institut für Demoskopie Allensbach, Allensbach am Bodensee
Hansheinz Hauser Vorsitzender des Handwerkertags von Nordrhein-Westfalen und Präsident der Handwerkerkammer Nordrhein-Westfalen, Düsseldorf	**Ute Scholle** Präsidentin des Landesrechnungshofs Nordrhein-Westfalen, Düsseldorf
Prof. Dr. Joachim Jens Hesse Freie Universität Berlin	**Dr. Henning Schulte-Noelle** Vorsitzender des Vorstands Allianz AG Holding, München
Rolf von Hohenhau Präsident des Bundes der Steuerzahler in Bayern e. V., München	**Erich Sennebogen** Präsident der Vereinigung der Bayerischen Wirtschaft e. V., München

Die Kommission war nicht nur dem Namen nach ein Ungetüm. Sie bestand aus 15 Mitgliedern, war also für ein vernünftiges Arbeiten zu groß. Jeder der beiden Ministerpräsidenten hatte sieben ausgewählt, und den Vorsitzenden hatten sie gemeinsam bestimmt. Bei vielen Mitgliedern fragten sich Außenstehende, welcher Eigenschaft sie ihre Berufung in die Kommission verdankten – außer dass sie der politischen Klasse in besonderer Weise verpflichtet sind oder dass Ministerbezüge für sie, die selbst ein besonders hohes Einkommen haben, kaum mehr als »Peanuts« darstellen. Bezeichnend war auch die Berufung zweier bekannter Unternehmensberater (von denen einer Vorsitzender wurde), die nicht nur zigfach Auftragnehmer von bayerischen und nordrhein-westfälischen Regierungsstellen sind (siehe S. 181 f.), sondern deren privatwirtschaftliche Klienten oft ein Vielfaches von Politikern verdienen. Möglicher öffentlicher Kritik an den Vorschlägen der Kommission dachte man durch die Berufung zweier besonderer Gewährsleute vorzubeugen: Der Präsident des bayerischen Landesverbands des Bundes der Steuerzahler, Rolf von Hohenhau, und die Präsidentin des nordrhein-westfälischen Rechnungshofs, Ute Scholle, sollten nach außen hin besondere Gewähr für die Angemessenheit und Bescheidenheit der Kommissionsvorschläge vorspiegeln. Tatsächlich jedoch zeichnen beide sich durch mangelnde Distanz gegenüber der politischen Klasse aus – doch das weiß nur, wer hinter die Kulissen schaut. Sozusagen als Feigenblatt wurde auch der Verfasser dieses Buches in die Kommission berufen, stand in diesem Kreis aber von vornherein auf verlorenem Posten, so dass er die Kommission schließlich aus Protest gegen ihre Verfahrensweise und ihre Ergebnisse wieder verließ.

Die Kommission dürfte die Erwartungen ihrer Auftraggeber voll erfüllt haben, auch wenn Stoiber und Clement sich bei Übergabe des Berichts am 14. September 2000 zunächst einmal zierten und die vorgeschlagene drastische Erhöhung der Amtsgehälter von Ministerpräsidenten für sich selbst zurückwiesen. Doch die Zurückweisung gilt natürlich nicht hinsichtlich des Kommissionsvorschlags, die Schatteneinkommen nur gegen die gleichzeitige Erhöhung der Amtsgehälter abzubauen. Diese »Waschung« zu ermöglichen war ja insgeheim gerade das Ziel, das mit der Einsetzung der Kommission verfolgt worden war. Damit haben die Ministerpräsidenten mit Hilfe der Kommission und ihres Berichts eines erst einmal erreicht, obwohl das bisher anscheinend niemand gemerkt hat: Die Kommission hat das Schwergewicht der öffentlichen Diskussion umgedreht und damit ihre Hauptfunktion erfüllt. Statt um die sofortige Beseitigung der verfassungswidrigen Schatteneinkommen scheint es jetzt nur noch darum zu gehen, ob die drastischen Gehaltserhöhungen, die die Kommission vorschlägt, realisiert werden. Und nachdem die Ministerpräsidenten ebendies – jedenfalls für sich selbst – verneint haben, scheint das Thema erst einmal erledigt zu sein.

Die Einsetzung, Zusammensetzung und Funktion der Kommission zeigen, wie lang der Arm der politischen Klasse wirklich ist. Mittels einer nach außen hoch angesehenen, im Innern aber im wesentlichen gefügigen Kommission ist es ihr gelungen, den Schwerpunkt der öffentlichen Thematik zu verändern, eine ganz neue Fragestellung in den Vordergrund zu schieben und so den nahe liegenden, der politischen Klasse aber unangenehmen Aspekt auszublenden.

Wunschgemäß wehrt sich die Mehrheit der Kommission mit allen Mitteln dagegen, die Schatteneinkommen als das zu qualifizieren, was sie sind: verfassungswidrig. Dabei haben die Feststellungen der Kommission zur Sache dieses Urteil in vollem Umfang bestätigt.

Es gibt zwei Gründe, weshalb die Kommissionsmehrheit die Qualifikation der Schatteneinkommen als verfassungswidrig scheut wie der Teufel das Weihwasser: Räumte die Kommission ein, dass die Schatteneinkommen verfassungswidrig sind, so wäre klar, dass diese nicht noch Jahre lang weitergezahlt werden dürfen. Genau das schlägt die Kommission aber vor: Sie will die Schatteneinkommen mindestens bis zum Ende der laufenden Legislaturperioden aufrechterhalten.

Sind die Leistungen verfassungswidrig, so fehlt zweitens auch die Berechtigung, sie in normale steuerpflichtige Amtsbezüge zu verwandeln. Doch genau dies schlägt die Kommission ebenfalls vor und fungiert damit als eine Art »Waschanlage«, die illegitimes und verfassungswidriges Geld in sauberes Geld umwandelt. Das Waschen rechtswidriger Zahlungen gilt normalerweise als unanständig, ja sittenwidrig. Soll diese Wertung etwa anders ausfallen, wenn die Mächtigen im Staat die Waschung in eigener Sache praktizieren?

Selbst den bayerischen Staatssekretären, die mit ihren überzogenen Einkommen nicht nur die Minister, sondern sogar die Ministerpräsidenten der meisten anderen deutschen Länder weit hinter sich lassen, will die Kommission den (verfassungswidrigen) »Besitzstand« sichern. Ob die Institution des bayerischen Staatssekretärs nicht eine (allein aus Gründen des Erhalts von Macht und Pfründen fortbestehende) Fehlkonstruktion ohne sachliche Rechtfertigung ist, wie unabhängige Beobachter seit langem übereinstimmend feststellen, diese Frage wird von der Kommission überhaupt nicht gestellt und kann – wegen ihrer aufmüpfigen Keckheit – von einer Hofkommission auch schwerlich gestellt werden.

Ganz abgesehen von der Sittenwidrigkeit des Kompensationsarguments: Die Kommission hat in ihrem Bestreben, den Regierenden dienstbar zu sein, völlig übersehen, dass vielfach gar nichts zu kompensieren ist. Wie oben dargestellt, besitzt ein großer Teil der Regierungsmitglieder in Deutschland gar kein Abgeordnetenmandat. Für sie würden die Vorschläge der Kommission also keineswegs nur den »Besitzstand« wahren, wie die Kommission behauptet. Sie alle kämen vielmehr in den Genuss einer riesigen Einkommenserhöhung. So könnten zum Beispiel die acht nordrhein-westfälischen Minister ohne Mandat mit einem Plus von 59 Prozent rechnen.

Gleichwohl behauptet Roland Berger unverdrossen, die Vorschläge der Kommission seien »kostenneutral«. Um diese Behauptung scheinbar belegen zu können, hat Berger – mit unhaltbarer Begründung und ohne das Einverständnis der anderen Kommissionsmitglieder einzuholen – die Zahlen einfach geändert und im Schlussbericht der Kommission eigenmächtig nur die Hälfte der Kosten der Altersversorgung von Regierungsmitgliedern ausgewiesen. Mit dem Wunsch, die wahren Kosten ihrer Vorschläge zu verschleiern, dürfte es auch zusammenhängen, dass die Kommission die vielen Minister ohne Abgeordnetenmandat in Nordrhein-Westfalen und anderen Ländern einfach ignoriert. Bei ihnen ist es ja offensichtlich, dass die Umsetzung der Kommissionsvorschläge eine weitere hohe Zusatzbelastung der öffentlichen Haushalte mit sich brächte.

Bei dem Versuch, bayerischen, nordrhein-westfälischen und anderen Regierungsmitgliedern ihren verfassungswidrigen »Besitzstand« zu erhalten, schreckten Roland Berger und sein Büro auch nicht vor regelrechten Tricksereien zurück. Ein Beispiel dafür ist die gezielte Schönung des internationalen Vergleichs: Die Einkommen der deutschen Politiker werden um sechsstellige Beträge heruntermanipuliert, um zu verdecken, dass bayerische und nordrhein-westfälische Ministerpräsidenten, also die Regierungschefs deutscher Regionalstaaten mit begrenzten Aufgaben, jetzt schon weit mehr verdienen als die meisten Regierungschefs westlicher Zentralstaaten (etwa der Ministerpräsident der Niederlande und der Premierminister von Belgien) mit sehr viel mehr Verantwortung und Kompetenzen.

Die Kommission verschließt ihre Augen auch davor, dass ihre Vorschläge eine gewaltige Erhöhung der Einkommen nicht nur von Politikern, sondern auch von Richtern und dem gesamten öffentlichen Dienst nach sich ziehen würden. Das Einkommen beispielsweise des niedersächsischen Ministerpräsidenten Gabriel (das inklusive Schatteneinkommen 355.126 DM beträgt) müsste um 294.874 DM – das wäre eine Steigerung um 83 Prozent – angehoben werden, um auf das für Ministerpräsidenten vorgeschlagene Gehaltsniveau von 650.000 DM zu kommen (siehe Schaubild 2, S. 230). Wenn bayerische Staatssekretäre, also die Inhaber eines Amtes, das Insider für »überflüssig wie einen

Kropf« halten (siehe S. 101 ff.), ganz offen 450.000 DM verdienen, wird der Abstand etwa zum beamteten Staatssekretär im Bund (rund 250.000 DM) mit sehr viel größerer Verantwortung oder zu den leitenden Beamten in bayerischen Ministerien, die innerministeriell die Hauptarbeit tun (knapp 200.000 DM), offensichtlich so unerträglich groß (siehe Schaubild 4, S. 234), dass eine Aufstockung auch von deren Einkommen auf Dauer unausweichlich wird. Das würde dann aber voraussichtlich auch nach unten durchschlagen und insgesamt geradezu eine Besoldungsexplosion auslösen.

Der Unternehmensberater Berger versucht die Vorschläge der Kommission auch mit den höheren Einkommen von Wirtschaftsbossen zu begründen, übersieht aber, dass dabei Äpfel mit Birnen verglichen werden (was ja auch der Blick auf die Politikereinkommen in anderen westlichen Demokratien bestätigt). Mit einer ähnlichen Argumentation könnte in einigen Jahren abermals eine Verdoppelung der Politikergehälter begründet werden. Denn es wird immer Wirtschaftsführer geben, die noch sehr viel mehr verdienen. Und dass es einer Erhöhung der Politikergehälter bedürfte, um bessere Leute zu bekommen, ist schon deshalb nicht schlüssig, weil Regierungsstellen nicht ausgeschrieben werden, es besteht kein offener Markt. Positionen in der Regierung werden nach politischen Kriterien vergeben (Näheres S. 146 ff.). Im Übrigen: Wenn mehr als die Hälfte aller deutschen Minister in Bund und Ländern kein Abgeordnetenmandat hat und deshalb sehr viel geringere Einkommen bezieht als bayerische und nordrhein-westfälische Regierungsmitglieder mit Mandat, zeigt auch das, welche Attraktivität selbst geringer besoldete Regierungsämter schon jetzt besitzen und wie wenig Notwendigkeit für eine Erhöhung der regulären Amtsgehälter in Wahrheit besteht.

Die Vorschläge der Berger-Kommission sind nicht nur der Höhe nach unmäßig, sie bringen auch keine wirkliche Bereinigung der Struktur. Statt es Regierungsmitgliedern zu überlassen, ihre Altersversorgung aus ihrem maßvoll zu erhöhenden steuerpflichtigen Einkommen selbst zu finanzieren, schlägt die Kommission vor, es bei der ausschließlich staatlich finanzierten Altersversorgung zu belassen und dafür – *zusätzlich* zu den steuerpflichtigen Bezügen – noch einmal 20 Prozent zurückzulegen. Dadurch würden die Versorgungsregelungen aber nicht nur komplizierter, sondern – entgegen den Behauptungen der Kommission – insgesamt auch teurer als bisher. Das Versorgungsprivileg der Regierungsmitglieder würde nicht beseitigt, sondern sogar noch erhöht. Die Kommission will zudem auch die Sonderaltersversorgung von Ministern, die aus dem öffentlichen Dienst kommen, beibehalten und damit an der unübersichtlichen Zweispurigkeit der Versorgung festhalten.

Auch das Übergangsgeld wird nicht angetastet: Statt es auf ein Jahr zu begrenzen, soll es in ähnlicher Höhe wie bisher zwei Jahre lang gezahlt werden.

Die Kommission will ferner daran festhalten, dass Regierungsmitglieder nebenher ein Abgeordnetenmandat ausüben dürfen, auch wenn dies mit dem Grundsatz der Gewaltenteilung kaum vereinbar ist. In Hamburg und Bremen ist dies deshalb verboten, ebenso in sechs der sieben von der Kommission zum Vergleich herangezogenen westlichen Demokratien. Das zeigt zur Genüge, dass es auch in Deutschland durchaus ohne Mandat ginge. Dann würden übrigens auch die weiteren Leistungen aus dem Abgeordnetenmandat entfallen, die die Kommission Regierungsmitgliedern erhalten will, obwohl sie für diese keine Funktion haben, etwa die Abgeordnetenpensionen und die Finanzierung von Abgeordnetenmitarbeitern, als welche in Bayern sogar die Ehegatten der Abgeordneten angestellt werden können. (Dieser Missbrauch wurde zwar im November 2000 untersagt. Das gilt aber nur für Verträge, die ab dem 1. Dezember 2000 abgeschlossen werden. Vorher geschlossene Mitarbeiterverträge mit Ehegatten von Abgeordneten bleiben in Kraft!)

Geht es nach der Kommission, drohen ausgerechnet die beiden Länder Bayern und Nordrhein-Westfalen, in denen die unhaltbaren Privilegien von Regierungsmitgliedern am größten sind, zu Vorreitern einer noch nie da gewesenen Besoldungsexplosion zu werden, weil die Privilegien nicht abgebaut, sondern eingebaut werden sollen (und die offizielle Bezahlung noch darüber hinaus erhöht werden soll).

Diese Ergebnisse lassen nur den einen Schluss zu: Die Einsetzung der Berger-Kommission ist der bisher größtangelegte Versuch der politischen Klasse, die natürlichen Widerstände gegen eine allzu ungenierte Anhebung ihrer Einkommen auszuhebeln oder jedenfalls zu schwächen: Die aus angesehenen Persönlichkeiten zusammengesetzte Kommission soll den Boden für eine gewaltige Erhöhung der rechtmäßigen Bezüge bereiten. Das Zusammengehen der Ministerpräsidenten Stoiber (CSU) und Clement (SPD) erschwert der großen Oppositionspartei im jeweiligen Lande das glaubwürdige öffentliche Gegenhalten, weil im jeweils anderen Land Exponenten der eigenen Partei zu den treibenden Kräften der Gehaltskampagne gehören. Die Idee ist, diese partei- und länderübergreifende große Koalition auch auf alle anderen Länder und den Bund zu erstrecken. Ein erster Ansatz dazu wurde unternommen, als das Thema in der Ministerpräsidentenkonferenz vorab behandelt wurde. Bayern und Nordrhein-Westfalen sollen insoweit die Vorreiter spielen, alle anderen folgen nach. Im Übrigen verspricht die Kommissionslinie auch Parlamentariern gewaltige Erhöhungen, so dass deren Kritik sich allein schon deshalb in Grenzen halten dürfte. Die Kritik der Medien schließlich wird dadurch geschwächt, dass ein wichtiger Medienvertreter in die Kommission eingebunden wurde, die Kritik des Bundes der Steuerzahler dadurch, dass der Vorsitzende eines wichtigen Landesverbands als Kronzeuge für die Güte der Kommissionsvorschläge gewonnen wurde.

Der nachfolgende Text zeigt die Hintergründe und Einzelheiten.

7 Vorgeschichte: Gönnt man uns den Lohn nicht mehr, muss eine Kommission schnell her

Den Anstoß für die Einsetzung der fünfzehnköpfigen Kommission unter Vorsitz des Unternehmensberaters Roland Berger gab die Veröffentlichung meines Buches *Diener vieler Herren. Die Doppel- und Dreifachversorgung von Politikern* Anfang Mai 1998. Darin wurden Auswüchse in der Bezahlung und Versorgung besonders der bayerischen und nordrhein-westfälischen Regierungsmitglieder aufgedeckt. Da die Presse die Kritik massiv aufgriff,[76] kündigte der bayerische Ministerpräsident unmittelbar nach Erscheinen des Buches – zur Überraschung seiner eigenen Minister und Staatssekretäre[77] – gewisse Einschränkungen für bayerische Regierungsmitglieder an,[78] die er einige Wochen später konkretisierte[79] und die mit Wirkung vom 1. Januar 1999 auch verwirklicht wurden.[80] In Nordrhein-Westfalen wurde im Frühjahr 1999 ebenfalls eine Änderung des dortigen Ministergesetzes vorgenommen,[81] mit der vor allem die überzogene Altersversorgung eingeschränkt wurde, nachdem die dortige CDU-Opposition die Kritik aufgegriffen hatte.[82]

Diese Änderungen zielten darauf ab, die Dienstaufwandsentschädigungen und die Altersversorgung von Regierungsmitgliedern in beiden Ländern aneinander anzugleichen. Zu diesem Zweck wurden – neben einer Verschärfung der Anrechnungsvorschriften – in Bayern die Dienstaufwandsentschädigungen, die vorher für Ministerpräsidenten $^{4}/_{21}$ des Amtsgehalts (1.1.1998: 4.544 DM monatlich) und für Minister $^{2}/_{17}$ des Amtsgehalts (1.1.1998: 2.306 DM monatlich) betragen hatten, auf das nordrhein-westfälische Niveau von einem Festbetrag von 2.300 DM monatlich für Ministerpräsidenten und 1.300 DM für Minister gesenkt; sie blieben aber immer noch die bei weitem höchsten in Deutschland, höher sogar als die Dienstaufwandsentschädigung des Bundeskanzlers (2.000 DM monatlich) und der Bundesminister (600 DM monatlich), von den zusätzlichen Kostenpauschalen und Diäten aus einem Abgeordnetenmandat gar nicht zu reden.

In Nordrhein-Westfalen wurde die völlig überzogene Altersversorgung abgebaut, die es bisher Regierungsmitgliedern ermöglichte, schon nach vier Amtsjahren einen Pensionsanspruch in Höhe von 14.848 DM monatlich (= 63 Prozent des Amtsgehalts) zu erwerben (ab 60. Lebensjahr). (Siehe auch S. 85.) Der Versorgungsanspruch erhöhte sich nach weiteren vier Amtsjahren auf 71 Prozent des Amtsgehalts und begann dann bei Ausscheiden des Regierungsmitglieds bereits ab dem vollendeten 50. Lebensjahr. Nun wurde die Altersversorgung dem – inzwischen erreichten – bundesrepublikanischen Standard für Ministerversorgungen etwa angeglichen: nach fünf Jahren 31,5 Prozent. Als eines der letzten Länder führte Nordrhein-Westfalen diese längst überfällige Reform 1999 durch, welche die meisten anderen Länder – auch Bayern – schon in der ersten Hälfte der neunziger Jahre durchgeführt hatten, nachdem die völlige Überzogenheit der Altersversorgungsregelungen offen gelegt worden war.[83]

Der Abbau der Altersversorgungsauswüchse erfolgte in Nordrhein-Westfalen allerdings nur für die Zukunft. Für amtierende Minister gilt die alte Regelung weiterhin.[84] Davon profitieren beispielsweise die grünen Minister Michael Vesper und Bärbel Höhn, die 1999 bereits ihre vier Amtsjahre voll hatten. Bleiben sie noch weitere vier Jahre im Amt, so erhöht sich ihre Versorgung weiter und wird dann sogar schon ab vollendetem 50. Lebensjahr fällig. Das bedeutet: Sollte beispielsweise Vesper im Jahr 2003, wenn er 51 Jahre alt ist, aus dem Amt ausscheiden, bezöge er sofort eine lebenslange Altersversorgung von über 16.000 DM monatlich. 1992, als die Grünen in Düsseldorf noch in der Opposition standen, hatten sie diese Überversorgung scharf gegeißelt. Heute profitieren Vesper und Höhn vom Misserfolg ihrer damaligen Kritik. (Dazu, dass die neue Versorgungsregelung durchaus auch auf die amtierenden Regierungsmitglieder hätte erstreckt werden können, also insoweit keine Verfassungssperre bestand, siehe S. 85 f. und S. 191 ff.)

Mit den genannten Änderungen waren andere gewichtige Problempunkte aber noch keineswegs behoben, welche die beiden Ministerpräsidenten Edmund Stoiber und Wolfgang Clement auch ganz persönlich betreffen. Dazu gehören ihre Abgeordnetendiäten von über 50.000 DM jährlich und ihre steuerfreien Aufwandspauschalen aus Amt und Mandat, die bei Stoiber (auch nach Umsetzung der Kürzung) über 72.000 DM und bei Clement über 61.000 DM jährlich betragen und die – mangels entsprechender Aufwendungen – für Ministerpräsidenten, Minister und bayerische Staatssekretäre ein steuerfreies Zusatzeinkommen darstellen, das zur Umrechnung in Bruttoeinkommen etwa verdoppelt werden muss.[85]

Die beiden Ministerpräsidenten wollten auf diese Privilegien, die auch von Abgeordneten kritisiert werden,[86] offenbar nicht einfach verzichten, andererseits standen Landtagswahlen bevor, in Bayern bereits im Herbst 1998, in Nordrhein-Westfalen im Frühjahr 2000, und die Diskussion über derartige Privilegien wollte man aus dem Wahlkampf möglichst heraushalten. In dieser Zwickmühle bot sich der Ausweg an, eine Kommission einzusetzen, der eine doppelte Aufgabe zugedacht war: Die heiklen Entscheidungen über die Privilegien sollten zunächst einmal über die Wahltermine hinaus aufgeschoben und danach dann Vorschläge unterbreitet werden, die es erlaubten, die Privilegien nicht abzubauen, sondern im Gehaltssystem einzubauen. Vor diesem Hintergrund kam es zur Einsetzung der »Unabhängigen Kommission zur Neuordnung der Bezüge von Mitgliedern der Landesregierungen in Bayern und Nordrhein-Westfalen«.[87] In die Kommission wurde auch der Verfasser dieses Buches berufen, worin zum Beispiel die nordrhein-westfälische SPD in einer öffentlichen Erklärung eine gewisse Gewähr dafür sah, dass die Kommission zu insgesamt vernünftigen und akzeptablen Ergebnissen kommen würde.[88]

Nachdem mein Buch die öffentliche Diskussion ausgelöst hatte,

glaubte ich, mich der Aufgabe, in der Kommission mitzuarbeiten, nicht entziehen zu können, legte bei Annahme der Berufung aber Wert darauf, dass die für Sachverständigenkommissionen an sich selbstverständlichen Konventionen auch im Falle dieser Kommission eingehalten würden, insbesondere die Möglichkeit von abweichenden Minderheitsvoten für jedes Kommissionsmitglied.
Bald stellte sich aber heraus, dass ich in der Kommission, deren Richtung von vornherein festzustehen schien, im Abseits stand. Die Kommission setzte sich – mit einigen Ausnahmen – teils aus Höchstverdienern, teils aus Persönlichkeiten zusammen, die der politischen Klasse angehören oder ihr sehr nahe stehen.
Bereits in einer Kommissionssitzung im Sommer 1999 wurde ausführlich darüber diskutiert, wie Ergebnisse der schließlich tatsächlich vorgelegten Art der Öffentlichkeit nahe gebracht werden könnten, ohne einen Sturm der Entrüstung zu entfachen. Zu diesen die Kommission besonders beschäftigenden Fragen des öffentlichen »Verkaufs« ihrer Vorschläge[89] gehören auch gewisse »Testläufe«, die die Öffentlichkeit einstimmen sollten, so etwa ein vorab über die Nachrichtenagenturen verbreitetes Interview von Roland Berger in der Illustrierten *Bunte* vom 29. Juli 1999.[90] In diese Linie passen auch (wenngleich unvollständige) Vorabinformationen an bestimmte Presseorgane,[91] obwohl unter den Kommissionsmitgliedern Stillschweigen vereinbart worden war.
Bayern und Nordrhein-Westfalen haben nach der Konzeption, die der Einsetzung der Berger-Kommission zugrunde lag, eine Pilotfunktion auch für andere Länder. Bereits vor Einsetzung der Kommission hatten die Ministerpräsidenten Clement und Stoiber das Thema am 9. Juli 1998 in die Ministerpräsidenten-Konferenz eingebracht mit dem ausdrücklichen Ziel, die Ministerbezüge in allen Ländern »nach einheitlichen Maßstäben zu regeln« und ihr geplantes Vorgehen mit anderen Länderchefs abzustimmen.[92] Die Berger-Kommission war also von Anfang an als eine Kommission gedacht, die Maßstäbe für die Bezahlung von Regierungsmitgliedern nicht nur für Bayern und Nordrhein-Westfalen, sondern auch für alle anderen Länder und letztlich auch für den Bund entwi-

ckeln *sollte.* Insofern ist Bergers Aufforderung an alle deutschen Länder und den Bund, die Vorschläge der Kommission zu übernehmen, nur konsequent. Nachdem es zunächst kommissionsintern immer geheißen hatte, die Empfehlungen der Kommission beschränkten sich auf Bayern und Nordrhein-Westfalen, hat Roland Berger bei der Präsentation des Kommissionsberichts am 12. September 2000 in München die Katze aus dem Sack gelassen und unmissverständlich unterstrichen, dass er davon ausgehe, dass auch andere Länder und der Bund die Vorschläge der Kommission übernehmen.[93] Das würde dann aber für die Regierungsmitglieder anderer Länder, die keine oder nur sehr viel geringere Schatteneinkommen als ihre bayerischen und nordrhein-westfälischen Kollegen (und deshalb sehr viel geringere Gesamteinkommen) haben, eine drastische Anhebung ihrer Bezüge bedeuten. Würden die Bezüge etwa des niedersächsischen Ministerpräsidenten, die derzeit (unter Einschluss der dort sehr niedrigen Schatteneinkommen) 27.848 DM monatlich betragen, auf das von der Kommission für Ministerpräsidenten vorgeschlagene Niveau erhöht, so käme eine Steigerung um mehr als vier Fünftel heraus, für den hessischen Ministerpräsidenten ergäbe sich (wiederum unter Einschluss der Schatteneinkommen) eine Steigerung um mehr als zwei Drittel.

Ähnliche Auswirkungen ergäben sich auf Politikerbezüge generell, etwa auf die von Abgeordneten. Das wurde von zuständiger Seite auch bereits angekündigt. So äußerte der innenpolitische Sprecher der SPD im Bundestag, Dieter Wiefelspütz, ganz unverblümt die Erwartung, »dass nach den Ländern die Einkünfte der Mitglieder der Bundesregierung ›auf den Prüfstand‹ kommen und dann die Abgeordnetenbezüge«. Wiefelspütz findet die Idee der Berger-Kommission »nachvollziehbar, marktgerecht und ehrlich«.[94] Schlimme Auswirkungen wären auch auf die Einkommen der Spitzen der Verwaltung und der Rechtsprechung zu erwarten. Es wird dann nicht dabei bleiben können, dass der höchste Richter, der Präsident des Bundesverfassungsgerichts, das zugleich eines der fünf obersten Bundesorgane ist, nur wenig mehr als die

Hälfte dessen verdient, was ein bayerischer Staatssekretär bekommt. Wenn die Gehälter der Verwaltungs- und Gerichtsspitzen erhöht würden, müssten aber auch die Einkommen nachgeordneter Beamter und Richter nach oben angepasst werden, um in der Struktur zu bleiben. Denkt man die von der Berger-Kommission zugrunde gelegte »Philosophie« zu Ende und macht man mit den von der Kommission entwickelten Maßstäben ernst, so würde das Niveau der Besoldung von Inhabern öffentlicher Ämter drastisch nach oben geschoben, es drohte eine Besoldungsexplosion im ganzen öffentlichen Bereich (siehe S. 170 ff.). Doch die Kommission ignoriert die fatalen Auswirkungen, welche die Verwirklichung ihrer Vorschläge auf das gesamte System öffentlicher Besoldung und damit auch auf die öffentlichen Haushalte insgesamt haben müssten.

8
Es darf ruhig etwas mehr sein: Die Vorschläge der Berger-Kommission

Die Kommission macht insgesamt folgende Vorschläge:

- Beseitigung der Schatteneinkommen, dafür Einzelabrechnung nachgewiesener Kosten,
- massive Erhöhung der Amtsgehälter,
- Änderung des Modus der Ministerversorgung unter Beibehaltung ihrer Finanzierung allein durch den Staat,
- Beibehaltung der staatlich finanzierten Abgeordnetenversorgung für Regierungsmitglieder,
- Beibehaltung ihrer staatlich finanzierten Abgeordnetenmitarbeiter,
- Ersetzung der Beihilfe im Krankheitsfall durch einen staatlichen Zuschuss zur Kranken- und Pflegeversicherung,
- Beibehaltung des staatlichen Übergangsgeldes für zwei Jahre,
- Einführung eines neuen Verfahrens für die Festlegung der Höhe der Bezahlung von Regierungsmitgliedern.

So macht man aus Regierungsmitgliedern »de Luxe« den Normalfall

Ministerpräsidenten

Die Kommission schlägt vor, die steuerfreie pauschale Dienstaufwandsentschädigung der Regierungsmitglieder sowie die Diäten und die Kostenpauschale aus einem (oft gleichzeitig wahrgenommenen) Abgeordnetenmandat abzuschaffen.[95] Auch die Kommission erkennt, dass es sich bei diesen drei bisher eher abgedunkelten Einkommensbestandteilen, die wir als »Schatteneinkommen«

bezeichnet haben, um überholte Privilegien handelt, die sich in gar keiner Weise rechtfertigen lassen. Der besondere amts- und mandatsbedingte Mehraufwand soll gegen Einzelnachweis erstattet werden.[96] Inkonsequenterweise sollen den Regierungsmitgliedern aber die Abgeordnetenpensionen und die staatlich finanzierten Abgeordnetenmitarbeiter nicht genommen werden. Diese Leistungen würden automatisch entfallen, wenn Regierungsmitgliedern verboten würde, gleichzeitig ein Abgeordnetenmandat auszuüben. Für ein solches Verbot spricht die Kommission sich aber gerade nicht aus.[97]

Die Kommission empfiehlt zum Ausgleich für den Wegfall der Schatteneinkommen, die Amtsgehälter massiv zu erhöhen: Die steuerpflichtigen Amtsbezüge der Ministerpräsidenten von Bayern und Nordrhein-Westfalen, die derzeit etwa 330.000 DM im Jahr betragen,[98] sollen auf 650.000 DM steigen;[99] auf (fast) dreizehn Monatsgehälter umgerechnet, sind das für Ministerpräsidenten über 50.000 DM (bisher gut 25.000 DM); das wäre eine Steigerung um 97 Prozent, also fast eine Verdoppelung. Die vorgeschlagene Steigerung geht über das zur Kompensation der Schatteneinkommen Erforderliche noch erheblich hinaus, was die Kommission mit der besonders hervorgehobenen Verantwortung und Kompetenz von Ministerpräsidenten begründet.

Beibehalten (wenn auch in anderer Form) will die Kommission dagegen die staatliche (Alters-, Hinterbliebenen- und Invaliditäts-)Versorgung aus dem Amt, für die auch weiterhin eigene Beiträge der Regierungsmitglieder *nicht* vorgesehen sind.[100] In Zukunft soll der Staat für jedes Regierungsmitglied pro Amtsjahr *weitere* 20 Prozent der Amtsbezüge für die Altersversorgung aufbringen und zurücklegen.[101] Das sind für Ministerpräsidenten 130.000 DM jährlich.

Diese staatlichen Zuwendungen für die Versorgung sollen nicht der Besteuerung unterliegen,[102] obwohl normale Bürger, die eine solche Versorgung am Versicherungsmarkt erwerben wollten, die Prämien in der Regel aus versteuertem Einkommen leisten müssten. Damit soll das Versorgungsprivileg in neuer Form erhalten bleiben. Statt es Regierungsmitgliedern zu überlassen, ihre Altersversorgung aus ihrem maßvoll (etwa um 25 Prozent oder bei Mitgliedern der Bundesregierung um 40 Prozent) zu erhöhenden steuerpflichtigen Einkommen selbst zu finanzieren, schlägt die Kommission also vor, es bei der ausschließlich staatlich finanzierten Altersversorgung zu belassen.

Zusätzlich soll Regierungsmitgliedern auch die staatlich finanzierte (Alters-, Hinterbliebenen- und Invaliditäts-)Versorgung aus einem Abgeordnetenmandat grundsätzlich erhalten bleiben. Gleichzeitig mit der Ministerpension erworbene Versorgungsansprüche aus dem Mandat sollen zwar voll verrechnet werden, vorher oder nachher erworbene Ansprüche dagegen überhaupt nicht.[103]

Das Recht auf staatliche Beihilfe im Krankheitsfall will die Kommission zwar beseitigen. Dafür soll aber künftig »der in anderen Bereichen übliche hälftige Arbeitgeberzuschuss zur Kranken- und Pflegeversicherung durch das Land bezahlt« werden.[104]

Beibehalten werden soll für alle Regierungsmitglieder auch das zwei Jahre lang laufende staatliche Übergangsgeld, ebenfalls ohne eigene Beiträge der Berechtigten.[105]

Das vorgeschlagene Gesamtgehalt von Ministerpräsidenten ist also nur teilweise offen ausgewiesen: Der genaue Wert des Übergangsgeldes ist schwer zu ermitteln. Die beiden klar quantifizierbaren Bestandteile (Gehalt plus Rücklagen für die Versorgung) addieren sich aber bereits auf ein Einkommen von 780.000 DM (650.000 plus 130.000 DM), wobei noch gar nicht berücksichtigt ist, dass die Rücklagen für die Altersversorgung an der Einkommensteuer vorbeilaufen sollen. Auch der Arbeitgeberzuschuss zur Kranken- und Pflegeversicherung ist noch nicht berücksichtigt.

Minister

Für bayerische und nordrhein-westfälische Minister gilt der Struktur nach Entsprechendes, nur sind die Beträge und Steigerungsraten etwas niedriger. Ihre steuerpflichtigen Amtsbezüge sollen nach den Vorstellungen der Kommission von derzeit etwa 302.000 DM auf einheitlich 500.000 DM im Jahr erhöht werden,[106] also um etwa 66 Prozent. Auf (fast) dreizehn Monatsgehälter umgerechnet, sind das für Minister fast 39.000 DM (bisher etwa 23.500 DM). Hinzu soll auch hier eine staatliche Versorgung kommen, die vom Land durch steuerfreie Leistungen von jährlich 100.000 DM finanziert wird. Bereits aus diesen beiden Einkommensbestandteilen errechnet sich ein Einkommen von 600.000 DM (500.000 plus 100.000 DM). Hinzu kommen weitere staatliche Leistungen wie beim Ministerpräsidenten.

Bayerische Staatssekretäre

Für bayerische (parlamentarische) Staatssekretäre, die dort Mitglieder der Regierung sind, sollen die steuerpflichtigen Amtsbezüge von derzeit etwa 277.000 DM[107] auf 450.000 DM erhöht werden,[108] also um etwa 62 Prozent. Begründet wird das (ähnlich wie bei den anderen Regierungsmitgliedern) unter anderem mit den hohen Schatteneinkommen von 171.840 DM brutto, die bayerische Staatssekretäre bekommen und die ihnen schon jetzt ein Gesamteinkommen von 448.580 DM verschaffen. Diesen »Besitzstand« will die Kommission aufrechterhalten. Dass bayerische Staatssekretäre damit fast doppelt so viel erhalten wie beamtete Staatssekretäre in Nordrhein-Westfalen und im Bund, von den beamteten Amtsleitern in bayerischen Ministerien im Range eines Ministerialdirektors ganz abgesehen (siehe S. 48 f.), berührt die Kommission nicht. Sie versucht das Riesengehalt bayerischer Staatssekretäre damit zu rechtfertigen, dass diese »Kabinettsrang und damit Kabinettsverantwortung« hätten. Doch dabei wird übergangen, dass gerade dieser Kabinettsrang ein großes Problem ist und seinerseits bisher nur aufrechterhalten wurde, um die überzogene finanzielle Dotierung scheinbar zu legitimieren (siehe S. 102 f.).

Hinzu kommen auch für bayerische Staatssekretäre steuerfreie staatliche Leistungen für die Versorgung, nämlich 90.000 DM. Bereits aus diesen beiden Bestandteilen ergibt sich ein jährliches Einkommen von 540.000 DM (450.000 plus 90.000 DM). Weitere staatliche Leistungen wie bei den anderen Regierungsmitgliedern erfolgen zusätzlich.

Verfahrensvorschlag: Periodische Erhöhung und Indexierung

Die Kommission schlägt vor, die Koppelung der Ministerbezüge an die Beamtenbesoldung zu beseitigen. Erhöhungen sollen am Ende einer jeweiligen Legislaturperiode vom Landtag beschlossen werden und zu Beginn der folgenden Periode in Kraft treten. Innerhalb der fünfjährigen Wahlperiode ist eine Indexierung vorgesehen. Danach sollen die Bezüge jährlich entsprechend der Preissteigerungsrate für die Lebenshaltung steigen. Damit bestehe »die Chance, einerseits ein angemessenes Niveau der Bezüge zu sichern und andererseits allen Selbstbedienungsvorwürfen der Politik aktiv entgegenzutreten, weil die ›Selbstkontrahierung‹ der Regierungsmitglieder durch die Abkoppelung ihrer Bezüge vom Beamtenrecht« entfalle.[109]

9
Tarnen und Täuschen: Das Vorgehen der Berger-Kommission

Das vorgeschlagene Entscheidungsverfahren

Der Vorschlag, Erhöhungen der Bezüge von Regierungsmitgliedern in Zukunft am Ende einer Wahlperiode mit Wirkung zum Beginn der folgenden Periode beschließen zu lassen, ist an sich zu begrüßen. Er entspricht eigenen früheren Überlegungen,[110] die auch die vom seinerzeitigen Bundespräsidenten Richard von Weizsäcker eingesetzte Parteienfinanzierungskommission aufgegriffen hat.[111] (Siehe auch S. 99 ff.) Fraglich erscheint allerdings die von der Kommission vorgeschlagene Indexierung. In jedem Fall müsste das neue Verfahren, um den Gesetzgeber wirklich zu binden, in den Landesverfassungen verankert werden, damit es nicht jederzeit mit einfacher Mehrheit wieder geändert werden könnte. Genau aus diesem Grund wurde die entsprechende amerikanische Regelung von 1992 in der amerikanischen Bundesverfassung festgeschrieben.[112] Von einer Verankerung des neuen Verfahrens in den Verfassungen von Bayern und Nordrhein-Westfalen ist im Berger-Bericht aber nicht die Rede, so dass bereits an dieser Stelle Zweifel an der Ernsthaftigkeit des Vorschlags aufkommen.

Im Übrigen läuft das ganze Verfahren dem Gedanken zuwider, der hinter der amerikanischen Verfassungsänderung steht: Nach dieser Idee soll die öffentliche Kontrolle, welche bei Entscheidungen des Parlaments in eigener Sache »die einzige wirksame Kontrolle« darstellt,[113] gestärkt werden. Durch das Inkrafttreten erst zu Beginn der neuen Legislaturperiode nach vorangegangenen Parlamentswahlen soll die Möglichkeit geschaffen werden, die Angemessenheit der Erhöhung zum Wahlkampfthema zu machen. Dies soll die Abgeordneten – per Vorwirkung – schon bei ihrer Entscheidung über die Gesetzesänderung veranlassen, nur vertretbare Erhöhungen zu beschließen. Demgegenüber hatte die Berger-Kommission nach den Vorstellungen ihrer Initiatoren eine ganz andere Funktion. Sie sollte als heimliche Hofkommission die öffentliche Kontrolle nicht aktivieren, sondern einschläfern. Nach der Devise: »Ein so hochkarätig zusammengesetztes Gremium kann doch nichts Schlechtes und Unangemessenes vorschlagen« sollte der Widerstand der Öffentlichkeit verringert werden, zumal auch die Präsidentin des nordrhein-westfälischen Rechnungshofs und der Präsident des bayerischen Steuerzahlerbundes dazu ihren Segen gegeben haben, die von der Öffentlichkeit als »unverdächtige Experten« in Sachen Ministerbesoldung angesehen werden.[114] Die Kommission plädiert zwar auch für den Abbau der Schatteneinkommen, will sie für amtierende Regierungsmitglieder aber mindestens noch bis zum Ende der laufenden Wahlperiode bestehen lassen,[115] also noch drei beziehungsweise dreieinhalb Jahre lang. Das ist nur als Mindestfrist gedacht. Denn die Kommission will die Schatteneinkommen erst bei entsprechender Anhebung der Amtseinkommen abbauen, wann immer es zu einer solchen Anhebung kommt. Das kann jedoch nicht hingenommen werden, denn in Wahrheit müssen die Schatteneinkommen unverzüglich abgebaut werden. Sie sind verfassungswidrig, und die Verfassungswidrigkeit war seit langem bekannt oder doch erkennbar. Das weitere Einstreichen von verfassungswidrigen Leistungen durch Inhaber staatlicher Spitzenämter, die auf die Verfassung vereidigt sind, wäre unerträglich.

Es wurde schon oben bezweifelt, ob die Kommission den Vorschlag, Gesetzesänderungen über die Bezahlung von Regierungsmitgliedern erst zu Beginn der folgenden Legislaturperiode in Kraft treten zu lassen, wirklich ernst meint; eine ernsthafte Änderung des Entscheidungsverfahrens würde Verfassungsänderungen voraussetzen, von denen im Kommissionsbericht nichts steht. Hier drängt sich der Verdacht auf, dass die Kommission den Verfahrensvorschlag vornehmlich zu dem Zweck gemacht hat, die weitere Auszahlung der laufenden Schatteneinkommen bis zum

Ende der Wahlperioden mit einer Scheinbegründung zu legitimieren. Doch solche Leistungen müssen sofort und ohne Wenn und Aber unterbunden werden. Für die Bestimmung des Zeitpunkts, wann eindeutig verfassungswidrige Leistungen zu beseitigen sind, ist das neue Verfahren nicht geschaffen. Wendet man es dennoch darauf an, wandelt sich seine Funktion: Statt die öffentliche Kontrolle zu stärken, wird sie geschwächt und eingeschläfert.

Die vorgeschlagene Erhöhung der Amtsgehälter

Obwohl die (Alters-, Invaliditäts- und Hinterbliebenen-)Versorgung und das Übergangsgeld nach wie vor voll vom Staat finanziert werden und auch die weiteren staatlichen Leistungen erhalten bleiben sollen, wird empfohlen, die steuerpflichtigen Amtsbezüge bayerischer und nordrhein-westfälischer Ministerpräsidenten fast zu verdoppeln, die Bezüge von Ministern um 66 Prozent und die von bayerischen Staatssekretären um 62 Prozent anzuheben. Derartige Erhöhungen wären weit überzogen. Um ihre Vorschläge dennoch scheinbar plausibel begründen zu können, wird im Bericht der Kommission mehrfach getrickst: Der Bericht enthält schwere methodische Mängel; Vergleichsgrößen, die nicht ins vorgefasste Konzept passen, werden unterdrückt oder verfälscht – eine Vorgehensweise, die vielen Kommissionsmitgliedern vielleicht gar nicht bewusst war.

Das Kompensationsargument

Statt die Schatteneinkommen bayerischer und nordrhein-westfälischer Regierungsmitglieder ersatzlos abzubauen, will die Kommission sie durch entsprechende Erhöhungen des steuerpflichtigen Bruttoeinkommens ersetzt wissen. Die Kommission verwendet die Schatteneinkommen also als Argument für eine massive Anhebung der Amtsbezüge: Da bayerische und nord-

rhein-westfälische Regierungsmitglieder ohnehin schon sehr viel mehr erhielten, als gemeinhin bekannt sei, liege eine entsprechende Erhöhung ihrer Amtsgehälter nahe.[116] Damit noch nicht genug. Die Kommission will die Bruttobezüge von bayerischen und nordrhein-westfälischen Ministerpräsidenten und Ministern teilweise noch darüber hinaus anheben (siehe dazu die grafische Darstellung in den Schaubildern im Anhang) und begründet dies mit höheren Einkommen in der Wirtschaft. (Dazu Näheres siehe S. 143 ff.) Doch ein Umtausch illegitimer Leistungen in normales steuerpflichtiges Bruttoeinkommen wäre unanständig, ja sittenwidrig und kann deshalb die Erhöhungsvorschläge der Kommission von vornherein nicht wirklich tragen (dazu Näheres S. 142 f.).
Im Übrigen geht das Kompensationsargument in allen den Fällen an der Wirklichkeit vorbei, wo überhaupt nichts zu kompensieren ist. Selbst wenn man das wertungsmäßige Unbehagen über die Kompensationsidee zurückstellen wollte, trifft die von der Kommission aufgemachte Rechnung allenfalls auf solche Regierungsmitglieder zu, die gleichzeitig ein Abgeordnetenmandat innehaben. Das Kompensationsargument läuft dagegen bei denjenigen Regierungsmitgliedern von vornherein ins Leere, bei denen – mangels Mandat – gar keine Mandatseinnahmen fließen. Solche Fälle sind keine atypischen Ausnahmen, die man bei einer generalisierenden Betrachtung vernachlässigen könnte (siehe S. 27 ff.). In Deutschland insgesamt hat mehr als die Hälfte aller Minister und Senatoren kein Parlamentsmandat inne.
Diesen Sachverhalt verkennt die Kommission, indem sie ausdrücklich von der Annahme ausgeht, »heute (seien) Regierungsmitglieder ... in der Regel gleichzeitig Abgeordnete«.[117] Da diese Annahme eindeutig falsch ist, fällt ein tragender Pfeiler der ganzen Argumentation der Kommission in sich zusammen. Der in München ansässige Kommissionsvorsitzende Roland Berger hatte anscheinend nur die bayerische Regierung vor Augen, in der von achtzehn Regierungsmitgliedern nur eines kein Landtagsmandat besitzt – eine Relation, mit der Bayern aber völlig aus dem üblichen Rahmen fällt (siehe Tabelle 8, S. 224).

Da Regierungsmitglieder ohne Parlamentsmandat weder Diäten noch Kostenpauschale aus dem Mandat erhalten, ist für diese ganze große Gruppe die Argumentation der Berger-Kommission (Umwandlung der Schatteneinkommen aus dem Abgeordnetenmandat in normale steuerpflichtige Bezüge) von vornherein gar nicht schlüssig. Genauso trifft auf alle diese Minister auch die Behauptung der Kommission nicht zu, ihre Einkommen würden durch die Vorschläge der Kommission nicht verändert.[118] Die Realisierung der Berger-Vorschläge würde zum Beispiel für nordrhein-westfälische Minister ohne Mandat – und das ist eben die große Mehrheit – eine Erhöhung der Jahresbezüge von derzeit 334.756 DM[119] auf 500.000 DM, das heißt, um 49 Prozent, bedeuten. Und Nordrhein-Westfalen ist kein Sonderfall. In zwei Ländern (Bremen und Hamburg) hat sogar kein einziger Senator ein Abgeordnetenmandat inne, weil das durch die Verfassung ausdrücklich untersagt ist.
Darüber hinaus haben auch viele Regierungsmitglieder *mit* Mandat nichts zu kompensieren. Denn zahlreiche Länder haben die Schatteneinkommen ihrer Regierungen bereits massiv gesenkt, und zwar *ohne* eine kompensatorische Anhebung der Amtsgehälter. Da die Vorschläge der Berger-Kommission letztlich auch auf den Bund und alle anderen Länder zielen, müsste die vorgeschlagene Erhöhung der Amtsgehälter in vielen anderen Ländern zu gewaltigen Erhöhungen der effektiven Einkommen von Ministerpräsidenten, Ministern und Senatoren führen.

Zur Verfassungsfrage

Ein Eiertanz

Besondere Mühe hat der Kommissionsvorsitzende, unterstützt von verschiedenen Kommissionsmitgliedern, darauf verwendet, Schatteneinkommen nicht als verfassungswidrig zu qualifizieren. Die Kommission schlägt zwar selbst vor, die steuerpflichtigen Diäten für Regierungsmitglieder zu streichen, »da das Regie-

rungsamt das gesamte Engagement der betreffenden Persönlichkeit erfordert«.[120] Die Kommission räumt auch ein, dass steuerfreie Aufwandsentschädigungen von monatlich 6.044 DM (Dienstaufwandsentschädigung und Kostenpauschale) für bayerische Ministerpräsidenten oder von 5.166 DM für nordrhein-westfälische Ministerpräsidenten, von monatlich 5.044 DM für bayerische Minister und 4.544 DM für bayerische Staatssekretäre und von 4.166 DM für nordrhein-westfälische Minister völlig überzogen sind, und will sie deshalb ja auch abgeschafft wissen. Die Kommission scheut die Feststellung der Verfassungswidrigkeit aber wie der Teufel das Weihwasser. Im ganzen Bericht bleibt unausgesprochen, dass die Zulässigkeitskriterien des Bundesverfassungsgerichts nicht erfüllt sind, die derzeitigen Diäten und steuerfreien Pauschalen bayerischer und nordrhein-westfälischer Regierungsmitglieder eindeutig verfassungswidrig sind und von Verfassungs wegen abgebaut werden müssen. Roland Berger hat die Verfassungswidrigkeit sogar ausdrücklich bestritten.[121]
In Wahrheit geht der Kommissionsbericht selbst davon aus, dass zumindest die steuerfreie Dienstaufwandsentschädigung von Regierungsmitgliedern aus Gründen der Verfassungswidrigkeit nicht weiter in der bisherigen Form pauschal erstattet werden kann. Die Dienstaufwandsentschädigung ist, wie die Kommission akribisch auflistet, für eine Reihe von Aufwendungen bestimmt, für die ihre Gewährung verfassungsrechtlich gar nicht zulässig ist, zum Beispiel

- für Aufwendungen für eine repräsentative Wohnung,
- für Aufwendungen für Hausangestellte,
- für Aufwendungen für die Betreuung von Kindern,
- für Aufwendungen für häusliche Arbeitsräume,
- für zusätzlichen Aufwand für gehobene Garderobe.[122]

Für all diese Aufwendungen dürfen keine steuerfreien Leistungen gewährt werden, wie die Kommission unter Berufung auf ein Urteil des Bundesverfassungsgerichts selbst ausdrücklich feststellt.[123] Ganz abgesehen von der Frage der Angemessenheit handelt es sich dabei jedenfalls nicht um *besonderen*, das heißt für die Regierungs- oder Abgeordnetentätigkeit spezifischen Aufwand,[124] sondern um Aufwand, wie er auch sonst in anderen Berufen anfällt, zum Beispiel bei Führungskräften aus Wirtschaft, Wissenschaft, Kultur oder Medien. Zwar nimmt die Kommission das Wort »Verfassungswidrigkeit« nicht in den Mund, aus ihren Darlegungen ergibt sich diese Konsequenz aber ohne weiteres.[125]

Wie und warum die Klärung der Verfassungsfrage verhindert wurde

Die Klärung der verfassungsrechtlichen Fragen wurde in der Kommission geradezu trickreich unterbunden: Nachdem ich das Thema in der Kommission angesprochen und mich auf Bitten einiger Kommissionsmitglieder bereit erklärt hatte, die verfassungsrechtlichen Fragen schriftlich darzustellen, erteilte der Kommissionsvorsitzende Berger nachträglich in eigenmächtiger Weise dem Kommissionsmitglied Peter Badura den Auftrag, die Untersuchung zu erstellen. Baduras Papier geht aber auf die Dienstaufwandsentschädigung von Regierungsmitgliedern und ihre steuerfreie Kostenpauschale aus dem Abgeordnetenmandat überhaupt nicht ein, sondern beschränkt sich auf die Behandlung der steuerpflichtigen Abgeordnetendiäten von Regierungsmitgliedern und ist selbst zu diesem Teilthema unvollständig und voller salvatorischer Klauseln.[126] Gleichwohl erweckt das Badura-Papier den Anschein, die Schatteneinkommen seien verfassungsrechtlich nicht zu beanstanden (und *sollte* diesen Anschein wohl auch erwecken). Nach diesen Trickserein kann ich mich des Eindrucks nicht erwehren, dass Berger (im Zusammenwirken mit bestimmten anderen Kommissionsmitgliedern) gewisse Dinge, die nicht ins vorgefasste Konzept passten, in der Kommission von vornherein nicht thematisiert haben *wollte*.

Die Zurückhaltung der Mehrheit der Kommission gegenüber dem auf der Hand liegenden verfassungsrechtlichen Unwerturteil bezüglich der Schatteneinkommen lässt sich nur politisch erklären;

sie hängt mit dem Bestreben der Kommission zusammen, die Regierungsmitglieder zu schützen. Sobald nämlich die Verfassungswidrigkeit der – gerade in Bayern und Nordrhein-Westfalen besonders hohen – Schatteneinkommen feststeht, wäre es offensichtlich rechtswidrig, dass bayerische und nordrhein-westfälische Regierungsmitglieder sie weiterhin beziehen. Es wäre unerträglich, mit ihrer Beseitigung noch mindestens bis zum Beginn der nächsten Wahlperiode und möglicherweise noch sehr viel länger zu warten.

Die Zurückhaltung der Kommission bei der verfassungsrechtlichen Beurteilung der Schatteneinkommen hängt darüber hinaus mit ihrem Vorschlag zusammen, eine entsprechende kompensatorische Erhöhung vorzunehmen und dabei die steuerfreien Bezüge sogar zu verdoppeln. Problematisch an dieser Rechnung ist – abgesehen davon, dass viele Regierungsmitglieder gar nicht Mitglied des Parlaments sind – bereits, dass Regierungsmitglieder bestimmte, wenn auch erheblich hinter den Pauschalen zurückbleibende, besondere amts- und mandatsbedingte Aufwendungen durchaus haben können und die Kommission selbst vorschlägt, ihnen auf Einzelnachweis entsprechende Erstattungsansprüche zu geben.[127] Von daher ist eine volle Einbeziehung der Pauschalen und ihre Verdoppelung schon nach dem von der Kommission selbst verfolgten Konzept widersprüchlich.

Doch das ist nicht der Haupteinwand. Viel schlimmer ist, dass auf diese Weise eindeutig rechtswidrige Leistungen in rechtmäßige umgewandelt werden sollen. Die steuerfreie Dienstaufwandsentschädigung, die hälftigen Diäten und die steuerfreie Kostenpauschale sind, wie dargelegt, illegitim und verfassungswidrig. Vor diesem Hintergrund ist es schon schlimm genug und für den Bürger schwer nachzuvollziehen, dass bayerische und nordrhein-westfälische Regierungsmitglieder viele Jahre lang verfassungswidrige Schatteneinkommen in gewaltiger Größenordnung erhalten haben.

Allein Edmund Stoiber hat während seiner Amtszeit als bayerischer Staatssekretär (1982 bis 1986), als Minister (1986 bis 1993) und seit 1993 als Ministerpräsident an steuerfreien verfassungswidrigen Pauschalen rund 1,4 Millionen Mark erhalten, was einem zusätzlichen Bruttoeinkommen von etwa 2,8 Millionen Mark entspricht. Wolfgang Clement hat während seiner Amtszeit als nordrhein-westfälischer Minister (1990 bis 1998) und seit 1998 als Ministerpräsident an steuerfreien verfassungswidrigen Pauschalen fast 500.000 DM bezogen, was auf ein zusätzliches Bruttoeinkommen von etwa einer Million Mark hinausläuft. Stoiber, Clement und ihre Kabinette können froh sein, wenn sie diese Summen nicht zurückzahlen müssen; jeder Bürger, der rechtswidrige Leistungen vom Staat erhalten hat, muss diese grundsätzlich zurückerstatten.

Wenn der bisherige Erhalt solcher verfassungswidriger und verschleierter Zusatzeinkommen jetzt umgekehrt auch noch als Argument dafür herhalten muss, die steuerpflichtigen Amtsbezüge entsprechend zu erhöhen (und die bisher steuerfreien Bezüge zu diesem Zweck auch noch verdoppelt werden sollen), so läuft die Kommission Gefahr, als eine Art »Geldwaschanlage« im Dienste bayerischer und nordrhein-westfälischer Regierungsmitglieder geoutet zu werden, die die Funktion hat, rechtswidrige Leistungen in rechtmäßige umzuwandeln. Ein derartiges »Waschen« ist nicht hinnehmbar. Davon ging beispielsweise auch der Gesetzgeber in Niedersachsen aus, als er nicht nur die Abgeordnetendiäten, sondern auch die Kostenpauschale von Regierungsmitgliedern rigoros abbaute, ohne deren steuerpflichtige Amtsbezüge zu erhöhen.

Einkommen in der Wirtschaft

Die Kommission stützt die vorgeschlagenen Erhöhungen der Einkommen von bayerischen und nordrhein-westfälischen Regierungsmitgliedern – neben dem Argument, die Schatteneinkommen müssten kompensiert werden – vor allem auf die vergleichsweise hohen Einkommen von Führungskräften der privaten und (halb-)öffentlichen Wirtschaft.[128] Als Bezugspunkte werden zwar nicht die Einkommen von Vorstandsmitgliedern der allergrößten deutschen Aktiengesellschaften herangezogen, aber doch die von großen.[129]

Ein Vergleich mit dem Gehaltsniveau der Wirtschaft und daraus abgeleitete Anhebungsvorschläge erscheinen jedoch allenfalls vordergründig und auf den ersten Blick plausibel. In Wahrheit lassen sich daraus am allerwenigsten Argumente für die Festlegung eines angemessenen Gehaltsniveaus von Regierungsmitgliedern gewinnen. Gewiss, Politiker müssen finanziell angemessen ausgestattet sein, damit sie möglichst unabhängig sind und nicht nur Reiche sich ein hauptberufliches politisches Mandat leisten können. Das verlangt eine der Bedeutung des Amtes entsprechende Bezahlung, die auch in der Demokratie durchaus ein Vielfaches des Durchschnittseinkommens der Normalbürger betragen kann. Das wird auch der »Mann auf der Straße« ohne Neid anerkennen, wenn er den Eindruck hat, Politiker seien ihr Geld wert und bei der Auswahl der Politiker und der Festlegung ihrer Bezüge gehe es mit rechten Dingen zu. Es ist aber sachlich unangebracht, die Einkommen von hochbezahlten Wirtschaftsbossen als Maßstab zu nehmen. Für Politiker gelten nun einmal völlig andere Kriterien:

- Die Wahrnehmung von staatlichen Ämtern soll nach den verfassungsrechtlichen Grundlagen der rechtsstaatlichen Demokratie immer auch gemeinwohlorientierter Dienst an der Gemeinschaft sein. Im Vordergrund soll das Leben *für* die Politik stehen, das durch angemessene finanzielle Bezahlung ermöglicht werden muss, nicht aber das Leben *von* der Politik. Für Personen, die um möglichst hoher Einkommen willen in die Politik gehen, dieses Verhältnis von Amtsaufgabe und Besoldung also umkehren, ist in unserem verfassungsrechtlichen Bild kein Platz.
- Für die meisten Menschen fällt die Entscheidung, ob sie »in die Politik gehen«, in den jungen Jahren. Aus der Perspektive junger Leute sind Politikereinkommen in Deutschland aber keineswegs abschreckend niedrig. Dagegen sind für wirkliche

Quereinsteiger oft andere Motive als die Einkommenshöhe viel wichtiger, als dies Unternehmensberatern erscheinen mag. Gerade für besonders erfolgreiche und fähige Leute aus der Wirtschaft und anderen politikfernen Bereichen, die wirtschaftlich ausgesorgt haben, ist ein Ministeramt und die dadurch gegebene Möglichkeit, sich ehrenvoll und öffentlich für die Allgemeinheit zu engagieren, eine Herausforderung, bei der andere Motive als der Erwerb eines möglichst hohen Einkommens oft völlig überwiegen dürften. (Zur Frage, inwieweit Außenseitern in Deutschland von »der Politik« solche Chancen wirklich geboten werden, siehe sogleich.) Derartige Aktivitäten »tragen, um eine etwas abgenutzte Redensart zu gebrauchen, ihren Lohn in sich selbst«. Insofern ist der klassische römische Satz *Das Amt ist der Lohn des Amtes* auch heute keineswegs überholt. Hier zeigt sich, »wie begrenzt die ›ökonomische‹ Perspektive« für unser Thema ist und wie wenig eine reine »Buchhalter-Mentalität« der Problematik gerecht wird.[129a]

- Politikerbezüge speisen sich aus öffentlichen, von den Steuerzahlern zwangsweise erhobenen Mitteln, denen – anders als Gelder in der privaten Wirtschaft – eine enge Gemeinwohlbindung anhaftet. Schon gar nicht können Auswüchse in der Privatwirtschaft oder der öffentlichen Wirtschaft Vorbild für den öffentlichen Amtsbereich sein. Wenn Berger und von Hohenhau andauernd die gängige Formel wiederholen, Spitzenpolitiker dürften doch nicht weniger als der Direktor einer kommunalen Sparkasse verdienen,[130] so ist dieser Vergleich höchst unangebracht. Übrigens: Selbst wenn man eine Verzerrung der Gehälter zugunsten von Sparkassendirektoren annimmt, fragt sich doch, welches die eigentliche Ursache dafür ist. Es könnte ja sein, dass Sparkassendirektoren weit überbezahlt sind und ihr Gehalt vernünftigerweise gesenkt werden müsste. Die Führungspositionen der Sparkassen werden nicht selten politisch besetzt. Die Anforderungen an die Qualifikation stehen oft in keinem Verhältnis zur Höhe der Bezüge, was dadurch meist weniger auffällt, dass Sparkassen einen großen Vorsprung im Wettbewerb mit privaten Banken haben, weil sie sich kraft der so genannten Gewährsträgerhaftung der Kommunen deutlich billiger refinanzieren können.

- Über die Bezüge von Politikern entscheidet die politische Klasse letztendlich selbst.
- Die vorstehenden Erwägungen werden dadurch voll bestätigt, dass Politiker in vergleichbaren anderen westlichen Demokratien nicht besser gestellt sind als ihre deutschen Kollegen, sondern schon jetzt eher schlechter.
- Ebenso wenig sind Umfragewerte über besonders hohe Wochenarbeitszeiten von politischen Führungskräften als Argumente für eine Anhebung von Politikerbezügen zu verwenden, wie die Kommission dies aber tut.[131] Ganz abgesehen davon, dass solche Erhebungen auf Eigenangaben der Betroffenen beruhen und deshalb ein erheblicher »Übertreibungseffekt« zu vermuten ist, sind in die Arbeitszeit von Politikern auch reine Parteitätigkeiten eingerechnet, die auch sonst nicht bezahlt werden. Ein Fraktionsvorsitzender einer Partei etwa im Speyerer Stadtrat dürfte eine wöchentliche Arbeitszeit (für Partei- und Fraktionsaufgaben) von 20 bis 30 Stunden haben, *ohne* dass er dafür bezahlt wird.[131a]
- Politische Ämter, auch die von Spitzenpolitikern, werden nicht nach einer vom Markt bewerteten Leistung, sondern nach politischen Kriterien vergeben. In der Praxis sieht das so aus, dass ein gewisser Teil der Landtagsabgeordneten (oder anderer Politiker) aufgrund ihrer Fähigkeiten und ihres repräsentativen Auftretens als »ministrabel« gilt; darin liegt aber nur eine notwendige, keine hinreichende Voraussetzung. Im Übrigen werden die Minister nach Gesichtspunkten der Macht, des (parteiinternen, regionalen und geschlechtsspezifischen) Proporzes und nach verschiedenen anderen politischen Kriterien ausgewählt. Die hervorragende persönliche und sachliche Qualifikation des Kandidaten spielt auf dieser Ebene regelmäßig nicht mehr die entscheidende Rolle. Jeder in der

Politik Erfahrene weiß doch, dass Max Webers berühmtes Wort, Parteien gehe es in der Regel mehr um Ämter als um sachliche Ziele, exakt die bundesrepublikanische Praxis trifft und dass bei der Ämterverteilung die parteiinternen Kräfteverhältnisses eine zentrale Rolle spielen. Ein Beispiel unter hunderten, von denen die Medien voll sind, war die Regierungsbildung in Berlin Ende 1999. Dort musste die tüchtige SPD-Finanzsenatorin Fugmann-Hesing den Hut nehmen, nur damit der SPD-Landesvorsitzende Strieber seinen Senatsposten behalten konnte. Manfred Lahnstein, der frühere Bundesfinanzminister, hat seine jahrzehntelange innerparteiliche Erfahrung auf die Formel gebracht: »Parteiinterne Strukturen entscheiden darüber, wer ein öffentliches Amt übernimmt und wer nicht. So einfach ist das. Da hat ein Parteivorsitzender natürlich bessere Karten als eine noch so ausgewiesene Fachfrau.«[132]

Demgegenüber entwirft die Kommission in kaum zu übertreffender Naivität ein Idealbild des Ministers und will die Besoldung an diesem Bild ausrichten, als ob man mit höherer Besoldung die parteiinternen Auswahlmechanismen zum Besseren verändern könnte. Die Vorschläge der Kommission würden Sinn machen, wenn wir einen offenen Personalmarkt hätten, in dem Qualität und Leistung sich durchsetzen; für Führungskräfte der Wirtschaft mag es diesen Personalmarkt geben, in der Politik aber fehlt es daran: Regierungsstellen werden nun mal nicht ausgeschrieben. Die von privatwirtschaftlichen Gegebenheiten geprägte Perspektive von Wirtschafts- und Personalberatern lässt sich – darüber besteht unter Kennern kein Zweifel – in gar keiner Weise auf die Vergabe von politischen Führungspositionen übertragen. Folglich laufen die Vorschläge der Kommission darauf hinaus, Minister nach einem idealisierten Wunschbild zu bezahlen, ohne Rücksicht darauf, ob sie diesem Bild wirklich entsprechen. In der Methodenlehre nennt man solche den Gegebenheiten nicht entsprechende, auf Wunschbildern beruhende Konzepte »Nirwana-Ansätze«.

Die Weltfremdheit dieser Argumentation lässt sich am Beispiel des Ministerpräsidenten darstellen, dessen Gehalt nach der Kommission ja am allerstärksten steigen soll: Dass Seiteneinsteiger sich um das Amt des Ministerpräsidenten chancengleich bewerben könnten, erscheint von vornherein abwegig, wie hoch das Gehalt der Ministerpräsidenten auch immer bemessen würde. Ohne langjährige »Ochsentour« geht es nicht. Nur wer sich jahrzehntelang innerhalb der Partei hochgedient und die erforderlichen innerparteilichen Bataillone hinter sich gebracht hat, hat im Allgemeinen eine Chance auf höhere von den Parteien zu vergebende Ämter. Genau diese Voraussetzungen bringen Außenseiter aber nicht mit, weshalb sie im Allgemeinen so lange keine Chance haben, wie das bisherige Rekrutierungs- und Auswahlverfahren für politische Ämter nicht grundlegend geändert wird.

Diese Fragen werden von der Kommission nicht einmal im Ansatz thematisiert. Ohne die erforderlichen Änderungen im Auswahlverfahren laufen Gehaltserhöhungen, wie die Kommission sie vorschlägt, auf eine zusätzliche Prämie für die im parteiinternen Kampf ohnehin Erfolgreichen hinaus; sie laufen darauf hinaus, dass parteiintern noch erbitterter um die Kandidaturen gerungen wird und Außenseiter erst recht keine Chance erhalten. Vor dem Hintergrund dieser Gegebenheiten mutet die Behauptung Roland Bergers, die sich auch im Kommissionsbericht niedergeschlagen hat, die vorgeschlagenen Erhöhungen, besonders für Ministerpräsidenten, führten dazu, dass »die besten Köpfe des Landes«[133] gewonnen würden, naiv und blauäugig an. Dabei wird ignoriert, dass die politische Vermachtung der »Märkte« für politische Führungskräfte Außenseitern den Zutritt regelmäßig versperrt.

- Die Unvergleichbarkeit von Bezügen in der privaten Wirtschaft und im staatlichen Bereich ergibt sich auch aus folgender Erwägung: Folgte man der Kommission und erhöhte man im Hinblick auf höhere Einkommen in der Wirtschaft die Amtsgehälter von bayerischen und nordrhein-westfälischen

Regierungsmitgliedern in der vorgeschlagenen drastischen Weise, so ließe sich in zehn Jahren eine erneute Verdoppelung mit einer ganz ähnlichen Argumentationsweise scheinbar begründen. Man brauchte dann nur eine höhere Einkommenskategorie aus der Wirtschaft zum Vergleich heranzuziehen, als dies die Kommission jetzt getan hat. Oder ist, um in der zweifelhaften Logik der Kommission zu bleiben, der deutsche Bundeskanzler nicht mindestens ebenso wichtig wie der Vorstandsvorsitzende von DaimlerChrysler? Anders ausgedrückt: Wie hoch auch immer man die Gehälter von Spitzenpolitikern festsetzt, es wird immer Wirtschaftsbosse geben, die noch erheblich mehr verdienen, und mit welcher Gehaltskategorie von Topmanagern man Regierungschefs und Minister vergleicht, ist willkürlichem Belieben weitgehend anheimgestellt, eben weil sich aufgrund der völligen Verschiedenheit keine vernünftigen gemeinsamen Nenner finden lassen. Man kann nun mal Äpfel nicht mit Birnen vergleichen. Demzufolge mutet der von der Kommission angestellte Versuch, über die Umsatzgrößen in der Wirtschaft und das Haushaltsvolumen des Staates und die Zahl der Beschäftigten einen gemeinsamen Nenner zu finden, geradezu lächerlich an. Hier waren offenbar Wirtschaftsberater am Werk, die bei ihren Versuchen des »benchmarking« auch Unpassendes passend zu machen gewohnt sind.

Auslassen nahe liegender Vergleichsgruppen

Um den Vergleich mit der privaten Wirtschaft vordergründig aufrechterhalten zu können, unterschlägt oder verfälscht die Kommission andere nahe liegende Vergleichsgruppen, welche die mangelnde Tragfähigkeit ihrer ganzen Argumentation offenbaren: Unterschlagen wird der Vergleich mit den Einkommen von Regierungsmitgliedern anderer Bundesländer. Unerwähnt bleibt, dass die Schatteneinkommen in Niedersachsen und Hessen weitgehend abgebaut wurden und bayerische Minister deshalb monatlich um rund 14.000 DM höhere Bruttoeinnahmen haben als niedersächsische oder hessische Minister »de Luxe« (siehe S. 42 ff.). Wollte man den niedersächsischen Ministerpräsidenten auf das von der Kommission vorgeschlagene Gehaltsniveau bringen, müsste man seine aktuellen Gesamteinnahmen um 294.874 DM (= 83 Prozent) erhöhen (siehe Schaubild 2).

Nicht behandelt werden auch die Verzerrungen der Bezüge von Mitgliedern der bayerischen und nordrhein-westfälischen Landesregierungen im Vergleich zur Bundesregierung. Schon gar nicht erfolgt eine Auseinandersetzung damit. Wie dargelegt, sind die Brutto-Amtsbezüge nordrhein-westfälischer und bayerischer Minister jetzt schon höher als die von Bundesministern – ein abwegiges Ergebnis vor dem Hintergrund, dass Mitglieder der Bundesregierung ein sehr viel größeres Maß an Kompetenz und Verantwortung haben (siehe S. 45 f.). Doch dieses Thema blieb wie andere Argumente, die nicht in die Richtung des von der Kommission angestrebten Ergebnisses passen, im Bericht ausgeblendet.

Auch die Verzerrung der Gehälter von bayerischen und nordrhein-westfälischen Ministern im Vergleich zu Oberbürgermeistern von Großstädten (siehe S. 47 f.) wurde im Kommissionsbericht unterschlagen. Das ist umso weniger nachzuvollziehen, als Oberbürgermeister nach den von der Kommission selbst gesetzten Kriterien für die wahrgenommene Verantwortung (Zahl der Mitarbeiter und Budgetvolumen) mit bayerischen und nordrhein-westfälischen Landesministern auf gleicher Stufe stehen.

Genauso bleibt der Vergleich der Einnahmen bayerischer Minister mit denen von beamteten Staatssekretären und Rechnungshofpräsidenten im Wesentlichen unerörtert. Auch dieser Vergleich passt nicht in die von der Kommission anvisierte Linie. Im Bericht findet sich lediglich der Hinweis, bayerische Staatssekretäre »verdienten« etwa doppelt so hohe Einnahmen wie Staatssekretäre und andere beamtete Amtsleiter von Ministerien, weil sie »Kabinettsrang und damit Kabinettsverantwortung« trügen. Doch ist, wie dargelegt, dieser Kabinettsrang gerade das Problem, ganz abgese-

hen davon, dass die ganze Institution des bayerischen Staatssekretärs sich sachlich eigentlich gar nicht rechtfertigen lässt (siehe S. 101 ff.).
Auch ein Vergleich mit Einkommen hoher Richter bis hin zur Präsidentin des Bundesverfassungsgerichts (siehe S. 49 f.) findet sich im Kommissionsbericht nicht. Auch dieser Vergleich bestätigt, dass die Einnahmen bayerischer und nordrhein-westfälischer Regierungsmitglieder »de Luxe« schon jetzt zu hoch sind, und passt deshalb nicht in die generelle Kommissionslinie.

Verfälschung des internationalen Vergleichs

Die Kommission nimmt zwar einen internationalen Vergleich vor, verschleiert aber, dass die Ministerpräsidenten von Bayern und Nordrhein-Westfalen mit ihren Einnahmen weit vor vergleichbaren Gehältern der meisten ausländischen Regierungschefs liegen, obwohl es sich dabei um Regierungschefs von Zentralstaaten handelt, mit deren Kompetenzen und Verantwortungsbereich sich deutsche Ministerpräsidenten als Chefs von Regionalstaaten gar nicht messen können.
Die Feststellung, »die Höhe der Bezüge in den deutschen Ländern« bewege sich »im Mittelfeld der Vergleichsgruppe« (so wörtlich der Kommissionsbericht),[134] ist unrichtig und wird nur dadurch scheinbar plausibel, dass der Vergleich im Kommissionsbericht schief angestellt wird. Denn für Deutschland werden nicht die Bezüge bayerischer und nordrhein-westfälischer Ministerpräsidenten angegeben, die im Mittel 329.071 DM betragen. Stattdessen werden im Kommissionsbericht nur 249.041 DM angesetzt, also rund 80.000 DM zu wenig. Dieser Betrag soll sich – wie die entsprechende Tabelle im Kommissionsbericht[135] (wiedergegeben im Anhang als Tabelle 4, S. 219) signalisiert – als Durchschnitt der steuerpflichtigen Amtsbezüge der *Ministerpräsidenten* aller deutschen Bundesländer (ohne Hamburg und Bremen) ergeben. Auch das trifft nicht zu. Es handelt sich, wie eine Kontrollrech-

nung ergibt, in Wahrheit um den Durchschnitt der steuerpflichtigen Amtsbezüge der *Minister* (nicht der Ministerpräsidenten) aller Bundesländer (ohne Bremen und Hamburg). Dieser Betrag ist unter anderem deshalb besonders niedrig, weil einerseits auch die abgesenkten Bezüge der Regierungsmitglieder der fünf östlichen Bundesländer in den Durchschnitt eingehen und andererseits die besonders hohen Bezüge Hamburger Senatoren ausgeschlossen werden.

Auch beim Vergleich der steuerfreien Amtsbezüge zieht die Kommission nicht die Dienstaufwandsentschädigungen von bayerischen und nordrhein-westfälischen Ministerpräsidenten heran, die 27.600 DM jährlich (= 2.300 DM monatlich) betragen und damit höher sind als in allen anderen Bundesländern und sogar höher als die Dienstaufwandsentschädigung des Bundeskanzlers. Stattdessen führt die entsprechende Tabelle im Kommissionsbericht einen Wert von 9.336 DM auf, der offenbar wiederum den Durchschnitt der Dienstaufwandsentschädigungen von Ministern aller Bundesländer (ohne Hamburg und Bremen) wiedergeben soll. Hier setzt die Kommission also weitere 18.264 DM zu wenig an und damit nur etwa ein Drittel des eigentlich in Betracht kommenden Vergleichswerts. Aufgrund dieser Schieflage werden jährliche Amtsbezüge von insgesamt 258.377 DM angesetzt, statt richtigerweise 356.671 DM, also 98.294 DM zu wenig (siehe Tabelle 4, S. 219). Anders ausgedrückt: Methodisch korrekt hätte die Kommission den Wert um 38 Prozent höher ansetzen müssen, als sie dies getan hat; daraus ergibt sich, dass bayerische und nordrhein-westfälische Ministerpräsidenten (auch ohne Schatteneinkommen) in der Spitzengruppe liegen.

Hinzu kommt eine weitere Verzerrung: Auch bei den Bezügen aus einem parallelen Abgeordnetenmandat werden statt 97.536 DM jährlich[136] – das ist der Jahresbetrag, den bayerische und nordrhein-westfälische Minister an Abgeordneteneinkommen im Durchschnitt erhalten – nur 62.500 DM angesetzt. Bei methodisch korrektem Vorgehen muss also ein um 51 Prozent höherer Betrag angesetzt werden. Insgesamt werden für die deutschen Vergleichspersonen 130.430 DM zu wenig angegeben: statt 454.208 DM lediglich 320.877 DM.

Die Vorschläge zur Altersversorgung

Aufrechterhaltung eines Privilegs

Nach dem Vorschlag der Kommission soll das Land 20 Prozent des Amtsgehalts von Regierungsmitgliedern für deren Versorgung zurücklegen. Dieser Betrag soll jedoch nicht vom erhöhten Amtsgehalt abgezogen werden, obwohl die Kommission ihre Vorschläge derart missverständlich präsentiert hat, dass sie von den Medien teilweise in diesem Sinne verstanden worden ist (möglicherweise wollte der Vorsitzende sogar so verstanden werden); der 20-prozentige Versorgungszuschlag soll vielmehr zum erhöhten Amtsgehalt hinzukommen. Diese allein vom Staat finanzierten festen Beträge sollen »in einem gesonderten Topf«[137] angesammelt werden, aus dem die Versorgung zu bezahlen ist. Die Versorgung besteht aus den üblichen Bestandteilen Ruhegehalt, Hinterbliebenenversorgung und Invaliditätsversorgung im Falle der Dienstunfähigkeit.[138] Der Versorgungsanspruch entsteht nach einer Amtsdauer des Regierungsmitglieds von mindestens fünf Jahren und frühestens mit vollendetem 60. Lebensjahr. Um – angesichts der vorgeschlagenen gewaltigen Erhöhung der Amtsgehälter – ein allzu starkes Steigen des Ruhegehalts zu verhindern, schlägt die Kommission vor, für das Ruhegehalt eine Obergrenze in Höhe von 40 Prozent des Amtsgehalts festzulegen.[139] Dem Kommissionsvorschlag zufolge würde die Höhe der Versorgung nicht nur von der Dauer der Amtszeit abhängig sein, sondern außerdem davon, wie alt der Berechtigte in der Phase ist, in der die Rücklagen für ihn vorgenommen werden. So könnte ein bayerischer Minister, der die fünf Amtsjahre unmittelbar vor dem Ausscheiden aus dem Amt mit 60 Jahren absolviert hat, mit monatlichen Amtsbezügen von 2.784 DM rechnen – erheblich weniger als

die 7.950 DM, die er unter gleichen Bedingungen nach dem bisherigen System erwarten kann.[140]
Da der Kommissionsvorsitzende bei Präsentation der Vorschläge stets nur diesen Fall angeführt hatte,[141] musste in der Öffentlichkeit der Eindruck entstehen, die Vorschläge führten insgesamt zu einer Senkung der Altersversorgung,[142] was aber nicht der Fall ist. Denn je jünger das Regierungsmitglied während seiner Amtszeit war, desto höher sind – aufgrund des Verzinsungseffekts – die Ansprüche, welche ehemalige Regierungsmitglieder ab dem Alter 60 erwarten können. So können sich Versorgungsansprüche ergeben, die leicht auch *höher* sein können als die nach geltendem Recht.[143]
Von Transparenz, auf die die Kommission sich bei ihren Vorschlägen beruft (siehe S. 164 f.), kann hier nicht die Rede sein: Die Regierungsmitglieder wüssten bei Realisierung der Vorschläge der Kommission zwar, was für sie eingezahlt wird, nicht aber, welche Versorgungsansprüche am Ende für sie herauskommen. Das zu ermitteln verlangt komplizierte Berechnungen, was eben gerade das Gegenteil von Transparenz darstellt.
Darüber hinaus stellt die Kommission dem Gesetzgeber ausdrücklich anheim, einen »Mindestbetrag für das Ruhegehalt« festzulegen.[144] Das oben genannte Extrembeispiel, bei dem Minister nach fünf Amtsjahren »nur« 2.784 DM monatlich erhalten, könnte dann gar nicht vorkommen. Auch dieser Vorschlag wurde bei der öffentlichen Präsentation verschwiegen, obwohl kaum zu erwarten ist, dass ein in eigener Sache entscheidender Gesetzgeber diese »Steilvorlage« der Kommission ungenutzt lassen wird.
Im Blick zu behalten ist auch eine weitere Gestaltungsmöglichkeit: Werden die 20 Prozent des Amtsgehalts in bestimmter Weise angelegt und die Versorgung auf bestimmte Art ausgestaltet, so könnten die Leistungen an ehemalige Regierungsmitglieder in steuerlichem Sinne als »Leibrente« zu qualifizieren sein mit der Folge, dass dann nur ein kleiner Teil der Versorgungsleistungen zu versteuern wäre.
Aber selbst wenn eine volle nachgängige Besteuerung erfolgte, ist diese regelmäßig günstiger, als wenn bereits die Beiträge der Einkommensteuer unterlägen, und zwar aus mehreren Gründen:

- Das Ruhegehalt ist regelmäßig sehr viel niedriger als das Aktivengehalt, entsprechend niedriger ist – bei progressivem Steuersatz – auch die Steuerbelastung.
- Im Zuge der Globalisierung ist mittel- und langfristig mit einer generellen Senkung der Einkommensteuersätze zu rechnen. Je später die Besteuerung zugreift, desto günstiger wirkt sich dies für die Berechtigten aus.

Der Vorschlag der Kommission bedeutet mithin eine doppelte Privilegierung der Regierungsmitglieder gegenüber normalen Bürgern:

- Regierungsmitglieder brauchen keine eigenen Beiträge für ihre Versorgung zu bezahlen,
- die Beiträge, die das Land für sie entrichtet, sind einkommensteuerfrei.

Während Freiberufler, Gewerbetreibende und sonstige Selbständige ihre Versorgung selbst finanzieren müssen und normale Arbeitnehmer mit ihren Beiträgen zur Rentenversicherung immerhin einen erheblichen Finanzierungsanteil leisten, ist dies bei Regierungsmitgliedern bisher nicht der Fall. Statt dieses Versorgungsprivileg aufzuheben, will die Kommission es beibehalten. Sie sucht diesen Umstand allerdings zu verbergen, indem sie in ihrem Bericht eingangs behauptet, Regierungsmitglieder sollten in Zukunft einen »Altersversorgungsbeitrag (in Anlehnung an Rentenversicherung und private Vorsorge)« leisten.[145] Dementsprechend hat das Kommissionsmitglied von Hohenhau öffentlich verkündet, die vorgeschlagene Versorgung solle aus Arbeitgeber- und Arbeitnehmerbeiträgen finanziert werden, wie bei anderen Bürgern auch.[146] Doch das ist gezieltes Schönreden der eigenen Vorschläge, um diesen bessere Akzeptanz in der Öffentlichkeit zu verschaffen. Eigene Beiträge der Regierungsmitglieder sind in Wahrheit gar nicht vorgesehen, was die Kommission wiederum mit der Bemerkung zu kaschieren sucht, »der Verzicht auf eigene

Beiträge aus zu versteuerndem Einkommen (entsprechend dem Arbeitnehmeranteil von rund 10 Prozent in der gesetzlichen Rentenversicherung) [werde] bei der Bemessung der künftigen Amtsbezüge mindernd berücksichtigt«.[147] Das soll wohl heißen, im Falle von eigenen Beiträgen der Regierungsmitglieder hätten die Amtsgehälter nach Auffassung der Kommission noch weiter erhöht werden müssen, also über die vorgeschlagene Höhe von 650.000 DM (Ministerpräsident), 500.000 DM (Minister) und 450.000 DM (bayerische Staatssekretäre) hinaus.

Dass die Kommission nicht vorgeschlagen hat, Regierungsmitglieder sollten ihre Versorgung aus ihrem erhöhten Amtsgehalt selbst finanzieren, beruht auch auf steuerlichen Erwägungen. Würden Regierungsmitglieder nämlich selbst Beiträge zu ihrer Versorgung entrichten, müssten sie dies im Wesentlichen aus versteuertem Einkommen tun. Es gibt zwar steuerliche Freibeträge für Versorgungsaufwendungen; diese sind aber eng begrenzt und würden bei den hohen Beträgen, die die Kommission für Regierungsmitglieder vorschlägt, nur einen Bruchteil der Beiträge erfassen. Die Vorschläge der Kommission sind so konzipiert, dass sie Regierungsmitgliedern dieses steuerliche Privileg erhalten. In den Genuss einer prinzipiell ähnlichen Regelung kommen zwar auch Beamte und Richter. Doch das Privileg fiele für Regierungsmitglieder – angesichts des sehr viel höheren Volumens, um das es bei ihnen geht – sehr viel stärker ins Gewicht.

Die Kommission begründet ihren Vorschlag auch mit verfassungsrechtlichen Erwägungen. Nach den Verfassungen von Bayern und Nordrhein-Westfalen ist Regierungsmitgliedern »Ruhegehalt und Hinterbliebenenversorgung« zu gewähren. Es sei deshalb unzulässig, es den Regierungsmitgliedern zu überlassen, aus ihrem erhöhten Amtsgehalt selbst ihre Versorgung zu finanzieren.[148] Über diese Auslegung mag man streiten. Sicher aber ist, dass die Verfassungsvorschriften geändert werden können und – angesichts der angestrebten grundlegenden Systemänderung der Bezahlung und Versorgung von Regierungsmitgliedern –, falls nötig, auch geändert werden sollten.

Abgeordnetenversorgung und Ministerversorgung

Die Kommission empfiehlt, Regierungsmitgliedern, die gleichzeitig Abgeordnete sind, zwar ihre Diäten und ihre Kostenpauschale zu streichen, nicht aber ihre Versorgungsansprüche aus dem Mandat. Eine Verrechnung mit der Ministerversorgung ist nur vorgesehen, wenn die Abgeordnetenversorgung »während der Regierungszeit erworben« wird.[149] Vor und nach der Wahrnehmung eines Regierungsamts erworbene Alterssicherungsansprüche sollen dagegen nicht angerechnet, sondern in vollem Umfang erhalten werden.[150] Das bedeutet, dass Regierungsmitglieder in folgenden drei Fallgruppen in den Genuss der Versorgung aus einem Abgeordnetenmandat kommen:

- Die *vor* Beginn des Regierungsamts erworbenen Ansprüche auf Abgeordnetenversorgung bleiben ungekürzt erhalten. Hat zum Beispiel ein bayerischer Minister siebeneinhalb Jahre (und einen Tag) ein Mandat innegehabt, bevor er Staatssekretär oder Minister wurde, und übt er dieses Amt dann mindestens fünf Jahre lang aus, so erhält er später beides: die Versorgung aus dem Amt und zusätzlich die ungekürzte Versorgung aus dem Mandat, die derzeit 3.540 DM beträgt.
- Die *nach* Ende des Regierungsamts erworbenen Ansprüche auf Abgeordnetenversorgung bleiben ebenfalls ungekürzt erhalten.
- Auch die *während* des Regierungsamts erworbenen Versorgungsansprüche aus dem Mandat können natürlich nur dann mit einem Versorgungsanspruch aus dem Regierungsamt verrechnet werden, wenn ein solcher überhaupt entsteht. Das bedeutet: Solange das Regierungsmitglied noch nicht die erforderlichen fünf Jahre im Amt ist, um einen Anspruch auf Regierungspension zu erwerben, erhöht die gleichzeitig absolvierte Parlamentszeit den ungekürzten Anspruch auf Abgeordnetenversorgung. Wie das zu rechtfertigen sein soll, nachdem die Kommission selbst davon ausgeht, dass ein Regierungsmit-

glied praktisch nichts mehr für sein Abgeordnetenmandat tut (siehe S. 139 f.), bleibt ihr Geheimnis.

Die von der Kommission vorgeschlagene Regelung kann in den beiden ersten Fallgruppen zu einer unangemessenen Versorgungskumulation führen, ohne dass die Kommission diese Fragen auch nur thematisiert.

Sonderversorgung für Minister aus dem öffentlichen Dienst

Die Kommission will an der Altersversorgungs-Sonderregelung für Regierungsmitglieder aus dem öffentlichen Dienst offenbar nichts ändern.[151] Danach kann ein Minister, der vorher Beamter oder Richter war, nach Beendigung des Ministeramts – unabhängig von seinem Lebensalter – aus dem früheren Beamten- oder Richterverhältnis dasjenige Ruhegehalt verlangen, das er im Beamten- oder Richterverhältnis »unter Hinzurechnung der Amtszeit als Mitglied der Staatsregierung erdient hätte«.[152]
Das läuft auf eine Privilegierung von Ministern aus dem öffentlichen Dienst hinaus, weil diese auch dann versorgt sind, wenn sie vor Erreichen der fünf Amtsjahre wieder aus dem Ministeramt ausscheiden, die Voraussetzung für den Erwerb einer Ministerpension sind.

(Nicht-)Anrechnung von Beamtenpensionen und privaten Einnahmen

»Für die Anrechnung«, so heißt es im Kommissionsbericht, werde »weitgehend eine Beibehaltung der heute gültigen Regelungen vorgeschlagen.«[153] Diese Behauptung trifft nicht zu. In Wahrheit kommt es zu Ergebnissen, die für die Betroffenen sehr viel günstiger sind als bisher. Denn es sollen erstens »vor und nach der Wahrnehmung eines Regierungsamts erworbene Alterssicherungsansprüche« erhalten bleiben und »nicht angerechnet werden«.[154] Vor Beginn oder nach Ende des Regierungsamts erworbene *Beamtenpensionen* sollen also – anders als nach bisherigem Recht[155] – nicht mehr mit der Ministerversorgung verrechnet werden. Zweitens würde auch der Effekt der Anrechnung *privater Einkommen* auf die Ministerpension aufgrund der von der Kommission vorgeschlagenen Neuregelung drastisch verringert. Formal soll es zwar bei den bisherigen Anrechnungsregelungen bleiben. Private Erwerbseinkommen, die ein früheres Regierungsmitglied bezieht, sollen bis zum vollendeten 65. Lebensjahr angerechnet werden, soweit sie zusammen mit der Pension die früheren Amtsbezüge übersteigen.[156] Doch wenn – entsprechend den Vorschlägen der Kommission – die Amtsbezüge von Regierungsmitgliedern auf 650.000 DM, 500.000 DM oder 450.000 DM steigen, also um 97, 66 oder 62 Prozent, verändern sich die Bezugsgrößen völlig. Dann könnten ehemalige Regierungsmitglieder, selbst dann, wenn sie die von der Kommission vorgesehene Höchstpension von 40 Prozent der Amtsbezüge erhalten, noch private Erwerbseinkommen in Höhe von 60 Prozent der Amtsbezüge ohne jede Anrechnung hinzuverdienen. Dann könnten ehemalige Ministerpräsidenten bis zu 390.000 DM, ehemalige Minister bis zu 300.000 DM und ehemalige bayerische Staatssekretäre bis zu 270.000 DM privat dazuverdienen, ohne dass ihre Pension in Höhe von 260.000 DM (Ministerpräsident), 200.000 DM (Minister) oder 180.000 DM (bayerische Staatssekretäre) auch nur um eine Mark gekürzt würde. Zum Vergleich: Nach bisher geltendem Recht würde etwa einem ehemaligen bayerischen Ministerpräsidenten, der seine Höchstpension von derzeit 242.495 DM[157] erworben hätte und 390.000 DM privat hinzuverdient, fast die gesamte Pension einbehalten; ihm bliebe von der Pension nur ein Rest von 20 Prozent (= 48.499 DM), so dass er auf ein Gesamteinkommen von 438.499 DM käme, während nach den Vorschlägen der Kommission derselbe ehemalige Ministerpräsident mit demselben privaten Einkommen von 390.000 DM mangels Anrechnung ein Gesamteinkommen von vollen 650.000 DM erhielte.

Die von der Kommission vorgeschlagene Anrechnungsregelung bekommt der Sache nach also einen völlig anderen Effekt, weil sie erst bei sehr viel höheren privaten Erwerbseinkommen greift. Der eingangs zitierte Satz aus dem Kommissionsbericht, die Anrechnungsvorschriften blieben weitgehend wie bisher, führt die Öffentlichkeit hinters Licht.

Halber Wert der vorgeschlagenen Ministerversorgung?

Die von der Kommission entwickelten Vorschläge zur Versorgung erfolgen nach ihren eigenen Worten (unter anderem) »in Anlehnung an (die) Rentenversicherung« (siehe S. 155). Doch welcher Rentenversicherte bekommt seine vollen Beiträge vom Arbeitgeber bezahlt – und dann auch noch in einer Größenordnung von 130.000 DM (Ministerpräsidenten) oder 100.000 DM (Minister) oder 90.000 DM jährlich (bayerische Staatssekretäre)?
Dies ist die Größenordnung für die jährlichen Rückstellungen, die das jeweilige Land für die Altersversorgung vornehmen soll. Dennoch setzt die Kommission bei der Berechnung des Werts der Versorgungszusage nur die halben Beträge an, also 65.000 DM für Ministerpräsidenten, 50.000 DM für Minister und 45.000 DM für bayerische Staatssekretäre.[158] Dadurch werden optisch geringere Aufwendungen des Landes für die von der Kommission vorgeschlagene Altersversorgung der Regierungsmitglieder suggeriert. Die Halbierung überrascht. Eher hätte man nach der sonst von der Kommission angewendeten Methode eine Verdoppelung erwartet, denn die staatlichen Zuwendungen für die Altersversorgung laufen ja an der Steuer vorbei (siehe S. 155). Die Kommission begründet die Halbierung damit, die Versorgungsleistungen unterlägen später der Anrechnung, und dann heißt es wörtlich: »Die nicht ausgeschöpften Gelder (also etwa die Hälfte der Beiträge) fließen entsprechend wieder an das Land zurück.«[159]
Dieser Ansatz mutet schon auf den ersten Blick merkwürdig an. Sollte die These vom späteren Rückfluss der Hälfte der Versor-

gungsbeiträge an das Land wirklich zutreffen, fragt man sich doch, warum die Kommission dann nicht vorschlägt, von vornherein die Zuführungen für die Altersversorgung zu halbieren, also zum Beispiel für die Ministerpräsidenten nur 65.000 DM pro Jahr zurückzustellen. In Wahrheit ist die Rechnung der Kommission eine Milchmädchenrechnung, um nicht zu sagen, eine Fälschung, dazu bestimmt, der Öffentlichkeit Sand in die Augen zu streuen und so wiederum die öffentliche Akzeptanz der Kommissionsvorschläge zu erleichtern. Denn die Erfahrungszahlen, auf denen die Erwartung einer 50-prozentigen Einsparung öffentlicher Mittel beruht, basieren auf den *bisher* in Bayern und Nordrhein-Westfalen bestehenden Regelungen und hier vor allem auf der Anrechnung privater Einkommen nach dem Ausscheiden der Regierungsmitglieder aus dem Amt und auf der Anrechnung von Beamtenpensionen. Doch beide Faktoren sollen nach den Vorstellungen der Kommission, wie soeben (S. 158 ff.) dargelegt, in Wahrheit faktisch weitgehend entfallen.

Beibehaltung des »Garzweiler-Effekts«

Der Versorgungsanspruch aus dem Regierungsamt soll nach den Vorstellungen der Kommission auch in Zukunft erst nach einer Amtsdauer von mindestens fünf Jahren entstehen. Ein Minister, der vor Ablauf dieser Zeit ausscheidet, erhält also – außer dem Übergangsgeld – keinerlei Versorgung aus dem Amt.[160] Das war zwar auch bisher schon so, die Problematik wird nun aber nach dem neuen, von der Kommission vorgeschlagenen System, nach dem pro Jahr ein bestimmter Geldbetrag für die Versorgung zurückgelegt wird, offensichtlich. Scheidet ein Minister zum Beispiel nach vier Jahren aus dem Amt, so verfallen die für ihn vom Land bis dahin zurückgelegten Jahresraten für die Altersversorgung von insgesamt 400.000 DM plus Zins- oder andere Erträge; für einen Ministerpräsidenten sind es nach vier Jahren 520.000 DM plus Erträge.

Es ist nicht ganz auszuschließen, dass der Wunsch, einen solchen ersatzlosen Verfall zu vermeiden, eine aus politischen Gründen an sich beabsichtigte Rücktritts- oder Entlassungsentscheidung eines Regierungsmitglieds in unsachlicher Weise beeinflussen kann. So wird etwa behauptet, der Bruch der nordrhein-westfälischen Koalition von SPD und Grünen über den Braunkohletageabbau in Garzweiler (»Garzweiler II«) sei auch aus Versorgungsgründen vermieden worden: Die beiden grünen Minister Vesper und Höhn hätten ja ihre Ministerversorgung verloren, wenn sie es zum Äußersten hätten kommen lassen und die Koalition aufgekündigt hätten. Die damals noch bestehende, inzwischen geänderte Versorgungsregelung begründete schon nach wenigen Jahren einen besonders hohen Versorgungswert.
Dem Grunde nach gelten dieselben Bedenken hinsichtlich der von der Kommission vorgeschlagenen Regelung. Die Alternative – nämlich der Erhalt der (natürlich entsprechend gekürzten) Versorgung auch bei kürzeren Amtszeiten – würde im Übrigen auch mit dem eigenen Konzept der Kommission besser übereinstimmen, wonach »die Wahrnehmung eines Regierungsamts nur eine Lebensphase neben anderen darstellt und die Alterssicherung über den gesamten beruflichen Weg im Rahmen der Erwerbsbiographien schrittweise aufgebaut« werde.[161]

Übergangsregelung

Die Kommission will die von ihr vorgeschlagenen Änderungen nur mit Wirkung für die Zukunft eingeführt wissen. Amtierende Regierungsmitglieder sollen bis zum Ende der laufenden Legislaturperiode noch nach den alten Regelungen behandelt werden.[162] Ab der neuen Legislaturperiode sollen die Neuerungen dann auch für sie gelten. Die Regierungsmitglieder sollen ihre bis dahin erworbenen Altersversorgungsansprüche als »Besitzstand« behalten. Das könnte dazu führen, dass für Regierungsmitglieder, die bereits aus früheren Amtsjahren einen Anspruch auf Vollversorgung haben, das Land gleichwohl noch jährlich 100.000 DM für ihre weitere Altersversorgung zurücklegt. Die daraus fließenden Ansprüche würden nach den von der Kommission aufgestellten Anrechnungsgrundsätzen nicht verrechnet, weil die früheren Ansprüche *vor* dem Erwerb der Versorgungsansprüche nach neuem Recht bereits erworben waren. So würden etwa für die oben erwähnten grünen Minister Vesper und Höhn, die im Laufe der derzeitigen Legislaturperiode nach nur acht Amtsjahren Versorgungsansprüche von monatlich über 16.000 DM haben werden, danach noch jährlich 100.000 DM zurückgelegt werden, die, falls sie auch in der folgenden Legislaturperiode weiterhin Minister blieben, ihre Gesamtversorgung dann weit über 20.000 DM monatlich steigern könnten. Auch diese Fragen werden von der Kommission nicht geklärt.

Das Übergangsgeld

Statt die Gewährung von Übergangsgeld (wie in Thüringen) auf ein Jahr abzusenken, will die Kommission an der bisherigen Laufzeit des Übergangsgelds festhalten, erweckt aber – wie bei der Altersversorgung – gleichzeitig den Eindruck, das Übergangsgeld werde gekürzt. So heißt es, beim Übergangsgeld würden »künftig drei Monate nach Ausscheiden 50 Prozent der (dann geltenden) neuen Amtsbezüge, danach maximal 21 Monate 25 Prozent ... bezahlt«.[163] Da die Prozentsätze vorher höher waren, ergibt sich eine *prozentuale* Kürzung. Dadurch und durch die Bemerkung der Kommission, das Übergangsgeld werde »an den Bürgerinnen und Bürgern bekannte Prinzipien angepasst«,[164] wird der Eindruck einer Absenkung der *Höhe* des Übergangsgeldes hervorgerufen.[165] In Wahrheit sollen die abgesenkten Prozentsätze nur verhindern, dass das Übergangsgeld aufgrund der vorgeschlagenen starken Erhöhung der Amtsgehälter steigt.
An anderer Stelle ihres Berichts räumt die Kommission auch ausdrücklich ein, dass nach ihrem Vorschlag »die bisherige Höhe des

Übergangsgeldes erhalten« wird und das Übergangsgeld »bei erhöhten künftigen Amtsbezügen in etwa dem heutigen Niveau« entspricht.[166] Dieser Passus wird in der Presseerklärung Bergers aber nicht wiedergegeben.

Verfehlt: Die selbst gesetzten Reformziele

Die Vorschläge der Kommission sind nicht nur der *Höhe* nach überzogen, womit das von ihr selbst gesetzte Ziel angemessen hoher Bezahlung[167] verfehlt wird. Auch die notwendige Reform der problematischen *Struktur* der Bezahlung von Regierungsmitgliedern von Bayern und Nordrhein-Westfalen wird von ihr nur halbherzig in Angriff genommen. Die Kommission stellt zwar anerkennenswerte Reform*ziele* auf, beispielsweise die Schaffung einfacher und klarer Regelungen und die Beseitigung von Politikerprivilegien.[168] Sie richtet sich dann aber bei ihren eigenen Vorschlägen nicht oder nur eingeschränkt danach, und zwar in doppelter Weise: Erstens ist die *Begründung* der Kommissionsvorschläge alles andere als klar und transparent. Wie oben aufgezeigt, wird mehrfach getrickst (ohne dass dies den meisten Kommissionsmitgliedern klar geworden sein dürfte). Die von der Kommission vorgeschlagenen Änderungen werden – zweitens – auch im *Ergebnis* den selbst gesetzten Zielen (Klarheit, Transparenz und Beseitigung von Privilegien) nur eingeschränkt gerecht. Die einschlägigen Fragen können hier allerdings nur kurz angerissen werden:

- Die Vorschläge der Kommission gehen unter dem Gesichtspunkt der Vereinfachung nicht weit genug. Statt die staatliche Versorgung zu beseitigen und es den Regierungsmitgliedern selbst zu überlassen, für ihre Versorgung (aus ihren maßvoll zu erhöhenden Aktivenbezügen) zu sorgen, will die Kommission die viel kritisierte staatliche (Alters-, Hinterbliebenen- und Invaliditäts-)Versorgung beibehalten, wenn auch in anderer

Form, wodurch das System sogar noch zusätzlich kompliziert würde.[169]

- Die Kommission will an der Altersversorgungs-Sonderregelung für Regierungsmitglieder aus dem öffentlichen Dienst festhalten, so dass es bei der Privilegierung ehemaliger Beamter und damit bei zwei unterschiedlichen staatlichen Pensionsregelungen für Regierungsmitglieder bleibt.
- Statt das weiterhin voll vom Staat zu finanzierende Übergangsgeld auf eine Laufzeit von einem Jahr zu kürzen (so etwa die Regelung in Thüringen), soll es nach dem Vorschlag der Kommission weiterhin schon nach nur zwei Amtsjahren zwei volle Jahre lang an ausscheidende Regierungsmitglieder gezahlt werden.[170]
- Statt die Steuerprivilegien von Regierungsmitgliedern wirklich zu beseitigen, will die Kommission Regierungsmitgliedern ein riesiges Steuerprivileg belassen: Die jährlichen Rücklagen für die Versorgung – für Ministerpräsidenten mit 130.000 DM, für Minister mit 100.000 DM und für bayerische Staatssekretäre mit 90.000 DM angesetzt – sollen einkommensteuerfrei bleiben.[171] Dieses Privileg genießen zwar auch Beamte, seine Problematik nimmt aber mit der Größenordnung der an der Steuer vorbeilaufenden Beträge zu und ist deshalb bei den von der Kommission vorgeschlagenen sechsstelligen jährlichen Zuführungen für die Altersversorgung besonders krass.

Täuschung der Öffentlichkeit

Der Inhalt und die Begründung des Kommissionsberichts sowie seine Präsentation in der Öffentlichkeit durch den Kommissionsvorsitzenden Roland Berger legen die Vermutung nahe, dass hier der Versuch einer groß angelegten Täuschung der Öffentlichkeit unternommen wird – entsprechend der machiavellistischen Maxime: »Wenn du nicht überzeugen kannst, musst du verwirren.«

Unterdrücken oder Verfälschen von Vergleichsgrößen

Vergleichsgrößen, die nicht ins vorgefasste Bild passen, werden unterdrückt oder verfälscht. So wird beispielsweise die Bezahlung von Regierungsmitgliedern anderer Bundesländer wie Niedersachsen oder Hessen, die Bezahlung von Spitzenbeamten, Oberbürgermeistern von Großstädten und höchsten Richtern einfach ausgelassen. Beim internationalen Vergleich werden grob verfälschte Zahlen verwendet, welche die von der Kommission gewünschte Argumentation stützen. Würde ein Student eine Seminararbeit mit derartigen methodischen Mängeln abliefern, wie sie der Kommissionsbericht aufweist, müsste die Arbeit mit »ungenügend« bewertet werden.

Manipulatives Herunterrechnen des Werts der vorgeschlagenen Altersversorgung

Wir haben bereits das manipulative Herunterrechnen des Werts der vorgeschlagenen Altersversorgung bayerischer und nordrhein-westfälischer Mitglieder auf die Hälfte kritisiert. Hier muss Roland Berger sich sogar fragen lassen, ob er überhaupt legitimiert war, die Abwertung der Versorgung von Ministerpräsidenten von 130.000 DM auf 65.000 DM und der von Ministern von 100.000 DM auf 50.000 DM als Auffassung *der Kommission* auszugeben. Denn die Kommission ging immer von 130.000 DM für die Altersversorgung von Ministerpräsidenten aus, und diese Zahl wurde erst bei der Schlussredaktion im August 2000 vom Büro Berger halbiert, ohne dass dafür die nachträgliche Zustimmung der Kommissionsmitglieder eingeholt worden wäre. Ich war jedenfalls nicht gefragt worden. Es spricht manches dafür, dass diese Trickserei zu dem Zweck vorgenommen wurde, die »Verkäuflichkeit« der Kommissionsvorschläge in der Öffentlichkeit zu »optimieren«. Jedenfalls beruht die Presseerklärung, die Berger bei Vorstellung des Berichts am 12. September 2000 vorlegte, auf den manipulierten Zahlen.

Einschränkung des Versorgungsprivilegs? – Im Gegenteil!

Berger behauptet, die von der Kommission vorgeschlagene Altersversorgung von Regierungsmitgliedern werde gegenüber dem bisherigen Stand eingeschränkt.[172] Diese Behauptung ist allenfalls schlüssig, wenn man die falsche Rechnung Bergers zugrunde legt. Rechnet man richtig, so wird die Altersversorgung im durchschnittlichen Ergebnis für alle Regierungsmitglieder sogar noch ausgeweitet. Das problematische Versorgungsprivileg wird also gerade nicht eingeschränkt.[173]

Einkommenssteigerungen – sehr viel höher

Es trifft nicht zu, dass die Bezüge von bayerischen und nordrhein-westfälischen Ministerpräsidenten »um 20 Prozent auf 730.000 DM« jährlich steigen, wie Berger (unter ohnehin problematischer Einbeziehung der Schatteneinkommen und auch unter Einbeziehung der Altersversorgung und des Übergangsgeldes) behauptet.[174] Hier stimmen weder die absoluten Beträge noch die Prozentsätze: Bereits die 650.000 DM steuerpflichtigen Amtsbezüge, die die Kommission vorschlägt, und die jährlich für die Altersversorgung zurückzulegenden 130.000 DM ergeben 780.000 DM. Hinzu kommt noch der Gegenwert des Übergangsgeldes. Die Steigerung der Bezüge – Erhöhung der steuerpflichtigen Amtsbezüge gegenüber den bisherigen Amtsbezügen plus Schatteneinkommen – beträgt für bayerische Ministerpräsidenten bereits 22 Prozent, für nordrhein-westfälische Ministerpräsidenten sogar 30 Prozent. Bezöge man auch die insgesamt erhöhte Altersversorgung mit ein, würden die Steigerungsraten noch höher. Und von den riesigen Steigerungen, derer sich Minister ohne Abgeordnetenmandat, beispielsweise in Nordrhein-Westfalen (49 Prozent[175]), erfreuen könnten, ist bei Berger überhaupt nicht die Rede.

Kostenneutral? – Stimmt nicht!

Der Kommissionsvorsitzende Berger behauptete unverdrossen, die Vorschläge der Kommission seien »kostenneutral«.[176] Auf den ersten Blick scheint diese Behauptung auch durchaus einzuleuchten. Immerhin schlägt die Kommission vor, die Schatteneinkommen zum Ausgleich für die Erhöhung der steuerpflichtigen Bezüge zu beseitigen. Die Botschaft von der angeblichen Kostenneutralität kam bei vielen Medienvertretern gut an, was natürlich Bergers eigentliches Ziel war und zur Akzeptanz seiner Vorschläge in der Öffentlichkeit beitragen sollte.

So hieß es in einer Zeitung: »Was sich auf den ersten Blick wie eine gewaltige Gehaltserhöhung ausnimmt, kommt bei genauerem Hinsehen eher einem Nullsummenspiel nahe – eine strikte Umsetzung natürlich vorausgesetzt.«[177]

In einer anderen Zeitung war zu lesen: »Die Kommissionsmehrheit erklärt zur allgemeinen Beruhigung, tatsächlich ändere sich in Mark und Pfennig kaum etwas. Man hole die Besoldungsregeln lediglich hinter einem schwer durchschaubaren Grauschleier hervor, bereinige sie und mache alles transparenter.«[178]

In Wahrheit war die Behauptung von der Kostenneutralität ebenso falsch wie vieles andere, was Berger zur Vermarktung »seiner« Vorschläge öffentlich vortrug. Bei Realisierung der Kommissionsvorschläge ergäben sich vielmehr riesige Mehrbelastungen der öffentlichen Haushalte. Die Kommission propagiert in Wahrheit ein wahnsinnig teures Unternehmen.

Erhebliche Mehrbelastungen ergäben sich bereits für Bayern und Nordrhein-Westfalen selbst. Die Kommissionsvorschläge würden die bisherigen Gesamteinkommen des bayerischen Ministerpräsidenten um 118.883 DM jährlich und des nordrhein-westfälischen Ministerpräsidenten um 138.233 DM, die Gesamteinkommen bayerischer Minister mit Landtagsmandat um 16.030 DM und nordrhein-westfälischer Minister mit Landtagsmandat um 43.492 DM jährlich und die Gesamteinkommen bayerischer Staatssekretäre um 1.420 DM steigen lassen. Das erscheint zwar noch nicht allzu viel mehr. Hinzu kommt aber – und das hat Berger verheimlicht –, dass die Altersversorgung aufgrund der sehr viel großzügiger vorgeschlagenen Anrechnungsregelungen erheblich teurer würde. Vor allem aber verschweigt Berger, dass viele Minister gar kein Abgeordnetenmandat haben und ihnen deshalb derzeit auch gar keine Schatteneinkommen daraus zufließen. In Bayern ist das zwar nur ein Regierungsmitglied unter achtzehn. In Nordrhein-Westfalen aber hat weit mehr als die Hälfte der Regierungsmitglieder kein Mandat. Ihre Einkommen würden um je 165.244 DM jährlich erhöht, wenn die Vorschläge der Kommission Gesetz würden; das ist ein Plus von 49 Prozent. Ähnliches gilt auch für viele andere Länder und den Bund, auf die Berger die Kommissionsvorschläge ja erstreckt wissen will. Wie dargelegt, hat mehr als die Hälfte aller Minister und Senatoren in Deutschland kein Abgeordnetenmandat, was Berger bei seinen Berechnungen völlig außer Acht gelassen hat. Die hohe Zahl von Ministern und Senatoren ohne Abgeordnetenmandat bewirkt, dass ihre Gesamtbezüge gewaltig steigen, wenn man sie auf das von der Kommission vorgeschlagene Niveau hochschleust. Das führt natürlich zu entsprechenden Haushaltsbelastungen.

Zu ähnlich hohen zusätzlichen Belastungen der Haushalte muss es zwangsläufig kommen, wenn man die Kommissionsvorschläge auch auf Regierungen solcher Länder anwendet, in denen die Schatteneinkommen für Regierungsmitglieder *mit* Abgeordneten mandat ersatzlos abgebaut worden sind wie beispielsweise in Hessen und Niedersachsen, deren Ministerpräsidenten dann ihre Einkommen um 73 beziehungsweise 83 Prozent erhöht bekämen (siehe im einzelnen die Tabellen 9 bis 11, S. 225 ff.).

Und schon gar nicht hat Berger die zusätzlichen Haushaltsbelastungen einbezogen, die aus der Explosion des gesamten öffentlichen Besoldungsniveaus zu erwarten sind, zu der die Vorschläge der Kommission voraussichtlich führen werden.

In der Nichtbeachtung aller dieser für die Beurteilung unerlässlichen Gegebenheiten wird das muntere Dilettieren des Unternehmensberaters Roland Berger in Sachen Ministerbezahlung deutlich.

10
Die Kommissionsvorschläge zu Ende gedacht: Explosion des gesamten öffentlichen Besoldungsniveaus

Sollte die Kommission sich mit ihren Vorschlägen durchsetzen, so hätte dies weitreichende Auswirkungen. Unmittelbar betreffen die Vorschläge zwar nur die Bezüge von bayerischen und nordrhein-westfälischen Regierungsmitgliedern. In Wahrheit berühren sie aber das gesamte Gefüge der Bezahlung von Politikern, Beamten und Richtern in Deutschland. Die Generallinie der Kommission hätte, falls sie realisiert würde, Auswirkungen auf

- die Bezüge der vielen *Minister ohne Parlamentsmandat* in Nordrhein-Westfalen,
- die Bezüge der Ministerpräsidenten, der Minister, Senatoren und (soweit vorhanden) der parlamentarischen Staatssekretäre *aller* anderen Bundes*länder*,
- die Bezüge des Bundeskanzlers, der Bundesminister und der Parlamentarischen Staatssekretäre des *Bundes*,
- die Bezahlung der *Parlamentsabgeordneten* des Bundes und aller Länder und
- die Bezahlung von *Beamten und Richtern* des Bundes, aller Länder und Gemeinden.

Würden die Amtsbezüge von Regierungsmitgliedern derart erhöht, wie die Kommission dies für Bayern und Nordrhein-Westfalen vorschlägt, so würden die Einkommen der vielen Minister ohne Parlamentsmandat drastisch erhöht. Das betrifft auch Nordrhein-Westfalen selbst, wo derzeit acht von elf Regierungsmitgliedern kein Mandat innehaben. Ihre Bezüge würden – selbst unter Einbeziehung der rechnerisch verdoppelten bisherigen Dienstaufwandsentschädigung – um 49 Prozent steigen.

Bei Verwirklichung der Kommissionsvorschläge würde der Damm gegen eine allzu ungenierte Selbstbedienung der politischen Klasse auf breiter Front brechen.

Es liegt zunächst auf der Hand, dass auch andere Bundesländer – und erst recht der Bund – veranlasst würden, die Bezüge auch ihrer Regierungsmitglieder entsprechend zu erhöhen. Dazu hat Berger selbst öffentlich aufgefordert. Würden die Amtsgehälter der Ministerpräsidenten, der Minister und Senatoren aller sechzehn Länder auf das von der Kommission vorgeschlagene Niveau gebracht (und für die fünf neuen Länder wie bisher üblich 87 Prozent angesetzt), so ergäbe sich insgesamt eine zusätzliche jährliche Haushaltsbelastung von rund 28 Millionen Mark (siehe Tabellen 9 bis 11, S. 225 ff.). Das ist eine Steigerung um weit mehr als die Hälfte, woran sich auch dann nicht viel ändern würde, wenn man für die Regierungen kleinerer Länder einen Abschlag machte und ihnen zum Beispiel nur 90 Prozent dessen gäbe, was die Berger-Kommission für Bayern und Nordrhein-Westfalen vorgeschlagen hat. Im Übrigen fällt die zusätzliche Belastung der Länder in Wahrheit noch viel höher aus, weil das Plus, das aus der Besteuerung der bisherigen steuerfreien Schatteneinkommen resultiert, zum großen Teil an den Bund ginge, der eine Quote des Einkommensteueraufkommens erhält, während die Länder die erhöhten Amtsgehälter der Regierungsmitglieder allein bezahlen müssten.

Nachziehende Erhöhungen der Ministergehälter in Bund und Ländern sind umso eher zu erwarten, als die Parlamente auch über die Bezahlung von Regierungsmitgliedern in eigener Sache entscheiden,[179] zumal damit dann sicher auch eine grundlegende »Reform« der Abgeordnetenbezahlung verknüpft würde. Dieter Wiefelspütz, der innenpolitische Sprecher der SPD-Bundestagsfraktion, hat eine solche Verknüpfung in Bezug auf den Bund bereits in Aussicht gestellt.[180]

Um zu erkennen, um was es hier geht, muss der Bogen der Betrachtung weiter gespannt werden: Im Jahre 1995 ist der Versuch des Bundestags, seine Diäten massiv zu erhöhen und sie im Wege einer Änderung des Diätenartikels des Grundgesetzes (Art. 48 GG) an die Bezüge von Bundesrichtern anzukoppeln, am Veto des Bundesrats, also der Ministerpräsidenten der Länder, gescheitert.[181] Vor diesem Hintergrund muss die Idee, die Regierungen jetzt mit ins Boot zu holen und auf diese Weise ihren früheren Widerstand zu korrumpieren, aus der Sicht von Leuten wie Wiefelspütz, deren Vorhaben 1995 scheiterte, etwas Bestechendes haben.

Die Kommissionsvorschläge wären für Abgeordnete in der Tat vielversprechend. Der Ansatz der Kommission besteht ja darin, die steuerfreien Pauschalen in Bruttoeinkommen umzurechnen und sie zu diesem Zweck zu verdoppeln, aber gleichwohl eine Einzelerstattung der amts- oder mandatsbedingten Aufwendungen zuzulassen. Wendet man diese »Logik« auf die Abgeordnetenbezahlung an und schlägt die Kostenpauschalen der Abgeordneten nach ihrer Verdoppelung den steuerpflichtigen Diäten hinzu, so ergäbe sich für

- bayerische Landtagsabgeordnete eine Erhöhung der steuerpflichtigen Entschädigung von bisher 10.464 DM auf 20.448 DM,
- nordrhein-westfälische Landtagsabgeordnete eine Erhöhung der steuerpflichtigen Entschädigung von bisher 8.828 DM auf 14.607 DM,
- Bundestagsabgeordnete eine Erhöhung der steuerpflichtigen Entschädigung von bisher 12.875 DM auf 25.915 DM.

Die von der Kommission vorgeschlagenen Änderungen hätten darüber hinaus unabsehbare Auswirkungen auf das Gefüge der Beamten- und Richterbesoldung. Bisher haben Minister Amtsbezüge, die um etwa 10 oder 20 Prozent höher sind als die der höchsten Beamten oder Richter. Ministerpräsidenten und Bundeskanzler erhalten einen weiteren Zuschlag. Diese Relationen sind im Großen und Ganzen in Ordnung, wenn man da und dort auch durchaus gewisse Modifikationen vornehmen könnte. Was aus dem gesamten öffentlichen Gehaltsgefüge gänzlich herausfällt, sind die völlig überhöhten zusätzlichen steuerfreien Bezüge insbesondere von bayerischen und nordrhein-westfälischen Regierungsmitgliedern und ihre ebenfalls völlig überzogenen Zusatzbezüge aus einem gleichzeitig wahrgenommenen Abgeordnetenmandat. Welche gewaltige Höhe diese Schatteneinkommen tatsächlich ausmachen, haben wir aufgezeigt: beispielsweise für bayerische Ministerpräsidenten 207.840 DM (siehe auch Tabelle 3, S. 218).

Derartige Schatteneinkommen sind unangemessen und verfassungswidrig und gehören ersatzlos abgebaut. Wir beklagen mit Recht, dass der frühere Bundeskanzler und CDU-Parteivorsitzende Helmut Kohl fortdauernd gegen die Verfassung verstößt, indem er weiterhin die Geldgeber seiner nicht deklarierten Spenden verschweigt. Genauso beklagenswert wäre es aber, wenn bayerische und nordrhein-westfälische Regierungsmitglieder weiterhin Bezüge einstreichen, deren Verfassungswidrigkeit eindeutig feststeht. Es wäre unerträglich, mit der Unterbindung derartiger Zahlungen noch mindestens bis zum Beginn der nächsten Wahlperiode zu warten. Das wären in Bayern noch drei Jahre, in Nordrhein-Westfalen dreieinhalb Jahre. Insofern besteht sofortiger Reformbedarf. Die Schatteneinkommen müssen unverzüglich beseitigt werden.

Es geht also nicht nur um die Frage, ob die von der Kommission vorgeschlagenen Erhöhungen realisiert werden. Das haben die Ministerpräsidenten Bayerns und Nordrhein-Westfalens bei Übergabe des Berichts, jedenfalls für sich persönlich, erst einmal abgelehnt. Doch das ist nicht genug. Es muss jetzt vor allem darum gehen, die verfassungswidrigen Schatteneinkommen unverzüglich abzubauen.

Von einem solchen Abbau würde ein positiver Signaleffekt ausgehen, und zwar nunmehr in die richtige Richtung: Dann würden auch die Abgeordneten des Bundes, Bayerns, Nordrhein-Westfalens und anderer Landesparlamente unter Druck geraten, ihre zum Teil weit überzogenen steuerfreien Pauschalen einzuschränken. Anders als nach den Vorschlägen der Kommission, die eine Tendenz in Richtung auf maßlose Erhöhungen von Politikerbezügen befürchten lassen, würde der notwendige Druck in Richtung auf den Abbau ungerechtfertigter Schatteneinkommen entstehen. Ganz anders die Kommission: Sie will die verfassungswidrigen Schatteneinkommen auf die Bezüge draufschlagen und das legale Einkommen von Regierungsmitgliedern auf diese Weise drastisch erhöhen (und die Einkommen darüber hinaus noch weiter steigern). Dies würde zu einer völligen Verzerrung im öffentlichen Gehaltsgefüge führen, das sich nur dadurch wieder entzerren ließe, dass auch die Bezüge von anderen Politikern, von Beamten und Richtern in Bayern und Nordrhein-Westfalen, aber auch in anderen Ländern und im Bund massiv aufgestockt würden. Die Vorschläge der Kommission müssten deshalb, konsequent fortgedacht, zu einer gewaltigen Anhebung des gesamten öffentlichen Gehaltsniveaus führen. Hier wedelt im Ergebnis der Schwanz mit dem Hund: Das Bestreben der Kommission, die völlig überzogenen illegitimen und verfassungswidrigen Schatteneinkommen bayerischer und nordrhein-westfälischer Regierungsmitglieder zu legalisieren und sie auf diese Weise zu waschen, müsste im Falle der Realisierung zu unerträglichen Erhöhungen des gesamten öffentlichen Bezügesystems führen. Derartige Niveauanhebungen sind in Wahrheit unter überhaupt keinem Aspekt angebracht, ganz davon abgesehen, dass sie auch nicht in die derzeitige sozial- und wirtschaftspolitische Landschaft passen.

Die jetzt schon bestehende Verzerrung zum Vorteil bayerischer und nordrhein-westfälischer Regierungsmitglieder war bisher weitgehend unbekannt, weil nicht nur die gewaltige Höhe der finanziellen Extras, sondern auch der Charakter der Pauschalen als steuerfreies Zusatzeinkommen hinter der Bezeichnung »Aufwandsentschädigung« versteckt wurde und der Charakter der Diäten als arbeitsloses Zusatzeinkommen kaum bekannt war. Würde der Einkommensvorsprung nun durch Umwandlung der illegitimen und verschleierten Schatteneinkommen in höchst offizielle, in den Ministergesetzen dem Betrag nach offen ausgewiesene

Amtsbezüge für jedermann sichtbar, wie die Kommission dies befürwortet, würde auch die überhöhte Bezahlung bayerischer und nordrhein-westfälischer Regierungsmitglieder offensichtlich. Dann wäre aber zu erwarten, dass die Verzerrung des öffentlichen Einkommensgefüges dadurch beseitigt würde, dass nicht nur das Niveau der Bezüge von Regierungsmitgliedern anderer Länder und des Bundes, sondern auch das Niveau anderer öffentlicher Einkommen massiv nach oben gedrückt würde.

11
Propaganda: Die wahre Funktion der Berger-Kommission

Nach allem bisher Gesagten erscheinen die Kommission, ihre Einsetzung, ihre Arbeitsweise und ihre Ergebnisse in einem schillernden Licht. Sie scheint in den Augen ihrer Initiatoren ganz bestimmte (unausgesprochene) Funktionen zu haben, wozu auch (oder vielleicht sogar in erster Linie) die Umwandlung der illegitimen Schatteneinkommen der Regierungsmitglieder in reguläre Amtsbezüge gehörte. Eine solche Sichtweise hatte bereits der frühere saarländische Ministerpräsident Oskar Lafontaine propagiert, nachdem 1992 die groteske Überversorgung saarländischer Regierungsmitglieder enthüllt worden war.[182] Seine Verteidigungsstrategie war der Angriff: Regierungsmitglieder verdienten im Vergleich zu Wirtschaftsführern und Presseleuten viel zu wenig, ihre Bezüge müssten deshalb massiv erhöht werden. Dem stimmte der damalige Bundeskanzler Helmut Kohl öffentlich zu. (Er hatte schon 1970 als Mainzer Ministerpräsident eine groteske Überversorgungsregelung für rheinland-pfälzische Regierungsmitglieder durchgesetzt, an der zwei Jahre später seine saarländischen Regierungskollegen Maß genommen hatten.) Doch trotz der Schützenhilfe durch den damaligen Bundeskanzler kam Lafontaine mit seinem Versuch, von der Defensive in die Offensive zu gehen, nicht durch. Die Überversorgung musste im Saarland ersatzlos beseitigt werden. Auch die schlaraffenländische Versorgung von rheinland-pfälzischen Ministern wurde 1993 unter Ministerpräsident Scharping entschärft.

Der jetzige Anlauf zu einer »offensiven Debatte« (so der Kommissionsbericht wörtlich) ist raffinierter vorbereitet, und er betrifft, wie bereits die Befassung der Ministerpräsidentenkonferenz mit dem Thema nahe legt, nicht nur die Länder Bayern und Nordrhein-Westfalen. Diese erscheinen allerdings für ein Pilotverfahren besonders geeignet, nicht nur weil sie die beiden größten deutschen Bundesländer sind, sondern weil damit auch die Führungen *beider* großer Parteien im Boot sind. Wie soll, falls die Vorschläge von der bayerischen Regierung und ihrer Fraktion aufgegriffen werden, die SPD-Opposition im bayerischen Landtag noch glaubwürdig dagegen protestieren, wenn die von ebendieser Partei geführte Landesregierung von Nordrhein-Westfalen offensichtlich dieselbe Linie verfolgt – und umgekehrt? Ist die Berger-Kommission also vielleicht nichts anderes als ein Instrument der großkoalitionären Eigeninteressen der politischen Klasse?

Es bleibt die faszinierende Frage, wie es dem Kommissionsvorsitzenden Roland Berger gelang, die große Mehrheit der hoch angesehenen Kommissionsmitglieder auf seine Linie festzulegen. Dazu muss man wissen, dass die Kommission – in den fast eineinhalb Jahren von ihrer Einsetzung am 22. April 1999 bis zur Übergabe ihres Berichts an die beiden Ministerpräsidenten am 14. September 2000 – insgesamt nur fünfmal tagte; fast die gesamte Vorbereitung, der Ablauf der Sitzungen und die Erarbeitung des Berichtsentwurfs lagen in der Hand Roland Bergers beziehungsweise in der Hand eines von ihm für die Kommissionsarbeit abgestellten Mitarbeiters. Zwar wurden auch von Beamten der beiden Staatskanzleien Vorarbeiten erstellt, wie etwa der internationale Vergleich, die Bezüge von Oberbürgermeistern, Landesrechnungshofpräsidenten und anderen hohen öffentlichen Bediensteten. Doch die Verwendung (oder eben auch Nichtverwendung) dieser Daten wurde weitgehend vom Kommissionsvorsitzenden gesteuert. Bezeichnend für das Verfahren war, dass Berger und sein Büro nach Schluss der letzten Sitzung, eigenmächtig und ohne die Zustimmung der anderen Kommissionsmitglieder noch einzuholen, substanzielle Änderungen im Schlussbericht vorgenommen haben.

Weiter ist zu berücksichtigen, dass von den übrigen Mitgliedern der Kommission viele derart überbeschäftigt sind, dass sie nur an einem Teil der (ohnehin wenigen) Sitzungen teilnehmen und sich auch nur schwer in die komplizierte, ihnen fremde Materie einarbeiten konnten (wenn bei den Diskussionen in der Kommission auch immer wieder Zweifel an der eingeschlagenen Generallinie laut wurden). Umso mehr dürfte der Erfahrungssatz von der Verflüchtigung der Verantwortung in zu großen Gremien auch in der Arbeit der fünfzehnköpfigen Kommission gewirkt haben. Berger selbst war voll engagiert. Als erfolgreicher Unternehmensberater gewohnt, allen möglichen Sätteln gerecht zu werden, agierte er mit einer bemerkenswerten Mischung aus rhetorisch-verkäuferischem Talent und methodisch-fachlichem Dilettantismus. Nur so lassen sich die schweren Mängel des Berichts, die Weglassungen und Verfälschungen erklären.

Roland Berger bediente sich in den Sitzungen der Kommission einer bestimmten Methode des mündlichen Vortrags, die in der täglichen Beratungspraxis seines Unternehmens bei der Präsentation von Problemen und Lösungen eine Schlüsselrolle spielt: das »Verchartenׂ« von Informationen. Die auf optische Wirkung ausgerichteten »Charts«, die in schneller Folge auf eine Leinwand projiziert werden, sollen bestimmte vorab entwickelte und vorbereitete Aussagen plausibel machen, ohne dass für die Adressaten aber oft die Möglichkeit besteht, die darin enthaltenen Voraussetzungen und Annahmen zu erkennen, geschweige denn kritisch zu hinterfragen oder zu überprüfen. Die Teilnehmer pflegen derart damit beschäftigt zu sein, die visuellen Informationen zu verarbeiten, dass ihnen in der Kürze der Zeit und der raschen Folge der verschiedenen Charts kaum Möglichkeiten der Besinnung bleiben. Kritische Fragen können allenfalls tastend erfolgen und werden häufig von der Mehrzahl der Teilnehmer, die ohnehin Mühe haben, die »verchartete« Darstellung nachzuvollziehen, als »störend« empfunden. Diese Methode scheint gelegentlich eher auf Dominieren oder gar Überrumpeln der Adressaten angelegt zu sein als auf Überzeugen.

Noch ein zweites Merkmal des Bergerschen Ansatzes ist für die Kommissionsarbeit von Interesse: Die Gutachten Bergers werden von den Auftraggebern oft nicht nur wegen ihres Neuigkeitsgehalts geschätzt, den Kritiker gelegentlich massiv bezweifeln. Nicht selten scheint der eigentliche Charme der Untersuchung für den Auftraggeber, besonders im Bereich der öffentlichen Hand, darin zu liegen, dass mit Hilfe externer Gutachter organisationsinterne Widerstände gegen Änderungen leichter überwunden werden können.

In eine ähnliche Richtung geht möglicherweise eine Berger-Untersuchung zur Vorbereitung der politischen Entscheidung über die Weltausstellung 2000 in Hannover. Die Untersuchung vom September 1992 war davon ausgegangen, 40 Millionen Besucher der Weltausstellung (und entsprechend hohe Einnahmen aus dem Verkauf von Eintrittskarten) seien durchaus realistisch.[183] Diese Aussage erscheint heute in besonderem Zwielicht, weil kaum die Hälfte der prognostizierten Besucher kamen. Auf Bergers Gutachten vom September 1992 »aber beruhte die spätere Finanzplanung der Expo«, wie die *Wirtschaftswoche* feststellt.[184] Die Vermutung, dass Berger sich und sein Fachrenommee auch hier zur Absegnung eines politisch erwünschten Ergebnisses instrumentalisieren ließ, liegt so fern nicht. Berger hat selbst eingeräumt, dass es politischen Druck gab und dass er auch in einem späteren Gutachten »auf Wunsch der Expo-Geschäftsführung« einen Passus aufnahm, der weiterhin 40 Millionen Besucher für möglich erklärte.[185] Eine ähnliche Instrumentalisierung zugunsten eines bestimmten von den Auftraggebern politisch gewünschten Ergebnisses sehen wir auch in dem ganzen Projekt Berger-Kommission.

12
Stets zu Diensten: Wie man eine Hofkommission installiert

Die Berger-Kommission wirft – weit über den Anlassfall hinaus – die Frage nach der Rolle von Kommissionen und von institutionalisierter Politikberatung generell auf. Kann es – gerade bei eigener persönlicher Betroffenheit der die Kommission berufenden Amtsträger – ihnen weiterhin wirklich freigestellt bleiben, die Kommissionsmitglieder und besonders den Vorsitzenden nach Belieben (und im Zweifel nach ihren eigenen Interessen) auszuwählen?[186] Die angemessene rechtliche Ordnung der wissenschaftlichen Politikberatung ist wegen ihrer zentralen Bedeutung für Staat und Gesellschaft und zur Unterbindung der derzeit bestehenden Manipulations- und Missbrauchsmöglichkeiten zu einer Frage ersten Ranges geworden, zu einer Verfassungsfrage im materiellen Sinn. Aufgabe der Verfassungslehre ist es deshalb, Grundsätze für den gesamten Bereich der Politikberatung zu erarbeiten, Aufgabe der politisch Verantwortlichen und der Rechtsprechung, diesen Grundsätzen, die ihren Niederschlag teilweise auch in einer Ergänzung des Grundgesetzes finden könnten, zur Durchsetzung zu verhelfen. Dabei werden neben der Fachkompetenz und der Konfliktfähigkeit von Kommissionen vor allem die Sicherung ihrer Unabhängigkeit und Öffentlichkeit eine zentrale Rolle spielen müssen.[187]

Wir hatten oben bereits die Kommission als »Hofkommission« mit dem einen oder anderen Feigenblatt gekennzeichnet. Dies soll im Folgenden näher erläutert werden. Dabei geht es nicht darum, einzelne Kommissionsmitglieder an den Pranger zu stellen. Ziel der Darstellung ist es vielmehr aufzuzeigen, wie durch die gezielte Auswahl von Personen die große Richtung der Ergebnisse beeinflusst werden kann. Dies zu durchschauen war für die Öffentlichkeit doppelt schwer, da die unterschiedliche Parteicouleur des bayerischen und des nordrhein-westfälischen Ministerpräsidenten den Eindruck ganz verschiedener Richtungen erweckte. So hieß es beispielsweise in einer Zeitung: »Hier war ja nicht die ... ›politische Klasse‹ am Werk, sondern unabhängiger Sachverstand, ausgewählt von zwei sehr unterschiedlichen Ministerpräsidenten.«[188] In Wahrheit waren sich beide Ministerpräsidenten in der mit der Kommission verfolgten Zielsetzung – aufgrund ihrer insoweit übereinstimmenden Interessen – einig. Und was es mit der Unabhängigkeit der Kommissionsmitglieder auf sich hatte, soll im Folgenden an einigen Beispielen gezeigt werden.

Roland Berger und Jochen Kienbaum

Zentrale Weichenstellungen für die Kommissionsarbeit wurden von den beiden Unternehmensberatern Roland Berger und Jochen Kienbaum (und ihren für die Kommissionsarbeit abgestellten Mitarbeitern) in die Wege geleitet. Sie haben bei der Beratung privatwirtschaftlicher Unternehmen laufend mit Hoch- und Höchstverdienern zu tun und richten die Tagessätze ihrer eigenen Mitarbeiter, die sie ihren Auftragnehmern in Rechnung stellen (durchschnittlich etwa 5.000 DM pro Mann), an diesen Größenordnungen aus. Aufschlussreich ist, in welchem Umfang die beiden Unternehmensberatungsfirmen von Aufträgen der öffentlichen Hand leben: Kienbaum erhielt allein von nordrhein-westfälischen Regierungsstellen zwischen 1990 und 1996 zwölf unterschiedliche Aufträge.[189] Das entspricht dem erklärten Unternehmensziel, besonders in die Beratung der öffentlichen Hand zu expandieren.[190] Dabei helfen exzellente Beziehungen zur politischen Klasse, die man sich schwerlich durch Knausrigkeit hinsichtlich der Ministerbezüge wird verderben wollen. Die mangelnde Distanz zur Politik spiegelt sich – sozusagen symbolischräumlich – auch darin wider, dass Kienbaum in Düsseldorf im selben Haus residiert wie Clements Staatskanzlei. Kienbaums Vater war übrigens früher selbst Minister in Nordrhein-Westfalen. Genauso gut im Beratungsgeschäft mit Regierungen und Verwaltungen ist das Unternehmen Roland Berger.[191] Das gilt nicht nur für Nordrhein-Westfalen,[192] sondern auch für Bayern, wo Berger im Auftrag des Freistaats zum Beispiel eine Expertise über die bayerische Schulverwaltung erstellt hat,[193] deren Qualität allerdings umstritten ist.[194] Auch bei seiner Hightech-Initiative für Bayern lässt Ministerpräsident Stoiber sich von der Firma Roland Berger beraten.[195] Bei beiden Unternehmensberatern liegt deshalb die Vermutung nahe, dass sie nicht frei von Akquisitionsinteressen sind und diese auch bei ihrer Kommissionsarbeit eine Rolle gespielt haben.

Helmut Markwort

Auch die Berufung von Helmut Markwort, Chefredakteur von *Focus* und Vorstandsmitglied des Burda-Medienkonzerns, dürfte nicht ohne Hintergedanken erfolgt sein. Das wurde klar, als im *Focus* vom 18. September 2000 die Jubelarie auf den »Berger-Bericht« zu lesen war. Das Magazin verheimlichte dabei seinen Lesern, dass sein Chefredakteur selbst der Kommission angehörte und deshalb im Streit um den Kommissionsbericht sicher nicht unparteiisch war. (Die Darstellung im *Spiegel* derselben Woche war sehr viel ausgewogener.)

Rolf von Hohenhau

Fast noch raffinierter war die Berufung des Präsidenten des bayerischen Landesverbandes des Bundes der Steuerzahler, Rolf von Hohenhau, in die Kommission, eines CSU-Stadtrats von Augsburg und »Spezi« hoher CSU-Amtsträger.[196] Von Hohenhau fungierte bei der Vorstellung des Kommissionsberichts, in dem genannten *Focus*-Artikel und in Zeitungs- und Rundfunk-Interviews als Kronzeuge für die inhaltliche Korrektheit und Angemessenheit des Berichts. Er wurde nicht müde, den Bericht in höchsten Tönen zu loben, und beteiligte sich sogar an der vom Vorsitzenden der Kommission betriebenen Kampagne zur Verschleierung des wahren Inhalts der Kommissionsvorschläge,[197] was die bayerische Ökologisch-Demokratische Partei zu der Aufforderung veranlasste, von Hohenhau solle sein Amt wechseln und »Vorsitzender einer Berufspolitiker-Gewerkschaft« werden.[198] Vierzehn Tage später trafen sich die Beteiligten erneut, als von Hohenhau den »Sparlöwen 2000«, einen Preis des bayerischen Steuerzahlerbundes für vorbildlich sparsame Politik, an den bayerischen Finanzminister Dr. Kurt Faltlhauser und den *Focus*-Chef Markwort verlieh. »Honi soit qui mal y pense«: Ehrlos, wer schlecht darüber denkt.[199] Weitere Preisträger des »Sparlöwen« des bayerischen Bundes der Steuerzahler waren in den vorangehenden Jahren zum Beispiel der damalige bayerische Finanzminister und spätere Ministerpräsident Max Streibl [CSU] (1983), der bayerische Ministerpräsident Dr. h. c. Franz Josef Strauß [CSU] (1985), Bundesfinanzminister Dr. Theo Waigel [CSU] (1990), der frühere bayerische Finanzminister Gerold Tandler [CSU] (1991) und der bayerische Ministerpräsident Dr. Edmund Stoiber [CSU] (1995).

Ute Scholle

Ein gelungener Griff für die Mitgliedschaft in der Kommission war auch die Präsidentin des Landesrechnungshofs Nordrhein-Westfalen, Ute Scholle, eine Richterin (1975–1989) und SPD-Politikerin: Auf diesem Ticket wurde sie unter anderem Gleichstellungsbeauftragte im nordrhein-westfälischen Innenministerium (1989–1991) und für kurze Zeit (von der SPD-Mehrheit des Kreistags gewählte) Kreisdirektorin des Ennepe-Ruhr-Kreises (1991–1992), sodann Oberkreisdirektorin desselben Kreises (1992–1996), bevor sie 1996 Rechnungshofspräsidentin wurde.

Früher galt für Rechnungshöfe das so genannte Berlin-Potsdam-Prinzip, wonach der Rechnungshof nicht in der Hauptstadt Berlin, sondern im (damals fernen) Potsdam sitzen musste. Auf diese Weise sollte auch räumlich die Distanz zwischen der Regierung und ihren Kontrolleuren geschaffen werden, die notwendige Voraussetzung für eine wirksame und von persönlichen Rücksichten freie Kontrolle ist. Dagegen verstößt der Rechnungshof Nordrhein-Westfalen, der in Düsseldorf sitzt, nicht nur in räumlicher Hinsicht. Über die Rechnungshofspräsidentin Ute Scholle heißt es in einem Papier der CDU-Opposition, sie habe vielfältige Beziehungen: »Man kennt sich – die Mitglieder der Landesregierung, der SPD-Fraktion und der Verwaltungen. Man kennt sich, man duzt sich, man geht zusammen auf Reisen. So wachsen Vertrauensverhältnisse, sagt man.«[200] Ute Scholle soll besonders gute persönliche Beziehungen zu nordrhein-westfälischen Spitzenpolitikern unterhalten. An der Spitze des Landesrechnungshofs eine verständnisvolle Persönlichkeit zu haben war für die Landesregierung mit ihren Flugreisen natürlich besonders wichtig. Scholles Ehemann, Manfred Scholle, war 1996 Direktor des Landschaftsverbands Westfalen-Lippe, der selbst der Prüfung durch den Landesrechnungshof unterliegt. Eine Interessenkollision sah Ute Scholle darin dennoch nicht, weil eine eventuelle Prüfung des Landschaftsverbands von einer anderen Abteilung mit anderen Mitgliedern des Rechnungshofs durchgeführt werde.[201] Dabei blieb aber unerwähnt, dass die Festlegung der Zuständigkeiten und die Entscheidung, welche Prüfungsergebnisse in die zu veröffentlichenden Jahresberichte (oder andere Berichte) des Rechnungshofs aufgenommen werden, vom »großen Kollegium« vorgenommen werden, zu dem natürlich auch die Präsidentin gehört. Beide waren auch immer wieder als mögliche Minister im Gespräch, so Manfred Scholle als nordrhein-westfälischer Arbeitsminister,[202] Ute Scholle als nordrhein-westfälische Finanzministerin nach dem Rücktritt Schleußers.[203] Kann man wirklich erwarten, dass die heute 54-Jährige sich solche Karrierechancen durch allzu distanziert-kritische Kontrolle möglicherweise verbaut?

Das richtige Verständnis der Rechnungshofpräsidentin kann auch für die Landtagsfraktionen lebenswichtig sein. In Nordrhein-Westfalen gibt es als einzigem deutschen Parlament immer noch kein Gesetz über die Fraktionen.[204] Die totale Intransparenz der Fraktionsfinanzierung und die verfassungsrechtlich an sich vorgeschriebene Prüfung durch den Rechnungshof[205] sind auf einem fast vordemokratischen Stand. Verantwortlich dafür soll der inzwischen verstorbene Klaus Matthiesen sein, bis 1998 Fraktionschef der SPD im Düsseldorfer Landtag, dem die Erhaltung des Zustands mangelnder Transparenz und Kontrolle offenbar besonders am Herzen lag. Matthiesen soll nicht nur das Gesetz »jahrelang verhindert« haben,[206] sondern auch SPD-intern 1996 durchgesetzt haben, dass Ute Scholle, der er anfangs sogar einen Doktortitel andichtete,[207] Chefin des Rechnungshofs wurde.

Matthiesen war gebranntes Kind. Er hatte früher persönlich erlebt, wie gefährlich ein strenger Rechnungshof mit einem unabhängigen Präsidenten an der Spitze für Spitzenpolitiker sein kann, die es mit der Verfassung nicht so genau nehmen: Der nordrhein-westfälische Landesrechnungshof hatte eine fünf Millionen Mark teure Kampagne, die der damalige Umweltminister Matthiesen auf Steuerzahlerkosten vor der Landtagswahl 1990 betrieben hatte, als unzulässige Wahlwerbung kritisiert.[208] Ein schließlich eingesetzter Untersuchungsausschuss[209] hätte Matthiesen fast um den politischen Kopf gebracht.[210]

Gerade jetzt wäre Transparenz der Fraktionsfinanzen besonders wichtig. Das Bundesverfassungsgericht hat nämlich im Juli 2000 entschieden, dass (außer an Fraktionsvorsitzende, Präsidenten und Vizepräsidenten des Parlaments) keine Zulagen mehr an Funktionsträger des Parlaments und der Fraktionen gezahlt werden dürfen. Ohne Transparenz der Fraktionsfinanzen kann die Öffentlichkeit aber überhaupt nicht erkennen, welche Zulagen in Nordrhein-Westfalen gezahlt werden.[211] Derzeit läuft die Prüfung der Fraktionsfinanzen, wenn sie denn überhaupt erfolgt, folgendermaßen ab: Die Fraktionen gehören zum Prüfungsgebiet der Präsidentin, die deren Finanzen zusammen mit einem Mitglied des Rech-

nungshofs prüft. Die Ergebnisse ihrer eventuellen Prüfungen werden lediglich den Fraktionsvorständen zugeleitet. Die Öffentlichkeit erfährt davon meist nichts.[212]
Eine Rechnungshofpräsidentin, die all das – entgegen den Grundsätzen der Finanzkontrolle und den verfassungsrechtlichen Geboten – mit sich machen lässt (und die zudem selbst als »ministrabel« gilt), musste für die Mitgliedschaft in der Berger-Kommission wohl wie geschaffen scheinen. Die Kombination aus dem hohen formalen Ansehen des Amts bei gleichzeitiger politischer Gefügigkeit der Amtsträgerin und eigenen ministeriellen Ambitionen prädestiniert geradezu für die Rolle, die ihr in der Berger-Kommission zugedacht war: jeglichen Vorschlag durch den Anschein von Objektivität zu adeln.

Hansheinz Hauser

Hansheinz Hauser, ein weiteres Mitglied der Berger-Kommission, ist Vorsitzender des Handwerkstags von Nordrhein-Westfalen und Präsident der Handwerkskammer Nordrhein-Westfalen. Er war Landtagsabgeordneter von 1958 bis 1972, Bundestagsabgeordneter von 1972 bis 1990 und dort mittelstandspolitischer Sprecher der CDU/CSU-Bundestagsfraktion (1975 bis 1990) und stellvertretender Vorsitzender der CDU/CSU-Bundestagsfraktion (1982 bis 1990). Von 1968 bis 1982 war er überdies Oberbürgermeister von Krefeld.[213] 1999 war Hauser einer der 58 Wahlmänner der nordrhein-westfälischen CDU in der Bundesversammlung zum Zwecke der Wahl des Bundespräsidenten.[214] Die Ämterhäufung in seiner Person und die eigene Betroffenheit als Mitglied der politischen Klasse schienen nicht gerade geeignet, die Sensibilität Hausers für die Problematik von Doppel- und Dreifachversorgungen zu fördern.

Walter Haas

Walter Haas ist DGB-Landesvorsitzender von Nordrhein-Westfalen. Dass er der politischen Klasse eng verbunden ist, ergibt sich schon daraus, dass die SPD-Fraktion des nordrhein-westfälischen Landtags ihn wiederholt,[215] zuletzt 1999[216] in die Bundesversammlung wählte, die dann ihrerseits die Bundespräsidenten wählte. In diese Versammlung pflegt die politische Klasse Personen zu entsenden, auf die sie sich verlassen kann.

Werner Neugebauer

Werner Neugebauer ist Bezirksleiter der Industriegewerkschaft Metall Bayern und war seit 1992 Mitglied des Bayerischen Senats,[217] bis dieser Ende 1999 durch Verfassungsänderung beseitigt wurde. Er ist seit 25 Jahren SPD-Mitglied und gehörte zum Beraterteam der früheren bayerischen SPD-Vorsitzenden Renate Schmidt.[218]

Joachim Jens Hesse

Joachim Jens Hesse ist Professor an der Freien Universität Berlin. Er war Geschäftsführender Direktor des Europäischen Zentrums für Staatswissenschaften und Staatspraxis in Berlin, bevor er in dieser Funktion (die im Bericht der Kommission noch vermerkt ist) durch einen Nachfolger abgelöst wurde (bestätigt durch Beschluss des Verwaltungsgerichts Berlin vom 26.4.2000). Hesse war nach Promotion in Köln und Assistentenzeit an der Universität Konstanz ohne Habilitation zum Professor ernannt und auf eine Professur an die Universität Duisburg berufen worden, wo er Direktor des »Rhein-Ruhr-Instituts für Sozialforschung und Politikberatung« wurde.[219] Er verfügt spätestens seit dieser Zeit über ausgesprochen gute Beziehungen zu den Spitzen nordrhein-westfälischer Ministerien. Von dort führte seine akademische Laufbahn über die Hochschule für Verwaltungswissenschaften Speyer und die Universität Oxford nach Berlin.

Andere Kommissionsmitglieder waren kaum in der Hälfte der Kommissionssitzungen anwesend und stellten – angesichts ihrer vielen beruflichen Aufgaben und der Kompliziertheit der von der Kommission behandelten Fragen – eher ihren bekannten Namen zur Verfügung, als dass sie sich wirklich intensiv mit der Kommissionsmaterie befassten. Das gab den »Aktivisten« umso mehr die Möglichkeit, ihr Konzept durchzusetzen.

In der Besetzung der Berger-Kommission wird der lange Arm der politischen Klasse besonders deutlich. Hier zeigt sich an einem exemplarischen Fall ihr Versuch, schon im Vorfeld der eigentlichen politischen Entscheidungen, also lange bevor der Gesetzgeber tätig wird, das »richtige Denken« über bestimmte politisch relevante Sachverhalte, hier: die Politikerbezüge, geschickt zu steuern.[220] Der Einfluss der politischen Klasse geht ja weit über die formale Macht zur Festlegung und Auslegung der gesetzlichen Regelungen und zur Auswahl von Personen an den Gerichten und im öffentlichen Dienst hinaus: Wer den Staat beherrscht, hat Einfluss auf die gültigen Grundvorstellungen der Menschen und bestimmt, wie der französische Soziologe Pierre Bourdieu überzeugend dargelegt hat, letztlich die Denkkategorien mit, nach denen Politik überhaupt wahrgenommen und beurteilt wird.[221]

Die politische Klasse hat die Einrichtungen, die unser politisches Denken prägen, insbesondere die gesamte politische Bildung, fest im Griff. Die Bundes- und Landeszentralen für politische Bildung, die Parteistiftungen und viele Volkshochschulen sind in ihrer Hand. Kaum ein Schulleiter, der nicht auch unter parteipolitischen Gesichtspunkten berufen wird; Führungskräfte der öffentlich-rechtlichen Medien werden vielfach nach Parteibuch bestellt. Die politische Klasse vergibt Ämter mit dem höchsten Ansehen bis hin zu den Bundes- und Landesverfassungsrichtern, zu den Präsidenten und Vizepräsidenten der Rechnungshöfe und zum Bundespräsidenten. Sie spricht ehrenvolle Berufungen in Sachverständigenkommissionen und andere halbamtliche Gremien aus. Sie verleiht alle Arten von Orden und Ehrenzeichen. Sie vergibt in riesigem Umfang öffentliche Aufträge an Beratungsunternehmen und lukrative Gutachten und Prozessführungsaufträge an Wissenschaftler und verpflichtet sich so fast alle zur Dankbarkeit, die Ansehen genießen und öffentlich Gehör finden. Das erleichtert es ihr umgekehrt, diejenigen, die wider den Stachel löcken und an die Wurzel gehende Kritik an den Verhältnissen äußern, als »politisch inkorrekt« zu brandmarken, sie notfalls auch persönlich zu diffamieren und ins politische Abseits zu stellen. Und wenn dann doch einer vom inneren Kreis der Berufspolitiker sich aufrafft, etwas Kritisches zu sagen, wie der ehemalige Bundespräsident Richard von Weizsäcker mit seiner Parteienkritik, wird das von der politischen Klasse und (fast) allen ihren unzähligen Zuarbeitern als Ausdruck von Undankbarkeit, ja von Verrat hingestellt.

In diesen Zusammenhang gehört auch die Berger-Kommission. Ihre Funktion war es, die Vorstellung von der angeblichen Angemessenheit massiv angehobener Politikerbezüge in die Köpfe der Menschen, insbesondere zunächst der Medien, zu senken und dadurch den öffentlichen Widerstand gegen entsprechende spätere gesetzgeberische Maßnahmen abzuschwächen. Umso heftiger war dann die Reaktion insbesondere des Kommissionsvorsitzenden Roland Berger auf meine kritische Stellungnahme, die dieses Konzept zu durchkreuzen drohte.

Dementsprechend ergossen sich – als Reaktion auf meinen Protest – persönliche Diffamierungen über mich, wobei »mangelnde Teamfähigkeit« und »unprofessionelles Verhalten« noch die harmlosesten Vokabeln waren. Die Reaktion war genau dieselbe wie die von Politikern, deren Fehlverhalten geoutet wird: Mir gehe es, wie Berger verbreiten ließ, ausschließlich um meine »Eigendarstellung in der Öffentlichkeit, nicht aber um sachliche Argumente«.[222] Durch die Kommissionsvorschläge drohe mir die »selbst geschaffene Spielwiese zur Politikerdiskriminierung verloren zu gehen«.[223] Berger scheute auch vor der Verdrehung von

Tatsachen nicht zurück. So bestritt er öffentlich, dass mir der Schlussbericht erst am 2. September 2000 (gegen Unterschrift) zugeleitet worden ist, und behauptete, ich hätte bereits in der ersten Sitzung der Kommission im Jahr 1999 ein abweichendes Votum angekündigt.[224] In Wahrheit hatte ich in der ersten Sitzung (wie auch schon in einem Brief an Ministerpräsident Clement vom 9. Februar 1999) Wert auf den für die Arbeit in Kommissionen selbstverständlichen Beschluss gelegt, dass der Schlussbericht der Kommission am Ende veröffentlicht werde und jedes Kommissionsmitglied die Möglichkeit eines Minderheitsvotums erhalte; ferner darauf, dass »die Mitgliedschaft in der Kommission meine Freiheit, einschlägige Fragen öffentlich zu thematisieren, nicht beschränkt«.

Schluss
Unverzüglicher Abbau der Schatteneinkommen!

Die Darlegungen der Kommission haben eindeutig bestätigt, dass die Schatteneinkommen bayerischer und nordrhein-westfälischer Regierungsmitglieder die Tatbestandsmerkmale verfassungswidriger Leistungen aufweisen. Dies ist für Kenner nichts Überraschendes, sondern steht aufgrund der Rechtsprechung des Bundesverfassungsgerichts seit langem ohnehin fest. Nur scheut die Kommission davor zurück, diese ganz unbezweifelbare rechtliche Erkenntnis auch offen auszusprechen, aus nachvollziehbarem (aber nicht zu rechtfertigendem) Grund: Eindeutig verfassungswidrige Leistungen müssen sofort unterbunden und dürfen keinen Tag länger als unbedingt nötig weitergezahlt werden – und schon gar nicht an Mitglieder der Regierung, die vor ihrem Amtsantritt einen Eid auf das Gemeinwohl geleistet und feierlich geschworen haben, die Verfassung mit ihrer »ganzen Kraft« zu »wahren und zu verteidigen«[225] (und sie nicht zum eigenen Wohl zu brechen). Besitzstandsargumente stehen – entgegen der Auffassung der Kommission[226] – dem nicht entgegen, weil die Verfassungswidrigkeit den Begünstigten seit langem bekannt war oder jedenfalls hätte bekannt sein können. Die Rücknahme überzogener und verfassungswidriger Gesetze mit Wirkung für zukünftige Leistungen ist eindeutig zulässig. Ein durch ein verfassungswidriges Gesetz Begünstigter hat nach der Rechtsprechung des Bundesverfassungsgerichts keinen Anspruch, in seinem Vertrauen auf den Bestand des Gesetzes geschützt zu werden.[227] Dies gilt erst recht, wenn das Gesetz systemwidrige und unbillige Privilegien für die Begünstigten enthält, wie auch das Bundesverfassungsgericht betont: »Auf das geltende Recht kann sich der Bürger ... dann nicht verlassen, wenn die Rechtslage unklar und verworren oder lückenhaft ist oder in dem Maße systemwidrig und unbillig, dass ernsthafte

Zweifel an der Verfassungsmäßigkeit bestehen. In diesen Fällen erfordert es das Rechtsstaatsprinzip, dass die Rechtssicherheit und Gerechtigkeit durch eine klärende Regelung rückwirkend hergestellt wird.«[228] Dementsprechend mussten 1992 in Hamburg nach Rücknahme der 1987 eingeführten Versorgungsprivilegien auch ehemalige Senatoren und ihre Hinterbliebenen und erst recht Senatoren, die zur Zeit des Rücknahmegesetzes noch im Amt waren, eine entsprechende Kürzung ihrer laufenden beziehungsweise zukünftigen Ruhegehaltsbezüge hinnehmen. Auch nach Aufhebung des hessischen Diätengesetzes vom Februar 1988 wurden die laufenden Bezüge der Begünstigten, auch die laufenden Versorgungsbezüge, gekürzt.[229] Ebenso wurden in Mecklenburg-Vorpommern die Privilegien auch den amtierenden und früheren Ministern genommen. Dass in solchen Fällen keine Verfassungssperre bestehe, war auch die Auffassung der Sachverständigen in einer Anhörung des Hessischen Landtags am 19.1.1993.[230] Es wäre also durchaus zulässig gewesen, beispielsweise die 1999 erfolgte Einschränkung der Versorgungsregelung in Nordrhein-Westfalen auch auf damals amtierende Regierungsmitglieder zu erstrecken (siehe oben S. 85 f.).

Das Schwergewicht der Schatteneinkommen bilden die Diäten, die steuerfreie Kostenpauschale sowie die spätere Versorgung, die Regierungsmitglieder aus einem gleichzeitig wahrgenommenen Abgeordnetenmandat beziehen. Diese Zusatzeinkommen privilegieren die begünstigten Regierungsmitglieder gegenüber denjenigen Regierungsmitgliedern, die kein Parlamentsmandat haben (siehe Tabelle 8, S. 224) und schaffen ein regelrechtes Zweiklassensystem: Regierungsmitglieder »de Luxe« und einfache Regierungsmitglieder.

Das quantitative Ausmaß der Privilegien der Regierungsmitglieder »de Luxe« ist im Bund und in vielen Ländern gewaltig (siehe Schaubild 5, S. 236): In Bruttoeinkommen umgerechnet, haben beispielsweise Bundesminister »de Luxe« 60 Prozent mehr als ihre einfachen Kollegen, baden-württembergische Minister »de Luxe« erhalten 45 Prozent mehr, sächsische Minister »de Luxe«

40 Prozent mehr, thüringische Minister »de Luxe« 39 Prozent mehr, nordrhein-westfälische Minister »de Luxe« 36 Prozent mehr und rheinland-pfälzische Minister »de Luxe« 35 Prozent mehr als ihre Kollegen ohne Sitz im jeweiligen Parlament. In Bayern erhöhen die Einnahmen aus dem Abgeordnetenmandat die Einkünfte der Minister um brutto 46 Prozent. Bayerische Minister mit Mandat haben um 86 Prozent höhere Bezüge als hessische Minister ohne Mandat.

Bedenkt man, dass Minister gar keine Zeit haben, noch etwas Wesentliches für ihr Mandat zu tun, wie auch die Berger-Kommission ausdrücklich festgestellt hat, wird deutlich, dass es sich um überkommene, sachlich durch nichts zu rechtfertigende Privilegien handelt, die schleunigst abgebaut gehören. Dies umso mehr, als die Zahlungen vielfach eindeutig verfassungswidrig sind. Betroffen davon ist eine große Zahl von Ministern und Regierungschefs und fast alle Staatssekretäre, die Regierungsmitglieder sind.

Legt man die oben dargestellten Kriterien für gerade noch zulässige Schatteneinkommen zugrunde, so haben die Gesetzgeber des Bundes und der Länder hinsichtlich der steuerfreien Kostenpauschalen aus dem Amt und aus dem Mandat von Verfassungs wegen drei Möglichkeiten des Vorgehens:

- Sie können auf die Pauschalen gänzlich verzichten.
- Sie können die Erstattung von Erwerbsaufwand in Form einer begrenzten Pauschalierung vornehmen, die sich dann aber an dem typischerweise tatsächlich entstehenden, angemessenen und besonderen amts- beziehungsweise mandatsbedingten Aufwand orientieren und sehr viel geringer sein muss als etwa in Bayern und Nordrhein-Westfalen (siehe S. 35 f.).
- Sie können den tatsächlich entstandenen und im Einzelfall nachgewiesenen, besonderen Erwerbsaufwand erstatten.

Hinsichtlich der steuerpflichtigen Abgeordnetendiäten von Regierungsmitgliedern lässt das Verfassungsrecht ihnen zwei Möglichkeiten:

- Sie können die Abgeordnetendiäten für Regierungsmitglieder gänzlich beseitigen.
- Die Verfassung erlaubt aber auch, sie in geringem Umfang bestehen zu lassen (siehe S. 38 f.).

Diese verfassungsrechtlichen Möglichkeiten lassen aber drei Feststellungen unberührt:

- Es wäre politisch am sinnvollsten, die Diäten, die Kostenpauschale, die Mandatsversorgung und die Abgeordnetenmitarbeiter von Regierungsmitgliedern völlig zu beseitigen.
- Noch sinnvoller wäre es, die Verfassung dahin zu ändern, dass Regierungsmitgliedern überhaupt die Wahrnehmung eines Abgeordnetenmandats verboten würde.
- Überschreiten Kostenpauschalen oder Diäten bestimmte Obergrenzen, sind sie verfassungswidrig und müssen in jedem Fall sofort abgebaut werden.

Doch gerade hier, bei den Privilegien der politischen Klasse, ist der Reformstau am größten. Bei Entscheidungen der Politiker in eigener Sache hat das System ausgeprägte Kontrollmängel: Politisch, weil die Opposition meist eingebunden ist und deshalb ihre Funktion, Missstände öffentlich anzuprangern, nicht mehr wahrnimmt; juristisch, weil nach den von der politischen Klasse selbst gemachten Gesetzen Bürger und Steuerzahler regelmäßig nicht klagen können, nicht einmal gegen offensichtlich verfassungswidrige Regelungen. Das können nur die Begünstigten selbst, insbesondere Regierungen und einzelne Minister – mit dem absurden Resultat: Wer bereit wäre zu klagen, kann es nicht, und wer klagen kann, tut es nicht. Angesichts der doppelt defizitären Kontrolle verbleibt als halbwegs wirksames Gegengewicht vor allem die öffentliche Kontrolle durch Medien und die Fachwissenschaft. Dazu ist dieses Buch ein Beitrag.

Anhang

Anmerkungen

1 Der Begriff »parlamentarische Staatssekretäre« soll alle Staatssekretäre bezeichnen, die auch ein Parlamentsmandat innehaben. Er umfasst also auch die bayerischen und die baden-württembergischen Staatssekretäre mit Mandat. Ist dagegen nicht dieser Sammelbegriff gemeint, sondern geht es um die Parlamentarischen Staatssekretäre des Bundes, wird er mit großem P geschrieben

2 Für die Umrechnungen von Monatsbezügen in Jahresbezüge und umgekehrt gilt in diesem Buch folgendes: Die Amtsgehälter, die einschließlich des Familienzuschlags verstanden werden (= steuerpflichtige Amtsbezüge), werden knapp dreizehnmal im Jahr (12 Monatsgehälter und eine Sonderzuwendung von ca. 90 Prozent) gezahlt. (In den fünf neuen Bundesländern beträgt die Sonderzuwendung ca. 70 Prozent der ohnehin abgesenkten Amtsgehälter.) Da die steuerpflichtige Abgeordnetenentschädigung (»Diäten«) zwölfmal im Jahr gezahlt wird, erhält man die Jahresbeträge durch Multiplikation mit 12. Die Dienstaufwandsentschädigung aus dem Amt und die Kostenpauschale aus dem Mandat werden steuerfrei gewährt. Der Verfasser hat die Monatsbeträge deshalb jeweils mit 24 (12 mal 2) multipliziert, um auf diejenigen Beträge zu kommen, die man zusätzlich an steuerpflichtigem Einkommen verdienen müsste (»Bruttoeinkommen«), um auf ein ebenso hohes Nettoeinkommen zu kommen. Dabei wird aufgrund der Höhe der Gesamteinkommen von einem Steuersatz von 50 Prozent ausgegangen.

3 Die Amtsbezüge von 324.847 DM setzen sich aus dem steuerpflichtigen Amtsgehalt von 310.447 DM und der steuerfreien Dienstaufwandsentschädigung von 7.200 DM zusammen, die zur Umrechnung in Bruttoeinkommen verdoppelt ist.

4 *Hans Herbert von Arnim,* Die Partei, der Abgeordnete und das Geld, 2. Aufl., 1996; *ders.,* Diener vieler Herren, 1998.

5 Abgeordneter *Peter Müller*, Landtag des Saarlandes, 10. Wahlperiode, 56. Sitzung am 13.10.1993, Protokoll, S. 3072. Siehe auch *ders.*, 57. Sitzung am 24.11.1993, Protokoll, S. 3131: »Wer in diesem Land eine Ministertätigkeit ausübt, fällt für die Arbeit in diesem Parlament aus. Ich kenne keinen Minister dieser und vorhergehender Landesregierungen, der in diesem Parlament noch Abgeordnetenpflichten wahrgenommen hat. Wenn das so ist, dann gibt es auch keine Begründung dafür, dass dann noch Bezüge gezahlt werden.« – Als *Peter Müller* dann sechs Jahre später Regierungschef im Saarland wurde, hat der Landtag für Regierungsmitglieder die Diäten aus einem Abgeordnetenmandat abgeschafft (siehe S. 74 f.), nicht aber die Kostenpauschale, obwohl *Müller* diese früher ebenfalls als ungerechtfertigt bezeichnet hatte. Ent-

sprechenden Vorwürfen der jetzigen SPD-Opposition fehlte allerdings die Glaubwürdigkeit, weil sie nicht einmal die Diäten abgeschafft hatte, als sie noch die Mehrheit hatte und die Regierung stellte. Siehe Landtag des Saarlandes, 12. Wahlperiode, 2. Sitzung am 27.10.1999, Protokoll, S. 24 ff.; 3. Sitzung am 24.11.1999, Protokoll, S. 81 ff.

6 BVerfGE 40, 296 (318, 328) – 1975. Zur näheren Erläuterung *von Arnim*, Bonner Kommentar, Zweitbearbeitung des Art. 48 GG (1980), Rn. 176.

7 BVerfGE 40, 296 (328).

8 Art. 48 Absatz 3 Satz 1 GG, bei Regelungen der Länder in Verbindung mit Art. 28 Absatz 1 Satz 1 GG, und Art. 3 GG

9 BVerfGE 49, 1 (2) – 1978. Hervorhebungen im Original.

10 BVerfGE 49, 1 (2).

11 Das gilt darüber hinaus auch für als »Aufwandsentschädigungen« deklarierte Einkommenszuschläge von Beamten. So jetzt auch ausdrücklich BVerfGE 99, 280 – 1998.

12 Siehe § 5 Bundesbesoldungsgesetz, wonach ein Beamter, der zwei Hauptämter wahrnimmt, regelmäßig nur *eine* – nämlich die höhere – Besoldung erhält.

13 So mit Recht der Präsident des Niedersächsischen Landtags, 12. Wahlperiode, 62. Plenarsitzung vom 21.10.1992, S. 5854.

14 Abgeordneter *Peter Müller*, Landtag des Saarlandes, 10. Wahlperiode, 51. Sitzung am 7.7.1993, Protokoll, S. 2834.

15 BVerfGE 40, 296 (329 f.).

16 Näheres bei *von Arnim*, Zweitkommentierung des Art. 48 GG im Bonner Kommentar (1980), Randnummern 163 ff.

17 BVerfGE 76, 256 (343) – 1987.

18 Der Umstand, dass der baden-württembergische Landtag und das Berliner Abgeordnetenhaus die Abgeordnetentätigkeit als Teilzeittätigkeit definieren, ändert an der verfassungsrechtlichen Beurteilung der Zweiteinkommen nichts, weil auch das baden-württembergische Minister- und das Berliner Senatorenamt zweifellos einen »Fulltimejob« darstellt. Die oben genannten Gründe für das Verbot der Doppelalimentation gelten also auch dort.

19 BVerfGE 40, 296 (327).

20 Ohne Familienzuschlag.

21 Hier sind die steuerfreien Pauschalen – entsprechend der Systematik dieser Tabelle – nicht verdoppelt.

22 Der Ministerpräsident von Bayern hat ein steuerpflichtiges Amtsgehalt von jährlich 323.327 DM, der von Nordrhein-Westfalen 334.815 DM. Das Mittel von beiden beträgt also 329.071 DM

23 Art. 6 Absatz 1 Bayerisches Ministergesetz.

24 § 8 des Gesetzes über die Rechtsverhältnisse der Parlamentarischen Staatssekretäre.

25 Die Pension, die Hans Eichel als ehemaliger Ministerpräsident von Hessen

und möglicherweise auch als ehemaliger Oberbürgermeister von Kassel erhält, ruht neben den Bezügen als Bundesminister, soweit sie diese nicht übersteigt (§ 20 Abs. 1 Bundesministergesetz).

26 § 1 des Gesetzes über die Rechtsverhältnisse der Parlamentarischen Staatssekretäre.

27 In Rheinland-Pfalz betrug die Kürzung 40 Prozent. Es verblieben den Regierungsmitgliedern 60 Prozent der Diäten, dies allerdings von damals noch 13 Entschädigungen im Jahr.

28 Siehe *von Arnim*, Diener vieler Herren, 1998, 15 ff. Dabei werden bei Ministern die steuerpflichtigen Amtsgehälter, bei Bundestagsabgeordneten die steuerpflichtigen Diäten, bei Arbeitnehmern die Bruttolohn- und Gehaltssumme je erwerbstätigem Arbeitnehmer herangezogen.

29 Statt vieler *Rudolf Scharping*, Parlamentarische Demokratie im Wandel, in: Landeszentrale für politische Bildung (Hg.), Parlamentarische Demokratie in der Krise, 1992, 25 (28).

30 Dies ist die so genannte Eckrente. Die Höchstrente aus der gesetzlichen Rentenversicherung beträgt im Jahre 2000 nach 45jähriger Beitragszahlung in Höhe der gesetzlichen Höchstbeiträge 4.154 DM monatlich.

31 Die Rentenversicherungsgesetze sprechen vom »Aktuellen Rentenwert (ARW)«. Er beträgt ab dem 1.7.2000 exakt 48,58 DM.

32 Landtag Nordrhein-Westfalen, Plenarprotokoll vom 25.3.1999, S. 9420 ff., Plenarprotokoll vom 6.5.1999, S. 9547 ff.

32a Das Amtsgehalt (einschließlich Familienzuschlag) von Regierungsmitgliedern ist in Baden-Württemberg zwar etwas niedriger als in Bayern und Nordrhein-Westfalen (siehe Tabellen 1 und 2, S. 214 ff.), doch nicht so viel niedriger, dass ein um mehr als ein Fünftel höherer Versorgungssatz gerechtfertigt wäre.

32b In Bayern und Nordrhein-Westfalen gibt es zwar ähnliche Regelungen, aber nur als *Kann*-Vorschriften

32c Artikel 2 des Entwurfs eines Gesetzes zur Änderung des Landesministergesetzes, Schleswig-Holsteinischer Landtag, Drucksache 15/117 vom 23.5.2000. Siehe auch die erste Lesung des Gesetzentwurfs im Schleswig-Holsteinischen Landtag am 8.6.2000, Protokoll, S. 406; ferner Protokoll, S. 82 ff.

33 So auch *Kommission der Parlamentsdirektoren*, Bericht vom 16.5.1989, S. 36.

34 Vgl. *Kommission der Parlamentsdirektoren*, ebenda, S. 37.

35 BVerfGE 40, 296 (329 f.). Siehe auch oben S. 38 mit Anmerkung 15.

36 § 17 Reichsministergesetz.

37 So z. B. § 8 Abs. 1 des Gesetzes über Gehalt, Ruhegehalt und Hinterbliebenenversorgung der Mitglieder der Bayerischen Staatsregierung vom 5.9. 1946, BayGVBl. S. 369.

38 § 14 Abs. 1 BMinG 1953: »Ein ehemaliges Mitglied der Bundesregierung er-

hält von dem Zeitpunkt an, in dem seine Amtsbezüge aufhören, Übergangsgeld, falls ihm nicht Ruhegehalt … zusteht.«

39 § 47 Beamtenversorgungsgesetz.

39a So auch *Bund der Steuerzahler Niedersachsen und Bremen*, Presseinformation vom 14.11.2000; ebenso Presseinformation des *Präsidiums des Bundes der Steuerzahler* vom 30.11.2000: Es muss »ein Systemwechsel von der staatlichen zu einer privaten, aus eigenen Beiträgen der Minister finanzierten Altersversorgung vollzogen werden«.

39b So auch der *Bund der Steuerzahler Schleswig-Holstein* in einer Stellungnahme vom 24.8.2000 zum Gesetzentwurf zur Änderung des dortigen Ministergesetzes: Beseitigung der staatlichen Altersversorgung und dafür »Erhöhung der Vergütung um bis zu 25 Prozent«.

39c *Bund der Steuerzahler*, Presseinformation des Präsidiums des Bundes der Steuerzahler vom 30.11.2000.

40 *Hans Herbert von Arnim*, Die finanziellen Privilegien von Ministern in Deutschland, 1992, 21 ff.

41 BVerfGE 40, 296 (316 f.).

42 BVerfGE 40, 296 (317). Dazu *von Arnim*, Zweitbearbeitung des Art. 48 GG in Bonner Kommentar (1980), Rn 93 m. w. N. Das Bundesverfassungsgericht hat in seinem Urteil vom 9.4.1992 zwar eine Indexierung der absoluten Obergrenze für die staatliche Parteienfinanzierung mit dem relevanten Preisindex nicht ausgeschlossen. (BVerfGE 85, 265 [291]). Es liegen aber keine Hinweise vor, dass das Gericht damit das Verbot der Koppelung der Diäten an die Beamtengehälter aufgeben wollte.

43 So schon *von Arnim*, Die finanziellen Privilegien von Ministern in Deutschland, a.a.O., 24 f., 71 f.

44 Reichsministergesetz vom 27.3.1930, RGBl. I S. 96.

45 Arbeitsgemeinschaft für Staatsvereinfachung, Staatsvereinfachung in Bayern, München 1955.

46 Siebtes Gesetz zur Änderung der Bayerischen Verfassung vom 20.2.1998, GVBl. S. 39.

47 So das Kabinett Stoiber II vom 27.10.1994 mit dem Ministerpräsidenten, 11 Ministern und 10 Staatssekretären.

48 So z. B. das Kabinett Strauß III vom 30.10.1986.

49 So sinngemäß schon eine Stimme bei Vorbereitung der bayerischen Landesverfassung. Siehe Gutachten für Staatsvereinfachung, S. 55.

50 So schon Gutachten zur Staatsvereinfachung, S. 55.

51 *Heinz Laufer*, Der Parlamentarische Staatssekretär, 1996, 7: »Ein Gremium von 16 Personen ist kaum beratungsfähig.« Das gilt für 18 Personen erst recht.

52 Gutachten zur Staatsvereinfachung, S. 55.

53 Gutachten zur Staatsvereinfachung, S. 55.

54 *Theodor Eschenburg*, Zur politischen Praxis in der Bundesrepublik Deutschland, Bd. II, 1966, 18 (19). Zustimmend, soweit ersichtlich, fast die gesamte Literatur, z. B. *Rainer Wahl*, Stellvertretung im Verfassungsrecht, 1971, 230; *Alfred Katz*, Politische Verwaltungsführung, 1975, 205. – Die Münchner Dissertation von *Gerd Michael Köhler*, Der bayerische Staatssekretär nach der Verfassung von 1946, 1982, 82 ff., die die generelle Wertung umkehren möchte, kann durchweg nicht überzeugen. Der Verfasser dieser Dissertation scheint die knappen Ansätze seines Doktorvaters (*Peter Lerche*, Staatssekretär, in: Staatslexikon, 6. Aufl., 1962, Sp. 619 ff.) untermauern zu wollen, der dem Staatssekretär »Effektivität an der Nahtstelle zwischen Verwaltung und Staatsleitung« und »das Leitbild einer politischen und nicht nur rechtlichen Balance gegenüber den ministeriellen Befugnissen« bescheinigt (siehe *Köhler*, a.a.O., 83, 87 unter Bezug auf Lerche).

55 *Theodor Eschenburg*, Staatsminister taugen nicht für Bonn, Die Zeit vom 18.1.1963, S. 4.

56 *Hans Schäfer*, Der Parlamentarische Staatssekretär im deutschen Regierungssystem, Die Öffentliche Verwaltung 1969, 38 (40).

57 Nach Art. 45 Abs. 2 Satz 2 der Landesverfassung Baden-Württemberg muss das Stimmrecht im Kabinett durch Beschluss des Parlaments verliehen werden, was, soweit ersichtlich, bisher aber stets geschehen ist. Siehe auch *Alfred Katz*, a.a.O., 109 Anm. 5.

58 *Eschenburg*, Zur politischen Praxis, a.a.O., 18 f.

59 Gesetz über die Rechtsverhältnisse der Politischen Staatssekretäre vom 19.7. 1972, Gesetzblatt S. 392.

60 *Eschenburg*, Die Zeit vom 18.10.1968.

61 *Alfred Katz*, a.a.O., 117 ff.

62 Urteil des Staatsgerichtshofs Baden-Württemberg vom 24.2.1973, ESVGH 23, 135 ff. = DÖV 1973, 673 ff.

63 *Hans Schneider*, Das Amt des politischen Staatssekretärs in Baden-Württemberg, Festschrift für Ernst Rudolf Huber, 1973, 167 (174 ff.); Katz, a.a.O., 122 m.w.N.

64 Art. 33 Abs. 4 GG.

65 Der Steuerzahler Baden-Württemberg 7/1989, S. 3 f.

66 *Andreas Borchers*, Die Absahner, Der Stern 47/1997, S. 34 ff.

67 Näheres bei *von Arnim*, Der Staat als Beute, 1993, 200 ff.

68 FAZ-Magazin Nr. 671 vom 8.1.1993.

69 *Hans-Joachim Ordemann*, Die zweite Reihe. Parlamentarische Staatssekretäre – hilfreich oder überflüssig?, Die Welt vom 1.10.1994, S. 5.

70 Gewisse Abweichungen ergeben sich allerdings daraus, dass die Gehälter von Bundesministern und Parlamentarischen Staatssekretären aufgrund mehrerer Nullrunden langsamer gewachsen sind als die der beamteten Staatssekretäre: Das Gehalt eines beamteten Staatssekretärs beträgt 19.464 DM und

übersteigt somit das Gehalt eines Parlamentarischen Staatssekretärs um 949 DM.

71 Die steuerfreien Pauschalen setzen sich aus 450 DM Dienstaufwandspauschale und 75 Prozent der Kostenpauschale von Bundestagsabgeordneten (= 4.890 DM) zusammen, insgesamt also 5.340 DM.

72 Gesetz über die Rechtsverhältnisse der Parlamentarischen Staatssekretäre vom 6.4.1967, BGBl. I S. 396.

73 § 13a Ministergesetz von Schleswig-Holstein. Siehe dazu auch die Debatte im Schleswig-Holsteinischen Landtag vom 23.5.1996, Plenarprotokoll 14/3, S. 66 ff.

74 Eine von politikwissenschaftlichen Erwägungen dominierte Auffassung, die gleichzeitige Wahrnehmung eines Mandats durch Regierungsmitglieder sei hinzunehmende Konsequenz des parlamentarischen Systems, findet in jüngerer Zeit immer stärkeren Widerspruch. Teilweise gehen renommierte Staatsrechtslehrer sogar von der definitiven Verfassungswidrigkeit der gleichzeitigen Innehabung von Amt und Mandat aus, so z. B. *Hans Meyer*, Die Stellung der Parlamente in der Verfassungsordnung des Grundgesetzes, in: Hans-Peter Schneider/Wolfgang Zeh (Hg.), 1989, S. 127 ff., und *Ingo von Münch*, Minister und Abgeordnete in einer Person: die andauernde Verhöhnung der Gewaltenteilung, Neue Juristische Wochenschrift 1998, S. 34 ff.

75 Abgeordneter *Peter Müller*, Landtag des Saarlandes, 10. Wahlperiode, 51. Sitzung am 7.7.1993, Protokoll, S. 2834.

76 Siehe zum Beispiel den Vorbericht im Stern vom 30.4.1998, S. 214 ff.; ferner z. B. Tageszeitung München vom 2.5.1998.

77 Abendzeitung München vom 8.5.1998: »Stoiber setzt das Kabinett auf Diät: Bayerns Minister und Staatssekretäre waren ratlos. Am Tag zuvor hatte Ministerpräsident Edmund Stoiber die Hiobsbotschaft verkündet: Seine zehn Minister sollen nach der Landtagswahl weniger verdienen. Auch die zehn Staatssekretäre, von denen künftig drei eingespart werden, müssen kürzer treten. Auf was die Kabinettsmitglieder verzichten? ›Ich sag dazu gar nichts‹, erklärte Wirtschaftsminister Otto Wiesheu. Landwirtschaftsstaatssekretärin Marianne Deml: ›Da hab ich mir noch keine Gedanken gemacht.‹ Und Kultusstaatssekretär Rudolf Klinger schicksalhaft: ›Der Herr hat's gegeben, der Herr wird's auch wieder nehmen.‹«

78 Nürnberger Nachrichten vom 7.5.1998: »Stoiber kündigt einen Tag nach der Kritik von Arnims Einschnitte bei den Bezügen an. Kabinett soll weniger verdienen. ... Regierungschef Stoiber ... will mit Sparankündigungen der Kritik an den hohen steuerfreien Pauschalen entgehen.«

79 *Edmund Stoiber*, Rede vom 27.6.1998 in der Neuen Messe München, S. 44-46 des Redemanuskripts.

80 Gesetz zur Änderung des Gesetzes über die Rechtsverhältnisse der Mitglieder

der Staatsregierung vom 28.12.1998, Bayerisches Gesetz- und Verordnungsblatt S. 1014.

81 Fünftes Gesetz zur Änderung des Landesministergesetzes vom 18.5.1999, Gesetz- und Verordnungsblatt für das Land Nordrhein-Westfalen S. 206.

82 Die CDU-Fraktion des nordrhein-westfälischen Landtags legte als erste einen Gesetzentwurf zur Einschränkung der Überversorgung von Regierungsmitgliedern vor, dem sich der Richtung nach auch die anderen Fraktionen des Landtags anschlossen. Siehe die Landtagsdebatte vom 16.6.1996, in der sich die Redner aller Fraktionen auf das Buch »Diener vieler Herren« bezogen.

83 *Hans Herbert von Arnim*, Die finanziellen Privilegien von Ministern in Deutschland, 1992 (Heft 74 der Schriftenreihe des Karl-Bräuer-Instituts des Bundes der Steuerzahler); *ders.*, Der Staat als Beute, 1993, S. 67 ff., 135 ff., 175 ff.

84 Siehe § 20 Absatz 2 Satz 1 des Fünften Gesetzes zur Änderung des Landesministergesetzes vom 18.5.1999 (Gesetz- und Verordnungsblatt S. 206): »Für die am 1. Juli 1999 amtierenden Mitglieder und für die zu diesem Zeitpunkt ehemaligen Mitglieder der Landesregierung sowie deren Hinterbliebene findet § 11 in der vor dem Inkrafttreten dieses Gesetzes geltenden Fassung Anwendung.«

85 Dabei ist ein Steuersatz auf Einkommen von 50 Prozent unterstellt.

86 Siehe z. B. Passauer Neue Presse vom 8.5.1998, S. 8: »Abgeordnete, nicht nur in der Opposition, empfinden es ... als Ungerechtigkeit, dass Kabinettsmitglieder für ihre Arbeit voll bezahlt werden und nebenbei noch Abgeordnetengelder kassieren. ›Da bekommt ein Staatssekretär eine Aufwandspauschale, obwohl er einen ganzen Apparat mit Dienstwagen, Sekretariat und Referenten hinter sich hat‹, sagt ein CSU-Fraktionsmitglied, das nicht genannt werden möchte, um nicht als ›Neidhammel‹ dazustehen. Die Kabinettsmitglieder übten kaum noch Abgeordnetenarbeit oder Ausschusstätigkeit aus.«

87 Ministerpräsident Stoiber hatte schon in der erwähnten Rede vom 27.6.1998 die Einsetzung einer Kommission ins Gespräch gebracht und gesagt: »Wir wollen nicht selbst festlegen, was wir verdienen. ... Ich rege deshalb die *Einsetzung einer unabhängigen Kommission* an, die Vorschläge unterbreiten soll, welche Gehälter Regierungsmitglieder erhalten sollen.« (Hervorhebung im Original)

88 Pressemitteilung der SPD-Fraktion des Landtags Nordrhein-Westfalen vom 9. März 1999.

89 Die besondere Bedeutung, die der Frage des öffentlichen »Verkaufs« beigemessen wurde, erklärt vielleicht auch die Berufung etwa von Elisabeth Noelle-Neumann, der Gründerin des Allensbacher Instituts für Demoskopie, und von Helmut Markwort.

90 Diese Illustrierte gehört zum Burda-Konzern, dessen Vorstandsmitglied Helmut Markwort, der zugleich Chefredakteur des »Focus« ist, gleichfalls der

Kommission angehörte. – Die dpa-Meldung vom 28.7.1999 begann mit folgenden Sätzen: »Deutsche Politiker sind nach Ansicht des Unternehmensberaters Roland Berger unterbezahlt. ›Kein Volk der Welt kann es sich leisten, nicht von den Besten im Land regiert zu werden – und die müssen angemessen verdienen‹, sagte Berger der in München erscheinenden Illustrierten ›Bunte‹.«

91 Siehe z.B. Bild am Sonntag vom 27.8.2000.

92 In einer Regierungserklärung vom 17.6.1998 hatte Ministerpräsident Clement Folgendes erklärt (S. 10 und 11 des Redemanuskripts): »Die Bezüge und die Versorgung der Mitglieder der Landesregierung werden erneut kritisch erörtert und parlamentarisch debattiert. Wir werden uns an dieser Debatte in aller Offenheit und Klarheit beteiligen. … Ich habe deshalb die Absicht, bei dem nächsten Zusammentreffen mit den Regierungschefs der Länder am 9. Juli dafür zu werben, diese Frage, die sich nicht nur hier bei uns in Nordrhein-Westfalen stellt, gemeinsam nach gleichen Maßstäben zu beantworten. …« – In einer Meldung der Deutschen Presseagentur über die Ministerkonferenz vom 9.7.1998 hieß es: »Die Ministerpräsidenten waren sich auch darüber einig, dass es bei der Bezahlung und Versorgung von Landesministern künftig mehr ›Transparenz‹ geben soll, teilte der nordrhein-westfälische Regierungschef Wolfgang Clement (SPD) mit. … Es sei höchste Zeit, die Bezüge nach einheitlichen Maßstäben neu zu regeln.«

93 Siehe auch *Roland Berger* in einem Interview mit »Focus« vom 18.9.2000, S. 49: »Stoiber und Clement brauchen Zeit für die öffentliche Diskussion und die Abstimmung mit Kollegen anderer Bundesländer. Ich kann nur hoffen, dass unser Modell für die jeweils nächsten Legislaturperioden umgesetzt wird und Nachahmer in Bund und Ländern findet.«

94 Frankfurter Rundschau vom 13.9.2000, S. 4.

95 Kommissionsbericht, S. 4. – Wenn im Folgenden Seitenzahlen ohne weitere Kennzeichnung genannt werden, beziehen diese sich auf den Kommissionsbericht.

96 S. 4.

97 S. 30.

98 In Bayern sind es genau 323.327 DM, in Nordrhein-Westfalen 334.815 DM.

99 S. 5.

100 S. 31 ff.

101 S. 32, 36.

102 S. 32.

103 S. 37: »Vor und nach der Wahrnehmung eines Regierungsamts erworbene Alterssicherungsansprüche … (werden) erhalten und nicht angerechnet.«

104 S. 39.

105 S. 31. – Um »die bisherige Höhe des Übergangsgeldes« zu »erhalten, spricht die Kommission sich – angesichts des stark erhöhten Amtsgehalts als Be-

zugsgröße – dafür aus, künftig in den ersten drei Monaten die Hälfte des künftigen Amtsgehalts, für den Rest der Bezugsdauer 25 Prozent dieser Bezüge« als Übergangsgeld zu zahlen.

106 S. 5.

107 Genau sind es 276.740 DM.

108 S. 5.

109 S. 5.

110 *Hans Herbert von Arnim*, Der Staat als Beute, 1993, 374 f.

111 *Bundespräsidialamt* (Hg.), Empfehlungen der Kommission unabhängiger Sachverständiger zur Parteienfinanzierung, 1994, 102.

112 *von Arnim*, a.a.O.

113 BVerfGE 40, 296 (327).

114 So auch ausdrücklich Kölnische Rundschau vom 13.9.2000, die den Präsidenten des Steuerzahlerbundes Bayern einen »unverdächtigen Experten« in Sachen Ministergehälter nennt. Siehe auch S. 182 f.

115 S. 43: »Für die bei einer Umsetzung der Kommissionsvorschläge notwendigen Übergangsregelungen weist die Kommission darauf hin, dass sich der Besitzstand auf die heute amtierenden Kabinettsmitglieder erstreckt. Diese haben bis zum Ende der laufenden Legislaturperiode einen Anspruch entsprechend der zum jetzigen Zeitpunkt bestehenden Regelungen.«

116 S. 5: Die vorgeschlagene Anhebung der Amtsgehälter führe denn auch »für den Staat langfristig zu etwa gleichen Kosten wie das heutige Bezügesystem.«

117 Pressemitteilung von Roland Berger vom 12.9.2000, S. 2.

118 Pressemitteilung von Roland Berger vom 12.9.2000.

119 Diese 334.756 DM setzen sich zusammen aus 303.556 DM steuerpflichtiger Amtsbezüge plus 31.200 DM verdoppelte Dienstaufwandsentschädigung.

120 S. 4.

121 Interview mit der Süddeutschen Zeitung vom 14.9.00 (Bayern-Teil). Auf die Frage des Interviewers, ob die »Schatteneinkommen« nicht verfassungswidrig seien, wie von Arnim meine, antwortete Berger: »Dazu kann ich nur sagen: Wir hatten drei Verfassungsrechtler in der Kommission und alle anderen waren auch hochrangige Persönlichkeiten. Von denen hat keiner – um von Arnim zu zitieren – die jetzigen ›Schattenbezüge‹ als verfassungswidrig betrachtet. Dieses Argument greift ganz einfach nicht.« – In Wahrheit waren nur zwei Verfassungsrechtler in der Kommission (Badura und von Arnim), Joachim Jens Hesse ist Sozialwissenschaftler.

122 S. 10.

123 S. 30 f.

124 BVerfGE 49, 1.

125 Die Kommission erweckt allerdings den Eindruck, die Verfassungswidrigkeit ergebe sich allein und erst aufgrund eines Beschlusses des Bundesverfas-

sungsgerichts vom 11.11.1998 (BVerfGE 99, 280). Dies ist aber nicht der Fall, sie folgt bereits aus früheren Urteilen, so etwa dem Diätenurteil von 1975 und einem drei Jahre später ergangenen weiteren Urteil des Bundesverfassungsgerichts (siehe S. 32 ff.). Diese Urteile unterschlägt der Bericht. – Die Frage, ab wann die Verfassungswidrigkeit erkennbar war, ist nicht nur akademischer Natur: Ergibt sich die Verfassungswidrigkeit bereits eindeutig aus früheren Urteilen des Verfassungsgerichts, so ist damit klargestellt, dass auch die Regierungsmitglieder die Verfassungswidrigkeit seit langem zumindest hätten kennen können. – Ein (vom Bericht gleichfalls nicht erwähntes) Urteil des Bayerischen Verfassungsgerichtshofs, das überraschenderweise die Verfassungsmäßigkeit der steuerfreien Pauschalen von Abgeordneten anerkannt hat (Deutsches Verwaltungsblatt 1983, 706 mit Anm. *von Arnim*), ist von vornherein nicht einschlägig. Denn dieses Urteil gilt (nicht nur formal, sondern auch inhaltlich) nur für Abgeordnete, nicht auch für Minister, die gleichzeitig Abgeordnete sind. Das Bayerische Verfassungsgericht begründete die angebliche Verfassungsmäßigkeit seinerzeit nämlich letztlich damit, die Konkurrenz unter den Abgeordneten werde quasi automatisch dazu führen, dass sie ihre Kostenpauschale auch voll ausschöpften. Was immer man von dieser Argumentation halten mag, sie trifft auf Minister, die gleichzeitig Abgeordnete sind, jedenfalls gerade nicht zu. Die Kommission hat selbst festgestellt, dass »das Regierungsamt das gesamte Engagement der betroffenen Persönlichkeiten erfordert« (S. 4), so dass diese für ihre Abgeordnetentätigkeit »keine Zeit« haben (S.37). Solche Abgeordnete haben in ihrer Eigenschaft als Minister sehr viel umfassendere Möglichkeiten, sich ihren Wählern zu präsentieren. Sie haben deshalb – auch ohne Verwendung der Kostenpauschalen – von vornherein einen Riesenvorsprung vor ihren Konkurrenten.

126 S. 1 des Papiers: »... kann ich mich nur vorläufig äußern.« S. 5: »Eine weitergehende Prüfung muss für den Fall vorbehalten bleiben, dass dem Diätenurteil speziellere Rechtsfolgen entnommen werden.« Das Badura-Papier ist im Anhang wiedergegeben (S. 274 ff.).

127 S. 4.

128 S. 22 ff.

129 S. 24.

129a Die Zitate im Text entstammen dem schönen, genau unsere Fragestellung behandelnden Buch von *Albert O. Hirschman*, Engagement und Enttäuschung. Über das Schwanken der Bürger zwischen Privatwohl und Gemeinwohl, 1984, 93 f.

130 So *Roland Berger*, zum Beispiel in: Der Spiegel vom 18.9.00, S. 77: »Es könne nicht dabei bleiben, dass ein Ministerpräsident, der Verantwortung für einen Milliardenetat trage, weniger bekomme als der Vorsitzende der Sparkasse um die Ecke.« Ähnlich *Rolf von Hohenhau* (Interview), in: Bayerischer Rundfunk, »Das Tagesgespräch« vom 13.9.00.

131 S. 20.

131a Die tiefer gehende Frage, ob die ganze Regierungsmaschinerie in den Bundesländern nicht überzogen ist, die Minister im Grunde genommen nicht regieren, »sondern verwalten« und deshalb eigentlich eine grundlegende Umorganisation und Straffung angezeigt wäre (so der frühere niedersächsische Landtagsdirektor *Hans-Horst Giesing*, Kritische Fragen zum Föderalismus, in: Hans Herbert von Arnim [Hg.], Adäquate Institutionen: Voraussetzungen für »gute« und bürgernahe Politik?, 1999, 75 [85 f.]), wird von der Kommission gar nicht erst angesprochen.

132 *Manfred Lahnstein*, Die Feuerwehr als Brandstifter, 2000, 95.

133 Im Kommissionsbericht heißt es (S. 5), die Kommission wolle mit ihren Gehaltsvorschlägen »den Anforderungen der Bevölkerung, ›von den besten Köpfen im Land regiert zu werden‹, Rechnung tragen«.

134 S. 26.

135 S. 26.

136 Bayerische Regierungsmitglieder erhalten aus einem parallelen Abgeordnetenmandat 8.976 DM (5.232 DM steuerpflichtige Entschädigung plus 3.744 DM steuerfreie Aufwandsentschädigung), nordrhein-westfälische Regierungsmitglieder erhalten 7.280 DM (4.414 DM steuerpflichtige Entschädigung plus 2.866 DM steuerfreie Aufwandsentschädigung). Das Mittel aus beiden Beträgen ist 8.128 DM, multipliziert mit zwölf ergibt einen Jahresbetrag von 97.536 DM.

137 S. 32.

138 S. 33

139 S. 36.

140 S. 4. – Der Betrag ist höher als der oben S. 86 genannte, weil die Kommission nicht berechnet hat, was jemand heute an Versorgung bekommt, wenn er 60 Jahre ist und fünf Jahre Minister war. Die Kommission berechnet vielmehr, was jemand, der heute mit 55 Jahren sein Amt antritt, in fünf Jahren erhalten wird. Dann wird das monatliche Amtsgehalt und damit der Wert, auf den sich die 31,5 Prozent beziehen, angestiegen sein. Die Kommission unterstellt dabei ein bestimmtes Wachstum des Amtsgehalts pro Jahr.

141 Siehe die gleichlautenden Pressemitteilungen der Berger-Kommission vom 12.9.00 (München) und vom 14.9.00 (Düsseldorf), jeweils S. 4; »Focus« vom 18.9.00, S. 48 (49): »Statt 8.000 Mark Pension soll ein Regierungsmitglied nach fünf Amtsjahren künftig nur noch knapp 2.800 Mark bekommen.« Siehe ferner *von Hohenhau* (Interview), in: »Klartext. Zeitschrift des Bundes der Steuerzahler in Bayern«, Oktober 2000, S. 10 (13).

142 Siehe zum Beispiel *Sebastian Beck*, Süddeutsche Zeitung vom 14.9.00.

143 Davon geht auch die Kommission in ihrem Bericht (S. 36) aus: »Aufgrund der nach dem Gleichheitsgrundsatz gebotenen identischen Beiträge für alle Altersgruppen führt das System ohne entsprechende Modifikationen dazu,

dass jüngere Regierungsmitglieder aufgrund der längeren Verzinsungsdauer der im Rahmen der Rückdeckungsversicherung geleisteten Beiträge zu erheblich höheren Anwartschaften gelangen als ältere.«

144 S. 36 f.

145 S. 4.

146 Bayerischer Rundfunk, »Das Tagesgespräch« vom 13.9.2000.

147 S. 32 f.

148 S. 36.

149 S. 37.

150 S. 37.

151 Die Kommission geht auf diese Sonderversorgung für Regierungsmitglieder aus dem öffentlichen Dienst mit keinem Wort ein.

152 Art. 20 Absatz 2 bayerisches Gesetz über die Rechtsverhältnisse der Mitglieder der Staatsregierung; § 14 Absatz 2 nordrhein-westfälisches Ministergesetz.

153 S. 37.

154 S. 37.

155 § 16 Ministergesetz Nordrhein-Westfalen, Art. 22 Gesetz über die Rechtsverhältnisse der Mitglieder der Staatsregierung.

156 S. 37: »Private Erwerbseinkommen werden bis zum 65. Lebensjahr beziehungsweise zum jeweils aktuellen gesetzlichen Rentenalter in Höhe des Betrages angerechnet, um den die Summe aus privatem Erwerbseinkommen und Versorgungsbezügen die Höhe der früheren Amtsbezüge übersteigt; mindestens 20 Prozent der Ruhebezüge sind jedoch zu belassen.«

157 Die derzeitige Höchstpension beträgt 75 Prozent des Amtsgehalts von 323.327 DM.

158 S. 40, Tabelle 9, Zeile »Wert der späteren Versorgung«.

159 S. 37.

160 Der Verfall wird zwar möglicherweise dadurch gemildert, dass ein Anspruch aus dem Abgeordnetenmandat oder – bei Regierungsmitgliedern aus dem öffentlichen Dienst – aus diesem Verhältnis besteht. An dem Verfall der Versorgungsansprüche aus dem Regierungsamt ändert das aber nichts.

161 S. 37.

162 S. 43.

163 S. 4. Ebenso Presseerklärung *Roland Berger* vom 12.9.00 und (gleichlautend) vom 14.9.00, S. 5.

164 S. 4.

165 Focus vom 18.9.00, S. 49.

166 S. 31.

167 S. 3, 29.

168 S. 3, 29.

169 S. 31–37.

170 S. 31.

171 S. 32.

172 Pressemitteilung Bergers vom 12.9.2000, S. 4: »Die Kommission spricht sich für … die Rückführung der Bezüge nach dem Ausscheiden aus der Regierung aus.«

173 Allerdings wird die Verteilung eine andere, weil es für kürzere Amtszeiten relativ geringe, für längere Amtszeiten dagegen relativ höhere Versorgungsansprüche gibt als bisher.

174 Pressemitteilung Bergers vom 12.9.2000, S. 7.

175 Siehe Tabelle 11, S. 227.

176 Berger im Focus-Interview vom 18.9.2000, S. 49: »Unser Vorschlag ist kostenneutral.« Siehe auch Pressemitteilung Bergers vom 12.9.2000, S. 6: »Die Kosten durch die vorgeschlagene Anhebung der Amtsbezüge für den Staat (bleiben) in etwa gleich wie im heutigen Bezügesystem.«

177 Münchner Merkur vom 13.9.2000.

178 Der neue Tag vom 13.9.2000.

179 *Hans Herbert von Arnim*, Die finanziellen Privilegien von Ministern in Deutschland, 1992, 21 ff.

180 Siehe auch *von Hohenhau*, »Focus« vom 18.9.2000, S. 50: »Das Berger-Modell könne auch Vorbild für eine Reform der Abgeordnetendiäten sein.«

181 Dazu *Hans Herbert von Arnim*, »Der Staat sind wir!«, 1995; *ders.*, Das neue Abgeordnetengesetz. Inhalt, Verfahren, Kritik und Irreführung der Öffentlichkeit, 1997 (Nr. 169 der Speyerer Forschungsberichte).

182 Näheres dazu bei *Hans Herbert von Arnim*, Der Staat als Beute, 1993, 135 ff.

183 Konzept zur Minimierung der finanziellen Risiken der öffentlichen Hand durch eine Beteiligung an einer Expo-Gesellschaft, September 1992, erstellt vom Unternehmen Roland Berger, S. 63 f.

184 Bericht in: Wirtschaftswoche vom 5.10.2000, S. 38 und 41.

185 *Roland Berger* (Interview), Wirtschaftswoche vom 26.10.2000, S. 114.

186 Zu dieser Problematik generell *Hans Herbert von Arnim*, Gemeinwohl und Gruppeninteressen, 1977, 315 ff.; *ders.*, Staatslehre der Bundesrepublik Deutschland, 1984, 433 ff.

187 Dazu im einzelnen *von Arnim*, Staatslehre, a.a.O., 435 ff.

188 Stuttgarter Nachrichten vom 13.9.2000, S. 2

189 Übersicht 1 im Anhang. Quelle: Landtag Nordrhein-Westfalen, Drucksache 12/1359 vom 27.9.1996.

190 Im Munzinger Archiv heißt es über Jochen Kienbaum, den geschäftsführenden Gesellschafter der Kienbaum Unternehmensgruppe, Kienbaum »bemühte sich … über die Wirtschaft hinaus zielstrebig auch um Aufträge der öffentlichen Hand, die heute schon mit etwa 15 Prozent zum Unternehmensumsatz beitragen. Inzwischen gelten die Gummersbacher Fachleute bundesweit als

führendes Beratungsunternehmen auch für die Verwaltung. 1991 sorgte eine kritische Wirtschaftlichkeitsstudie des Schulwesens in Nordrhein-Westfalen, die Denkanstöße zur Straffung der Schulverwaltung und zur stärkeren Dezentralisierung der Schulen gab, für erhebliches Aufsehen.«

191 Zu Aufträgen etwa Bremens an das Unternehmen Roland Berger und Partner siehe z. B. Weser-Kurier vom 29.8.2000; Bremer Nachrichten vom 11.9.2000.

192 Zu Aufträgen nordrhein-westfälischer Ministerien an die Roland »Berger und Partner GmbH« siehe z. B. Landtag Nordrhein-Westfalen, Drucksache 12/1359 vom 27.9.1996, S. 4.

193 Süddeutsche Zeitung vom 5.4.2000.

194 So kritisierte der Vorsitzende des Personalrats im bayerischen Kultusministerium, eine solche Untersuchung hätten »fünf führende Beamte … auch machen können«. Süddeutsche Zeitung, a.a.O.

195 Süddeutsche Zeitung vom 17.4.1999; Der Tagesspiegel vom 2.10.1999.

196 »Beiräte« des Vorstands des Regionalverbandes Augsburg des bayerischen Bundes der Steuerzahler, also des Heimat-Regionalverbandes von von Hohenhau, sind – neben Michael von Hohenhau – zum Beispiel der für Wirtschaft und Stadtentwicklung zuständige berufsmäßige Augsburger CSU-Stadtrat Johannes Hintersberger; der langjährige Augsburger CSU-Landtagsabgeordnete Albert Schmid (MdL seit 1978, Stimmkreis Augsburg-Stadt-West); ferner der Augsburger CSU-Landtagsabgeordnete Bernd Kränzle (MdL seit 1990, Stimmkreis Augsburg-Stadt-Ost). Kränzle ist seit 1989 Bezirksvorsitzender der CSU Augsburg. Kränzle war von 1993 bis 1998 Staatssekretär, zunächst im Bayerischen Ministerium für Kultus und Wissenschaft, sodann im Bayerischen Justizministerium.

197 Siehe z. B. *von Hohenhau* (Interview), »Das Tagesgespräch«, Bayerischer Rundfunk vom 13.9.00; *ders.*, »Focus« vom 18.9.2000; *ders.*, »Klartext«. Zeitschrift des Bundes der Steuerzahler in Bayern e.V., Oktober 2000, S. 10–13; Gemeinsame Presseerklärung der Landesverbände Bayern und Nordrhein-Westfalen des Bundes der Steuerzahler vom 14.9.2000.

198 Presseerklärung der ÖDP vom 14.9.2000.

199 Die bewusst gesuchte Nähe zu den politischen Machthabern entspricht einer explizit vertretenen »Philosophie« des bayerischen Landesverbandes des Steuerzahlerbundes, die dieser seit längerem verfolgt. Sie beruht auf einer vor etwa 20 Jahren von dem seitherigen Vorsitzenden Rolf von Hohenhau (der damals noch den Namen Rolf Kartmann trug) und dem seitherigen Verwaltungsratsvorsitzenden Dr. h. c./UT San Salvador Paul Stefan durchgesetzten »Neuorientierung«. In der Festschrift zum 50-jährigen Bestehen des bayerischen Landesverbandes des Bundes der Steuerzahler heißt es dazu: Die 1980 berufene neue Führungsmannschaft »bewirkte auch eine weitere Neuorientierung: Kooperation statt Konfrontation um jeden Preis«. (50 Jahre Bund der

Steuerzahler in Bayern, 2000, S. 58) Das verlange »konstruktive Kontakte« (a.a.O.), deren Früchte in der genannten Festschrift ausführlich dargestellt werden, die allerdings auch ihren Preis haben, wie das Verhalten des bayerischen Verbandspräsidenten im Zusammenhang mit der Berger-Kommission zeigt.

200 Internet: www.cdu.de/lemgo/s/presse 0992106 b.htm

201 Interview mit Ute Scholle, Welt am Sonntag vom 4.2.1996.

202 Kölner Stadtanzeiger vom 26.1.1986: »Manfred Scholle war vor Monaten als NRW-Arbeitsminister im Gespräch.« – Manfred Scholle hatte später allerdings eine heftige Auseinandersetzung mit der Landesregierung und wechselte in den Vorstand der Vereinigten Elektrizitätswerke.

203 Die Tageszeitung vom 29.1.2000.

204 Laut dem Jahresbericht 1995 des Landesrechnungshofs Nordrhein-Westfalen hatten die Landtagsfraktionen zwar damals schon die Absicht, »in der neuen Wahlperiode auch in Nordrhein-Westfalen« ein Fraktionsgesetz zu erlassen. (Landtagsdrucksache 12/113 vom 31.8.1995, S. 173) Doch die Wahlperiode ist längst verstrichen, ohne dass es zu einem Fraktionsgesetz gekommen wäre. Die Grünen haben 1992, als sie noch in der Opposition standen, zwar einen Gesetzentwurf vorgelegt (Landtagsdrucksache 11/4162). Seitdem sie an der Regierung beteiligt sind, haben sie diese Initiative aber anscheinend nicht weiter verfolgt. Die seit 1996 amtierende Präsidentin Ute Scholle hat ein solches Gesetz nach eigenen Angaben zwar brieflich wiederholt angemahnt, öffentlichen Druck, etwa durch Veröffentlichung ihrer Briefe, hat sie aber nicht gemacht. Die Veröffentlichung von Mängeln, auch von verfassungswidrigem Unterlassen »des Gesetzgebers«, ist aber nun einmal das einzige »Schwert« der Rechnungshöfe.

205 BVerfGE 80, 188 (214) [1989]: »Der Bundesrechnungshof ist … verpflichtet, die ordnungsgemäße Verwendung der Fraktionszuschüsse im Sinne ausschließlichen Einsatzes für die Arbeit der Fraktionen regelmäßig nachzuprüfen, Verstöße gegen die Zweckbindung sowie die Wirtschaftlichkeit und sonstige Ordnungsmäßigkeit der Mittelverwendung aufzudecken und zu beanstanden, gegebenenfalls Abhilfevorschläge zu unterbreiten und Beanstandungen in den jährlichen Prüfungsbericht aufzunehmen (Art. 114 Abs. 2 GG).« Entsprechendes gilt auch für die Länder und die Landesrechnungshöfe.

206 So ein Bericht des WDR-Fernsehens (»Westpol«) am 1.10.2000, 19.30 Uhr.

207 Pressemitteilung der SPD-Fraktion des Landtags in Nordrhein-Westfalen vom 16.1.1996: »Dr. Ute Scholle … soll auf Vorschlag der SPD-Landtagsfraktion Präsidentin des Landesrechnungshofes in Nordrhein-Westfalen werden. Das teilte Fraktionsvorsitzender Klaus Matthiesen jetzt mit.«

208 Landtag Nordrhein-Westfalen, Drucksache 11/8200, S. 124 f.

209 Landtag Nordrhein-Westfalen, Drucksache 11/8200.

210 *Pascal Beucker/Thomas Meiser*, Ein streitlustiger Sozialdemokrat, taz ruhr vom 17.12.1998.

211 WDR, a.a.O.

212 Der Landesrechnungshof hat sich bisher zweimal zur Finanzierung der Fraktionen geäußert: im Jahresbericht 1991/92 (Anlage zu Landtagsdrucksache 11/3964, S. 8, 50 ff.) und im Jahresbericht 1995 (Anlage zu Landtagsdrucksache 12/113, S. 172 ff.), beide Male vor der Amtszeit der neuen Präsidentin. Soweit bekannt, hat während der Amtszeit von Ute Scholle bisher keine Prüfung der Landtagsfraktionen durch den Rechnungshof stattgefunden, die Liquidationsprüfung aus dem Landtag ausgeschiedener Fraktionen vielleicht ausgenommen.

213 Handelsblatt vom 23.6.1997.

214 Westdeutsche Allgemeine Zeitung vom 24.3.1999.

215 Die Bundesversammlungen 1949–1989, 1994, S. 281, 325.

216 www.landtag.nrw.de/cgi-bin/sear.

217 Der Bayerische Senat. Biographisch-statistisches Handbuch 1947-1997, 1998, S. 228 f.

218 *Waltraut Taschner*, Das Portrait: Werner Neugebauer, in: Maximilianeum Nr. 3/1995, S. 36.

219 Kürschners Deutscher Gelehrten-Kalender 1996, 17. Ausgabe, 1996, 557.

220 Dazu *Hans Herbert von Arnim*, Vom schönen Schein der Demokratie, 2000, 38 f.

221 *Pierre Bourdieu*, Praktische Vernunft, 1998, 93 ff., 111 ff., 119 ff.

222 So Presseerklärung Roland Bergers vom 11.9.2000. – »Dass öffentliches Eintreten für die eigene Überzeugung in Wahrheit fast zwangsläufig mit einem Exponieren der eigenen Person verbunden« ist, hebt *Sandra Seubert*, Bürgermut und Bürgertugend. Verantwortung und Verpflichtung in der modernen Demokratie, Zeitschrift für Politikwissenschaft 2000, 1014 (1027), mit Recht hervor.

223 A.a.O.

224 A.a.O.

225 Art. 53 Verfassung für Nordrhein-Westfalen, Art. 56 Bayerische Verfassung.

226 S. 43.

227 BVerfGE 24, 300 (347).

228 BVerfGE 30, 367 (388).

229 Gesetz vom 2.8.1988 zur Aufhebung des Hessischen Abgeordnetengesetzes und anderer Rechtsvorschriften vom 11.2.1988, GVBl. I S. 299.

230 Stenographische Niederschrift der 21. Sitzung des Ältestenrates des Hessischen Landtags vom 19.1.1993, S. 6 f., 9 f.; Anlage 2, S. 3 f.

Tabellen

Tabelle 1:
Derzeitige Bezüge von Ministern des Bundes und der Länder (einschließlich der Einkommen aus einem eventuellen Abgeordnetenmandat)
Monatsbezüge in DM

	Steuerpflichtige Amtsbezüge (Amtsgehalt und Familienzuschlag)		Pauschale Dienstaufwan entschädigun (steuerfrei)
	1	2	3
	Betrag	Rechenmodus für das Amtsgehalt	Betrag
Bund	24.103	B11 x 4/3	600
Flächenstaaten			
Baden-Württemberg	19.653	B11	1.000
Bayern	23.302	19/16 B11	1.300
Hessen	19.517	14/13 B10	350
Niedersachsen	21.122	107,55% B11	1.000
Nordrhein-Westfalen	23.568	120% B11	1.300
Rheinland-Pfalz	19.576	B11	667
Saarland	19.576	B11	700
Schleswig-Holstein	19.917	110% B10	280
Stadtstaaten			
Berlin	19.387	B11	300
Bremen	19.653	B11	650
Hamburg	23.014	123% B11	550
Neue Länder			
Brandenburg	17.000	B11	800
Mecklenburg-Vorpommern	17.228	110% B10	606
Sachsen	16.915	B11 –0,5%	1.000
Sachsen-Anhalt	17.000	B11	700
Thüringen	16.620	B11	1.000

Stand: 1.1.2000

[1] Die steuerpflichtigen Amtsbezüge werden dreizehnmal im Jahr (12 Monatsbezüge und eine Sonderzuwendung von ca. 90 Prozent), die Abgeordnetenentschädigung wird zwölfmal im Jahr gezahlt.

bgeordneten-ntschädigung („Diäten“: teuerpflichtig)		Abgeord-netenkosten-pauschale (steuerfrei)	Amtsbezüge und „Abgeordnetendiäten“ (steuerpflichtig)[1] Summe 1+4	Kosten-pauschalen (steuerfrei) Summe 3+5
4		5	6	7
trag[2]	Rechen modus	Betrag[3]	Betrag	Betrag
38	50%	4.890	30.540	5.490
99	70%	2.263	25.452	3.263
32	50%	3.744	28.534	5.044
88	25%	950	22.405	1.300
	0%	515	21.122	1.515
14	50%	2.866	27.982	4.166
51	30%	2.475	22.327	3.142
	0%	1.990	19.576	2.690
93	25%	1.200	21.809	1.480
05	50%	1.700	22.192	2.000
	0%	-	19.653	650
	0%	-	23.014	550
94	25%	2.182	18.894	2.982
20	25%	1.493	18.948	2.098
77	50%	2.360	20.291	3.360
25	25%	390	18.925	1.090
48	35%	2.529	19.368	3.529

[2] In Spalte 4 ist der Teil der Abgeordnetenentschädigung wiedergegeben, den Abgeordnete, die gleichzeitig Minister sind, erhalten, also der gekürzte Betrag. Rechts davon, unter »Rechenmodus«, steht der Prozentsatz der Abgeordnetenentschädigung, der an Minister gezahlt wird.

[3] In Spalte 5 ist der Teil der steuerfreien Aufwandspauschale wiedergegeben, den Abgeordnete, die gleichzeitig Minister sind, erhalten.

Tabelle 2:
Derzeitige Bezüge des Bundeskanzlers und der Regierungschefs der Länder (einschließlich der Einkommen aus einem eventuellen Abgeordnetenmandat)
Monatsbezüge in DM

	Steuerpflichtige Amtsbezüge (Amtsgehalt und Familienzuschlag)		Pauschale Dienstaufwan entschädigu (steuerfrei)
	1	2	3
	Betrag	Rechenmodus für das Amtsgehalt	Betrag
Bund	28.000	B11 x 5/3	2.000
Flächenstaaten			
Baden-Württemberg	23.546	120% B11	2.000
Bayern	25.103	32/25 B11	2.300
Hessen	23.367	119% B11	700
Niedersachsen	23.818	121,4% B11	1.500
Nordrhein-Westfalen	25.995	4/3 B11	2.300
Rheinland-Pfalz	21.396	110% B11	1.500
Saarland	21.396	110% B11	1.400
Schleswig-Holstein	21.599	110% B11	520
Stadtstaaten			
Berlin	23.026	120% B11	750
Bremen	19.653	B11	1.300
Hamburg	23.014	123% B11	1.250
Neue Länder			
Brandenburg	18.515	109% B11	1.200
Mecklenburg-Vorpommern	18.683	110% B11	866
Sachsen	20.255	120% B11 –0,5%	2.000
Sachsen-Anhalt	18.683	110% B11	1.100
Thüringen	19.728	120% B11	1.500

Stand: 1.1.2000

[1] Die steuerpflichtigen Amtsbezüge werden dreizehnmal im Jahr (12 Monatsbezüge und eine Sonderzuwendung von ca. 90 Prozent), die Abgeordnetenentschädigung wird zwölfmal im Jahr gezahlt.

bgeordneten-ntschädigung („Diäten“: teuerpflichtig)		Abgeord-netenkosten-pauschale (steuerfrei)	Amtsbezüge und „Abgeordnetendiäten“ (steuerpflichtig)[1] Summe 1+4	Kosten-pauschalen (steuerfrei) Summe 3+5
4		5	6	7
etrag[2]	Rechen modus	Betrag[3]	Betrag	Betrag
38	50%	4.890	34.438	6.890
99	70%	2.263	29.344	4.263
32	50%	3.744	30.335	6.044
88	25%	950	26.255	1.650
	0%	515	23.818	2.015
14	50%	2.866	30.409	5.166
51	30%	2.475	24.147	3.975
	0%	1.990	21.396	3.390
93	25%	1.200	23.492	1.720
05	50%	1.700	25.831	2.450
	0%	-	19.653	1.300
	0%	-	23.014	1.250
94	25%	2.182	20.409	3.382
20	25%	1.493	20.403	2.358
77	50%	2.360	23.632	4.360
25	25%	390	20.608	1.490
48	35%	2.529	22.476	4.029

[2] In Spalte 4 ist der Teil der Abgeordnetenentschädigung wiedergegeben, den Abgeordnete, die gleichzeitig Ministerpräsidenten sind, erhalten, also der gekürzte Betrag. Rechts davon, unter »Rechenmodus«, steht der Prozentsatz der Abgeordnetenentschädigung, der an Minister gezahlt wird.

[3] In Spalte 5 ist der Teil der steuerfreien Aufwandspauschale wiedergegeben, den Abgeordnete, die gleichzeitig Ministerpräsidenten sind, erhalten.

Tabelle 3:
Derzeitige steuerpflichtige Amtsbezüge und zusätzliche Schatteneinkommen (auf brutto umgerechnet) von bayerischen und nordrhein-westfälischen Regierungsmitgliedern mit Abgeordnetenmandat
Jahresbeträge in DM

		Bayern			Nordrhein-Westfalen	
		Minister-präsident	Minister	Staats-sekretäre	Minister-präsident	Minister
1	Steuerpflichtige Amtsbezüge	323.327	300.130	276.740	334.815	303.556
2	Steuerfreie Dienstaufwands-entschädigung (verdoppelt)	55.200	31.200	19.200	55.200	31.200
3	Abgeordnetenentschädigung („Diäten")	62.784	62.784	62.784	52.968	52.968
4	Steuerfreie Abgeordneten-kostenpauschale (verdoppelt)	89.856	89.856	89.856	68.784	68.784
5	**Zusätzliche Schatteneinkommen insgesamt (Summe aus Zeilen 2, 3 und 4)**	**207.840**	**183.840**	**171.840**	**176.952**	**152.952**
6	Derzeitiges Gesamteinkommen (Summe aus Zeilen 1 und 5)	531.167	483.970	448.580	511.767	456.508
7	Von der Kommission vorgeschlagene Amtsbezüge	650.000	500.000	450.000	650.000	500.000

Stand: 1.1.2000

Tabelle 4:
Internationaler Vergleich der Bezüge von Regierungsmitgliedern
Jahreseinkommen in DM

Land		Amtsbezüge Steuerpflichtig	Amtsbezüge Steuerfrei[0]	Gesamtbezüge	Übergangsgeld	Ruhegehalt	Paralleles Abgeordnetenmandat	**Gesamtbezüge aus Regierungsamt und Abgeordnetenmandat**
USA	Bund[1]	377.760	-	377.760	nein	286.720	nein	**377.760**
	Gouverneure	113.328-245.544	4.660-151.104	113.328-321.096	nein	teilw. 50% Amtsb.	nein	**113.228-321.096**
Österreich	Bund[2]	500.674	44.003	544.677	429.144	allg. Sozialvers.	nein	**544.677**
	Länder[3]	383.810-400.568	58.671	442.481-459.239	343.320	allg. Sozialvers.	nein	**442.481-459.239**
Schweiz	Bund[4]	471.718	36.930	508.648	nein	nach 4 J. 50%	nein	**508.648**
	Kanton	123.100-359.253	9.848-36.930	130.002-544.677	i.d.R. nein	allg. Sozialvers.	nein	**130.002-544.677**
Frankreich[5]		148.680	65.016	213.696	74.340	allg. Sozialvers./ Pension	nein	**213.696**
Niederlande[6]		193.104	18.041	211.145	12 Mon. 80% + 24 Mon. 70%	nach 4 J. 14% zzgl. 1,75% p.a.	nein	**211.145**
Belgien[7]		314.338	11.869	326.207	k.A.	k.A.	nein	**326.207**
Großbritannien[8]		308.250	k.A.	308.250	i.H. der Amtsbezüge	k.A.	ja, 135.198 p.a.	**443.448**
Deutschland	Bund[9]	351.693	24.000	375.693	bis 36 Monate	2 J. 15% + 2,5% p.a.	ja, 132.231 p.a.	**507.924**
	Länder[10]	249.041	9.336	258.377	2 Jahre	ab 3,4 J ca. 26,7%	ja, ca. 62.500 p.a.	**320.877**
Ministerpräsidenten von Bayern und Nordrhein-Westfalen		**329.072**	**27.600**	**356.672**	**2 Jahre**	**nach 5 J. 31,5% und 2,5% p.a.**	**ja, 97.536 p.a.**	**454.208**

Stand: 8. Juni 1999

Quelle: Tabelle entnommen aus dem Bericht der Berger-Kommission, hinzugefügt wurde durch den Verfasser: die unterste Zeile auf dem Stand 1.1.2000 (fett gedruckt). Hinzugefügt wurde auch die rechte Spalte (ebenfalls fett).

[0] Wegen unterschiedlicher Steuersysteme nicht auf brutto umgerechnet.

[1] Amerikanischer Präsident; Amtsbezüge sind für kommende Präsidenten bereits verdoppelt worden.

[2] Bundeskanzler

[3] Landeshauptmann

[4] Bundesrat

[5] Premierminister

[6] Ministerpräsident

[7] Premierminister

[8] Premierminister

[9] Bundeskanzler

[10] Durchschnitt Ministerpräsidenten (ohne Hamburg und Bremen)

Tabelle 5:
Vergleich Bayern / Nordrhein-Westfalen – Hessen / Niedersachsen
Monatliche Einkommen von Ministern, die gleichzeitig Abgeordnete sind, in DM

		Bayern	Nord-rhein-West-falen	Hessen	Nieder-sachsen
1	Steuerpflichtige Amtsbezüge	23.302	23.568	19.517	21.122
2	Steuerfreie Dienstaufwands-entschädigung (DAE)	1.300	1.300	350	1.000
3	Verdoppelung der DAE (Zeile 2) zur Umrechnung in Bruttoeinkommen	2.600	2.600	700	2.000
4	Amtsbezüge insgesamt (Summe aus Zeile 1 und 2)	24.602	24.868	19.867	22.122
5	Amtsbezüge bei Umrechnung der DAE in Bruttoeinkommen (Summe aus Zeile 1 und 3)	25.902	26.168	20.217	23.122
6	Zusätzliche Abgeordneten-entschädigung (steuerpflichtig)	5.232	4.414	2.888	-
7	Zusätzliche Abgeordneten-Kostenpauschale (steuerfrei)	3.744	2.866	950	515
8	Verdoppelung der Kostenpauschale (Zeile 7) zur Umrechnung in Bruttoeinkommen	7.488	5.732	1.900	1.030
9	Gesamteinkommen aus Ministeramt und Abgeordnetenmandat (Summe aus Zeilen 4, 6 und 7)	33.578	32.148	23.705	23.637
10	Gesamteinkommen aus Ministeramt und Abgeordnetenmandat bei Umrechnung der steuerfreien Zahlungen in Bruttoeinkommen (Summe aus Zeilen 5, 6 und 8)	38.622 Mehr gegen-über Hessen: 13.617. Mehr gegenüber Nieder-sachsen: 14.470.	36.314 Mehr gegen-über Hessen: 11.309. Mehr gegen-über Nieder-sachsen: 12.162.	25.005	24.152

Stand: 1.1.2000

Die Auswertung der Tabelle ergibt:

Bei Verdoppelung der steuerfreien Bezüge zur Umrechnung in Bruttoeinkommen ist das monatliche Bruttogesamteinkommen bayerischer Minister (Zeile 10) um **13.617 DM** und damit um **55 %** höher als das hessischer Minister und um **14.470 DM** und damit um **60 %** höher als das niedersächsischer Minister.
Das monatliche Bruttogesamteinkommen nordrhein-westfälischer Minister (ebenfalls Zeile 10) ist um **11.309 DM** und damit um **45 %** höher als das hessischer Minister und um **12.162 DM** und damit **50 %** höher als das niedersächsischer Minister.

Tabelle 6:
Vergleich Bund – Bayern / Nordrhein-Westfalen
Monatliche Amtsbezüge von Ministern in DM

		Bund	Bayern		Nordrhein-Westfalen	
			Absolute Beträge	Differenz zum Bund	Absolute Beträge	Differenz zum Bund
1	Steuerpflichtige Amtsbezüge	24.103	23.302	801	23.568	535
2	Steuerfreie Dienstaufwandsentschädigung (DAE)	600	1.300	**-700**	1.300	**-700**
3	Verdoppelung der DAE (Zeile 2) zur Umrechnung in Bruttoeinkommen	1.200	2.600	**-1.400**	2.600	**-1.400**
4	Amtsbezüge insgesamt (Summe aus Zeile 1 und 2)	24.703	24.602	101	24.868	**-165**
5	Amtsbezüge bei Umrechnung der DAE in Bruttoeinkommen (Summe aus Zeile 1 und 3)	25.303	25.902	**-599**	26.168	**-865**

Stand: 1.1.2000

Anmerkung: Die fett gesetzten Minus-Ziffern markieren die Beträge, um die die Bezüge von bayerischen oder nordrhein-westfälischen Ministern schon jetzt *höher* sind als die entsprechenden Bezüge von Bundesministern.

Tabelle 7:
Amtsgehälter hoher Richter

	Amt	Gehalt
1	**Präsident des Bundesverfassungsgerichts**	**24.703 DM** (Amtsgehalt und Dienstaufwandsentschädigung eines Bundesministers) + 1 1/3 des Ortszuschlags nach Ia der Anlage II zum Bundesbesoldungsgesetz
2	**Vizepräsident des Bundesverfassungsgerichts**	**22.707 DM** (1 1/6 des Amtsgehalts eines Staatssekretärs) + 1 1/6 Ortszuschlag nach Ia der Anlage II zum Bundesbesoldungsgesetz
3	**Richter am Bundesverfassungsgericht**	**20.609,69 DM** (R 10 + nichtruhegehaltsfähige Stellenzulage für Präsidenten von obersten Gerichtshöfen des Bundes) + Ortszuschlag nach Ia der Anlage II zum Bundesbesoldungsgesetz
4	**Präsident des Bundesgerichtshofs**	**20.609,69 DM** (R 10 und nichtruhegehaltsfähige Stellenzulage für Präsidenten von obersten Gerichtshöfen des Bundes) + Familienzuschlag
5	**Präsidenten von Oberlandesgerichten**	**14.347,73 DM** (R 8) + Familienzuschlag

Stand: 1.1.2000

Tabelle 8:
Zahl der Regierungsmitglieder mit und ohne Parlamentsmandat in Bund und Ländern

	Zahl der Regierungsmitglieder	**Davon *ohne* Parlamentsmandat**	**Regierungsmitglieder ohne Parlamentsmandat (in%)**
Baden-Württemberg	13	5	39%
Bayern	18	1	5,5%
Berlin	8	3	38%
Brandenburg	10	3	33%
Bremen	7	7	100%
Hamburg	12	12	100%
Hessen	10	5	50%
Mecklenburg-Vorpommern	10	3	33%
Niedersachsen	11	5	45%
Nordrhein-Westfalen	11	8	73%
Rheinland-Pfalz	9	3	33%
Saarland	8	5	63%
Sachsen	12	6	50%
Sachsen-Anhalt	9	5	56%
Schleswig-Holstein	9	5	56%
Thüringen	10	4	40%
Länder zusammen	167	80	48%
Bund	15	5	33%
Bund und Länder	182	85	47%

Stand: 30.11.2000

Die Tabelle zeigt, dass 47 Prozent aller Regierungsmitglieder des Bundes und der Länder kein Abgeordnetenmandat haben. Fasst man nur die Minister/Senatoren ins Auge (klammert also die Staatssekretäre, soweit sie Regierungsmitglieder sind – in Bayern 6 und in Baden-Württemberg 2 –, und die 17 Regierungschefs aus), so haben 82 von 157, also 52 Prozent, kein Abgeordnetenmandat.

Tabelle 9:
Kosten der Bezahlung von Regierungschefs der Länder bei Umsetzung der Vorschläge der Berger-Kommission[1]

	Derzeitige Gesamt-einkommen	Gesamt-einkommen nach den Vorschlägen der Berger-Kommission	Erhöhung	
			in DM	in %
1	2	3	4	5
Baden-Württemberg	475.172	650.000	174.828	37%
Bayern	531.167	650.000	118.833	22%
Berlin	389.035	650.000	260.965	67%
Bremen	284.331	650.000	365.669	129%
Hamburg	326.420	650.000	323.580	99%
Hessen	375.223	650.000	274.777	73%
Niedersachsen	355.126	650.000	294.874	83%
Nordrhein-Westfalen	511.767	650.000	138.233	27%
Rheinland-Pfalz	403.992	650.000	246.008	61%
Saarland	356.940	650.000	293.060	82%
Schleswig-Holstein	342.151	650.000	307.849	90%
Brandenburg	338.851	565.500[2]	226.649	67%
Mecklenburg-Vorpommern	314.319	565.500	251.181	80%
Sachsen	402.200	565.500	163.300	41%
Sachsen-Anhalt	295.947	565.500	269.553	91%
Thüringen	380.020	565.500	185.480	49%
Summe			***3.894.839 DM***	

Personal: Stand 30.11.2000
Bezahlung: Stand 1.1.2000

[1] Alle Regierungschefs der Länder (mit Ausnahme Bremens und Hamburgs) haben ein Abgeordnetenmandat. Die Schatteneinkommen hieraus sind in die derzeitigen Gesamteinkommen eingerechnet worden.

[2] Seit dem 1.8.2000 beträgt der Bemessungssatz für die Besoldung in den neuen Bundesländern 87%

Tabelle 10: Kosten der Bezahlung von Ministern und Senatoren der Länder mit Abgeordnetenmandat bei Umsetzung der Vorschläge der Berger-Kommission

	Derzeitige Gesamteinkommen	Gesamteinkommen nach den Vorschlägen der Berger-Kommission	Erhöhung		Anzahl der Minister mit Mandat	Mehrkosten für das Budget der jeweiligen Gebietskörperschaft (Spalte 4 x Spalte 6)
			in DM	in %		
1	2	3	4	5	6	7
Baden-Württemberg	401.031	500.000	98.969	25%	6	593.814
Bayern[1]	483.970	500.000	16.030	3%	11	164.330
Berlin[1]	331.365	500.000	168.635	51%	4	652.261
Hessen	317.235	500.000	182.765	58%	4	731.060
Niedersachsen	308.411	500.000	191.589	62%	5	957.945
Nordrhein-Westfalen	456.508	500.000	43.492	10%	2	86.984
Rheinland-Pfalz	360.559	500.000	139.441	39%	5	697.205
Saarland	316.699	500.000	183.301	58%	2	366.602
Schleswig-Holstein	314.767	500.000	185.233	59%	3	555.699
Brandenburg	310.026	435.000[2]	124.974	40%	6	749.844
Mecklenburg-Vorpommern	289.627	435.000	145.373	50%	6	872.238
Sachsen	335.815	435.000	99.185	30%	5	495.925
Sachsen-Anhalt	264.990	435.000	170.010	64%	3	510.030
Thüringen	328.580	435.000	106.200	32%	5	531.000
Summe						***7.964.937 DM***

Personal: Stand 30.11.2000
Bezahlung: Stand 1.1.2000

[1] In Bayern erhält die stellvertretende Ministerpräsidentin Barbara Stamm ein Gesamteinkommen von 495.970 DM, also mehr als die »normalen« Minister. In Berlin erhält der Bürgermeister Klaus Böger ein Gesamteinkommen von 353.644 DM, also mehr als die »normalen« Senatoren. Diese erhöhten Beträge werden erst in Spalte 7 berücksichtigt.

[2] Seit dem 1.8.2000 beträgt der Bemessungssatz für die Besoldung in den neuen Bundesländern 87%.

Tabelle 11: Kosten der Bezahlung von Ministern und Senatoren der Länder ohne Abgeordnetenmandat bei Umsetzung der Vorschläge der Berger-Kommission

	Derzeitige Gesamteinkommen	Gesamteinkommen nach den Vorschlägen der Berger-Kommission	Erhöhung		Anzahl der Minister ohne Mandat	Mehrkosten für das Budget der jeweiligen Gebietskörperschaft (Spalte 4 mal Spalte 6)
			in DM	in %		
1	2	3	4	5	6	7
Baden-Württemberg	277.131	500.000	222.869	80%	4	891.476
Bayern	331.330	500.000	168.670	51%	1	168.670
Berlin[1]	256.905	500.000	243.095	95%	3	711.006
Bremen[2]	268.731	500.000	231.269	86%	6	1.379.814
Hamburg[2]	309.620	500.000	190.380	61%	11	2.089.380
Hessen	259.779	500.000	240.221	92%	5	1.201.105
Niedersachsen	296.051	500.000	203.949	69%	5	1.019.745
Nordrhein-Westfalen	334.756	500.000	165.244	49%	8	1.321.952
Rheinland-Pfalz	268.147	500.000	231.853	86%	3	695.559
Saarland	268.939	500.000	231.061	86%	5	1.155.305
Schleswig-Holstein	257.203	500.000	242.797	94%	5	1.213.985
Brandenburg	234.930	435.500[2]	200.570	85%	3	601.710
Mecklenburg-Vorpommern	233.155	435.500	202.345	87%	3	607.035
Sachsen	238.651	435.500	196.849	82%	6	1.181.094
Sachsen-Anhalt	232.530	435.500	202.970	87%	5	1.014.850
Thüringen	234.908	435.500	200.592	85%	4	802.368
Summe						***16.055.054 DM***

Personal: Stand 30.11.2000
Bezahlung: Stand 1.1.2000

[1] In Berlin erhält der Bürgermeister Eckart Werthebach ein Gesamteinkommen von 275.184 DM, also mehr als die »normalen« Senatoren ohne Mandat. In Bremen erhält der Bürgermeister Hartmut Perschau ein Gesamteinkommen von 276.531 DM, also mehr als die »normalen« Senatoren. In Hamburg erhält die Zweite Bürgermeisterin Krista Sager ein Gesamteinkommen von 314.420 DM, also mehr als die »normalen« Senatoren. Diese erhöhten Beträge werden erst in Spalte 7 berücksichtigt.

[2] Seit dem 1.8.2000 beträgt der Bemessungssatz für die Besoldung in den neuen Bundesländern 87%.

Schaubild 1: Jahreseinkommen von ausgesuchten und anderen Amtsträgern - in Kontra

Stand: 1.1.2000

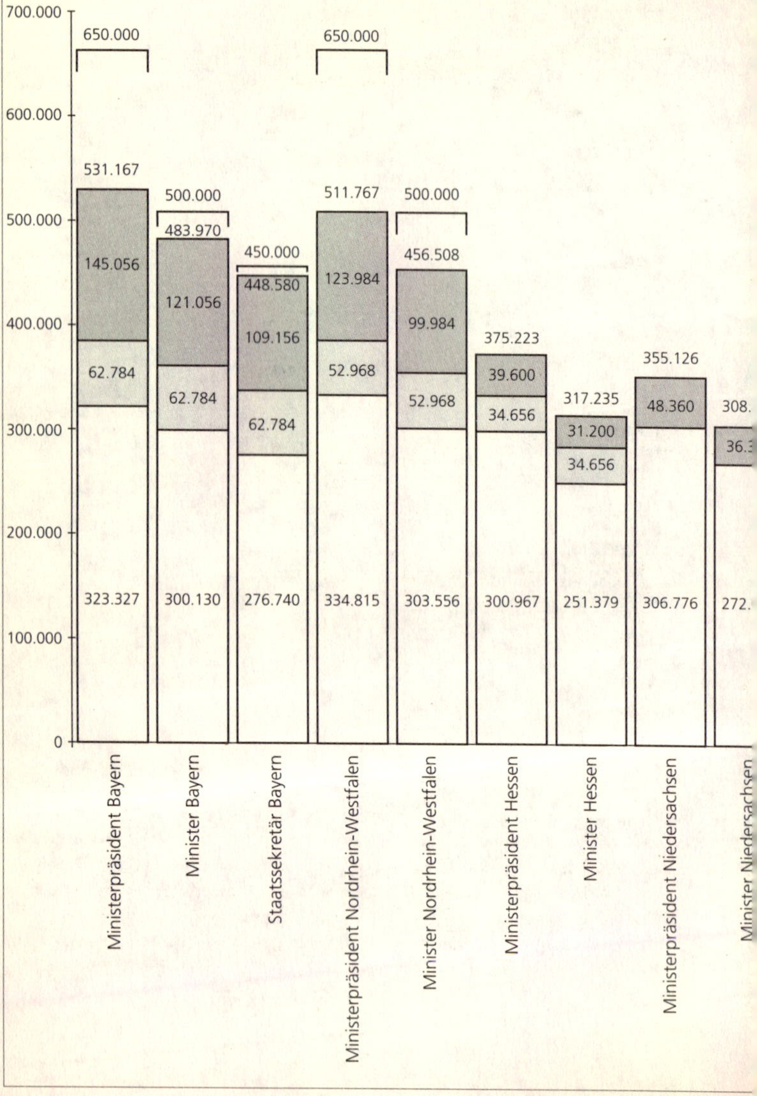

ngsmitgliedern (mit und ohne Parlamentsmandat)
n Vorschlägen der Berger-Kommission (in DM)

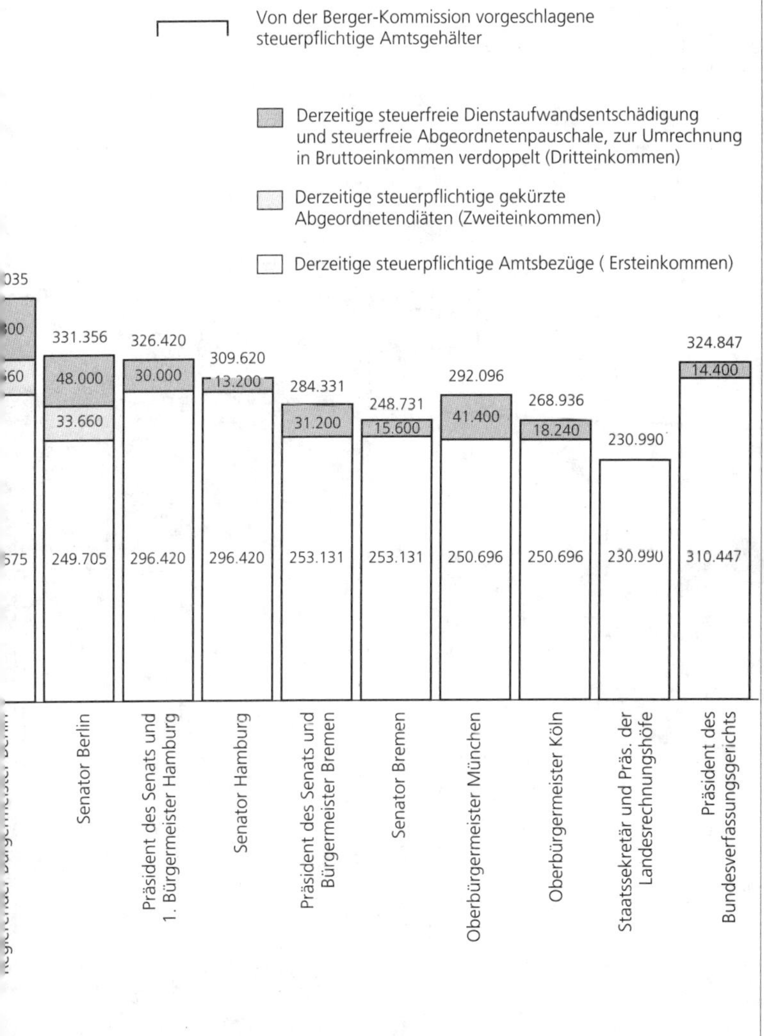

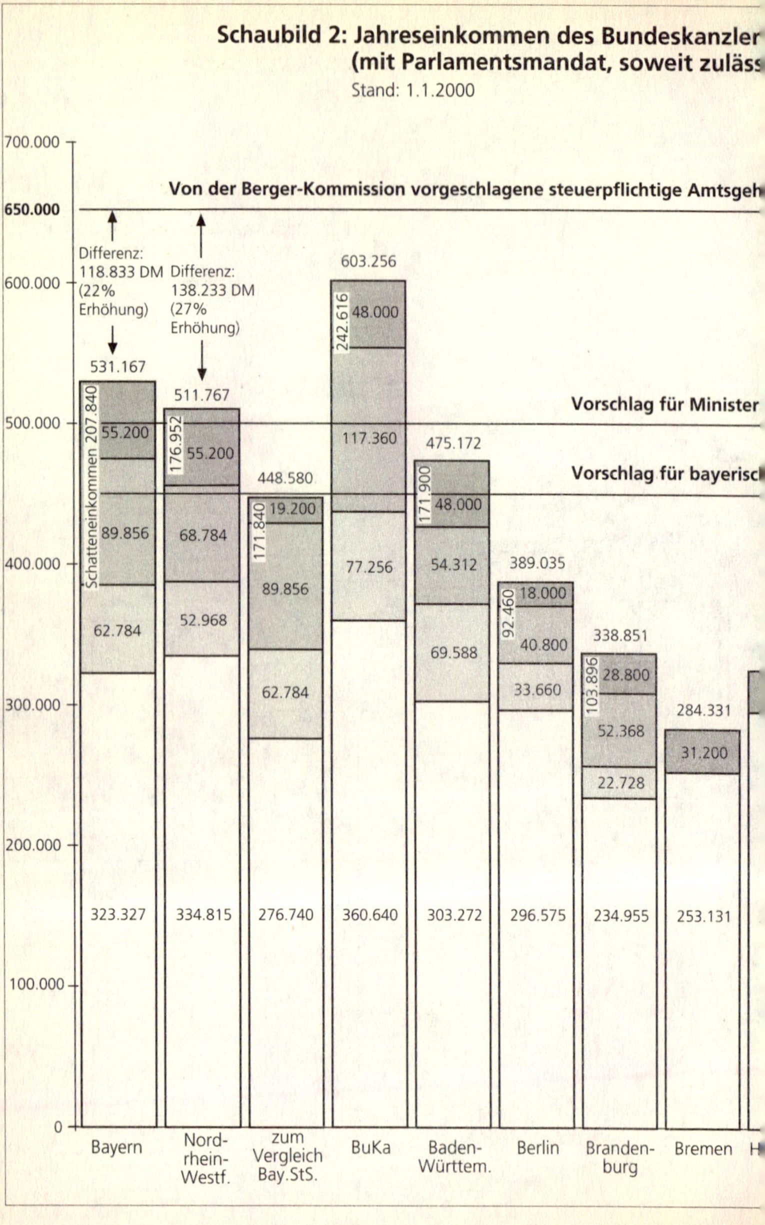
Schaubild 2: Jahreseinkommen des Bundeskanzler
(mit Parlamentsmandat, soweit zuläss
Stand: 1.1.2000
700.000
650.000
600.000
500.000
400.000
300.000
200.000
100.000
0
Von der Berger-Kommission vorgeschlagene steuerpflichtige Amtsgeh
Differenz: 118.833 DM (22% Erhöhung)
Differenz: 138.233 DM (27% Erhöhung)
Vorschlag für Minister
Vorschlag für bayerisc
531.167
Schatteneinkommen 207.840
55.200
89.856
62.784
323.327
511.767
176.952
55.200
68.784
52.968
334.815
448.580
171.840
19.200
89.856
62.784
276.740
603.256
242.616
48.000
117.360
77.256
360.640
475.172
171.900
48.000
54.312
69.588
303.272
389.035
92.460
18.000
40.800
33.660
296.575
338.851
103.896
28.800
52.368
22.728
234.955
284.331
31.200
253.131
Bayern
Nord-rhein-Westf.
zum Vergleich Bay.StS.
BuKa
Baden-Württem.
Berlin
Branden-burg
Bremen

ler Regierungschefs deutscher Länder
Kontrast zu den Vorschlägen der Berger-Kommission (in DM)

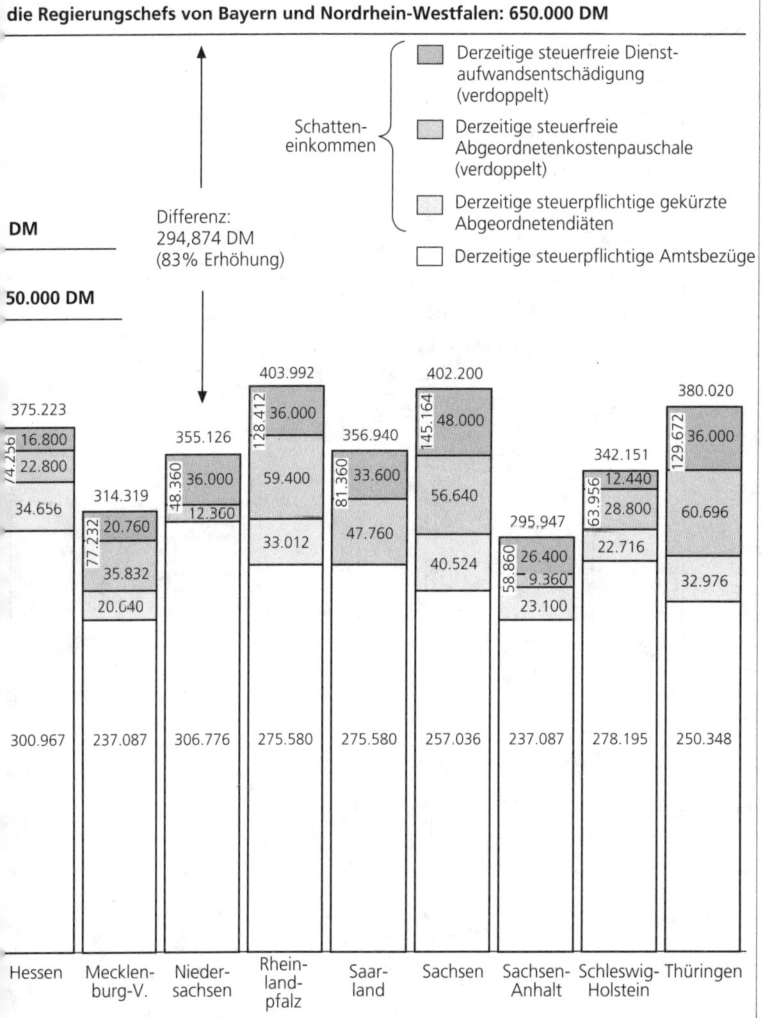

Schaubild 3: Jahreseinkommen der Bundesminister u
(mit Parlamentsmandat, soweit zulässig)
Stand: 1.1.2000

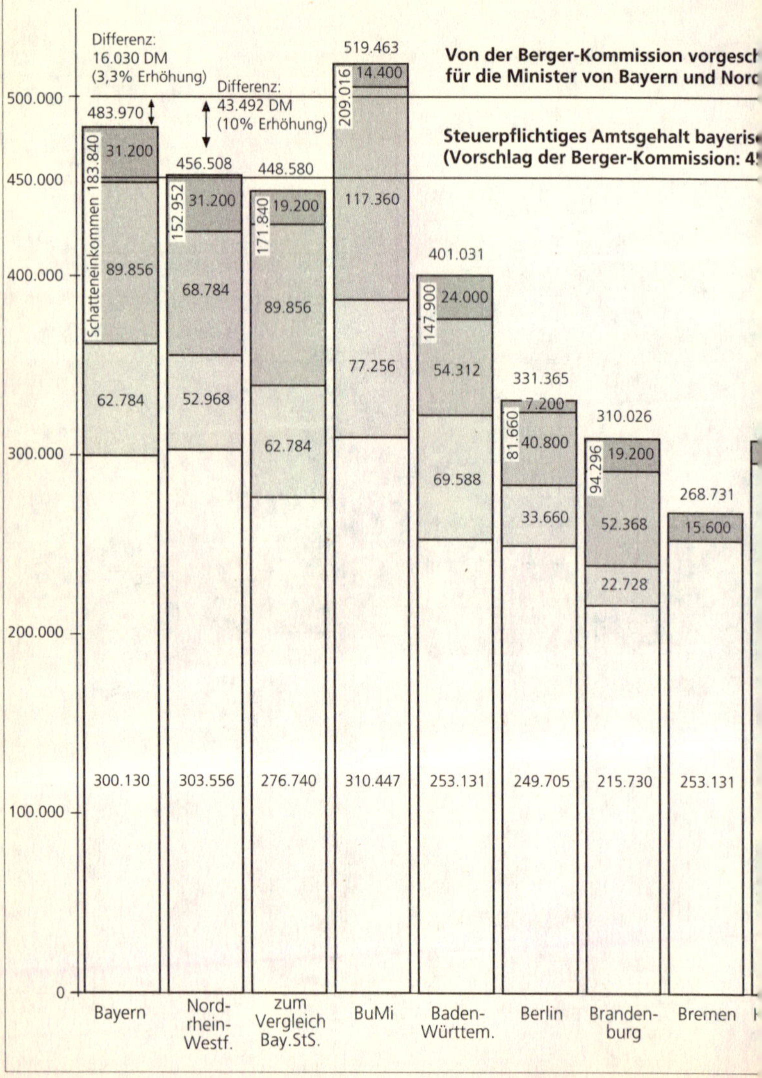

Minister und Senatoren deutscher Länder
ntrast zu den Vorschlägen der Berger-Kommission (in DM)

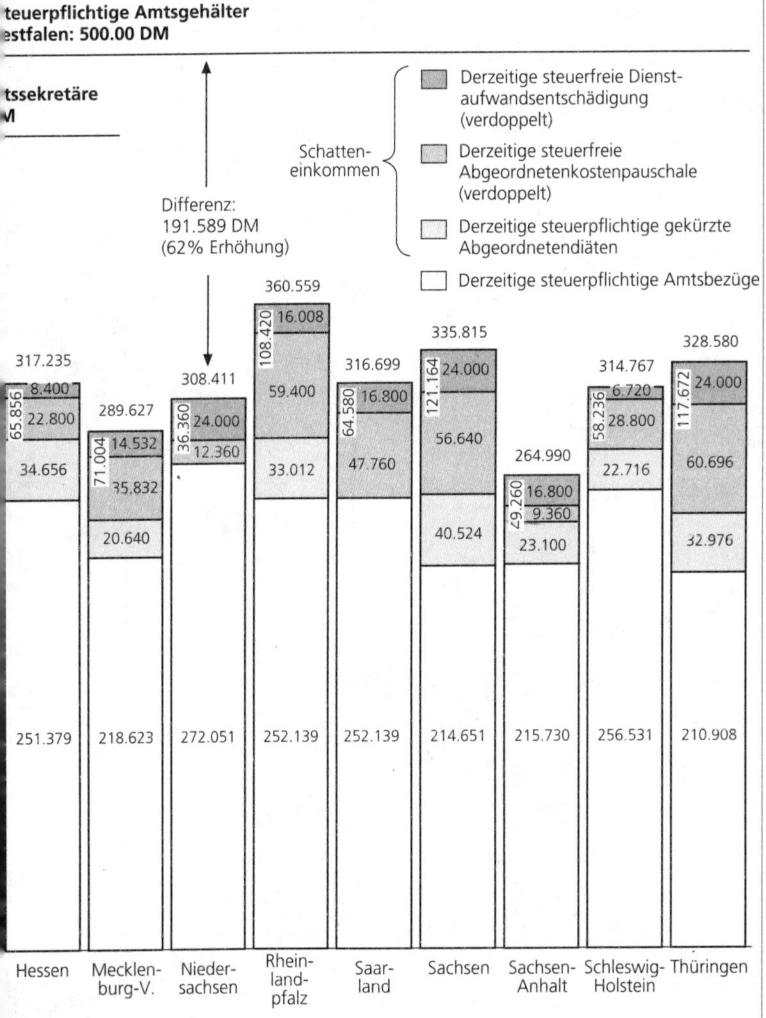

Schaubild 4: Jahreseinkommen von parlamen
Abgeordnetenmandat (in DM)
Stand: 1.1.2000

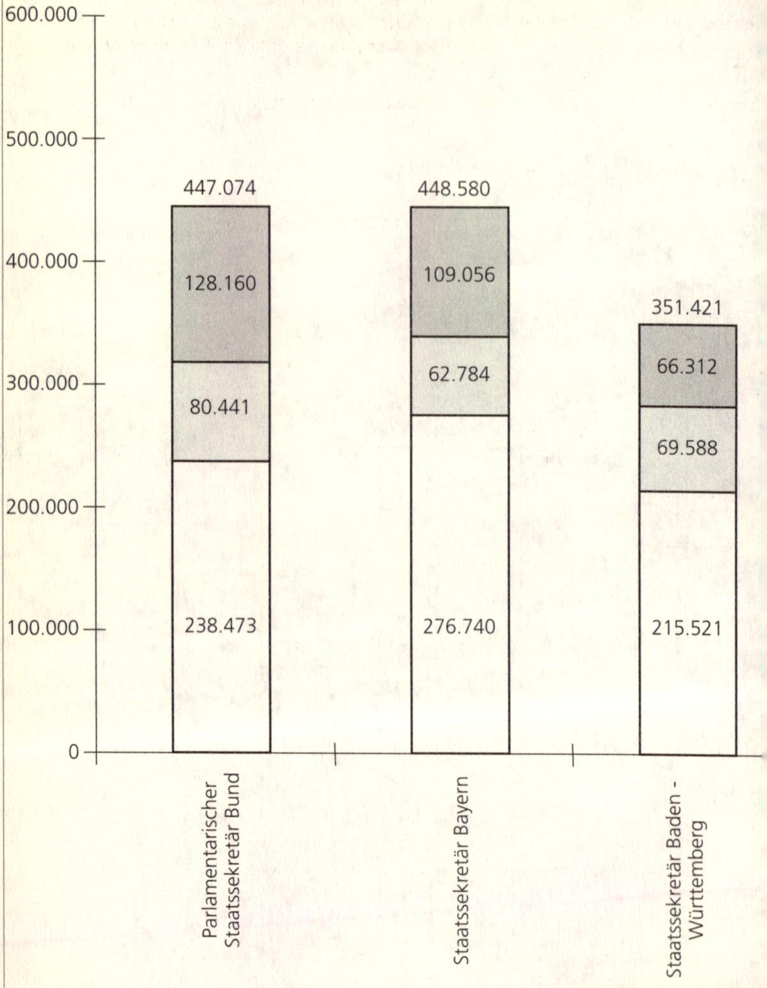

ɛn und beamteten Staatssekretären mit

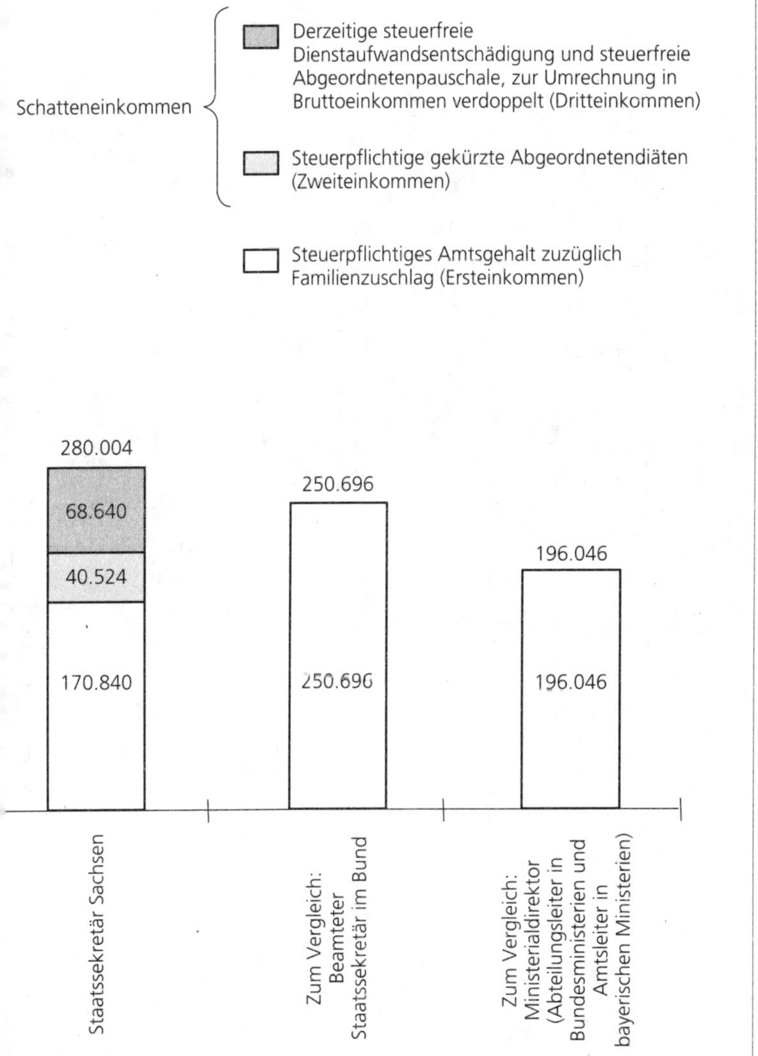

Schaubild 5: Einkommen von Mi

Stand: 1.1.2000

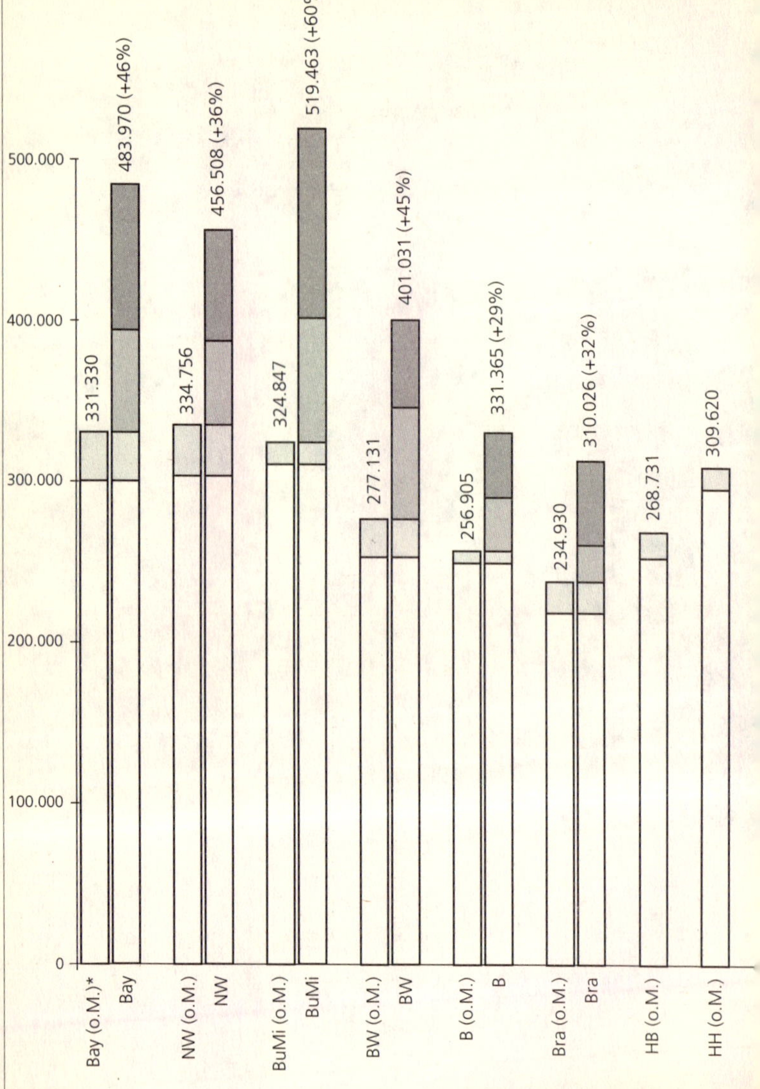

* (o.M.) = Minister ohne Parlamentsmandat

mit und ohne Parlamentsmandat (in DM)

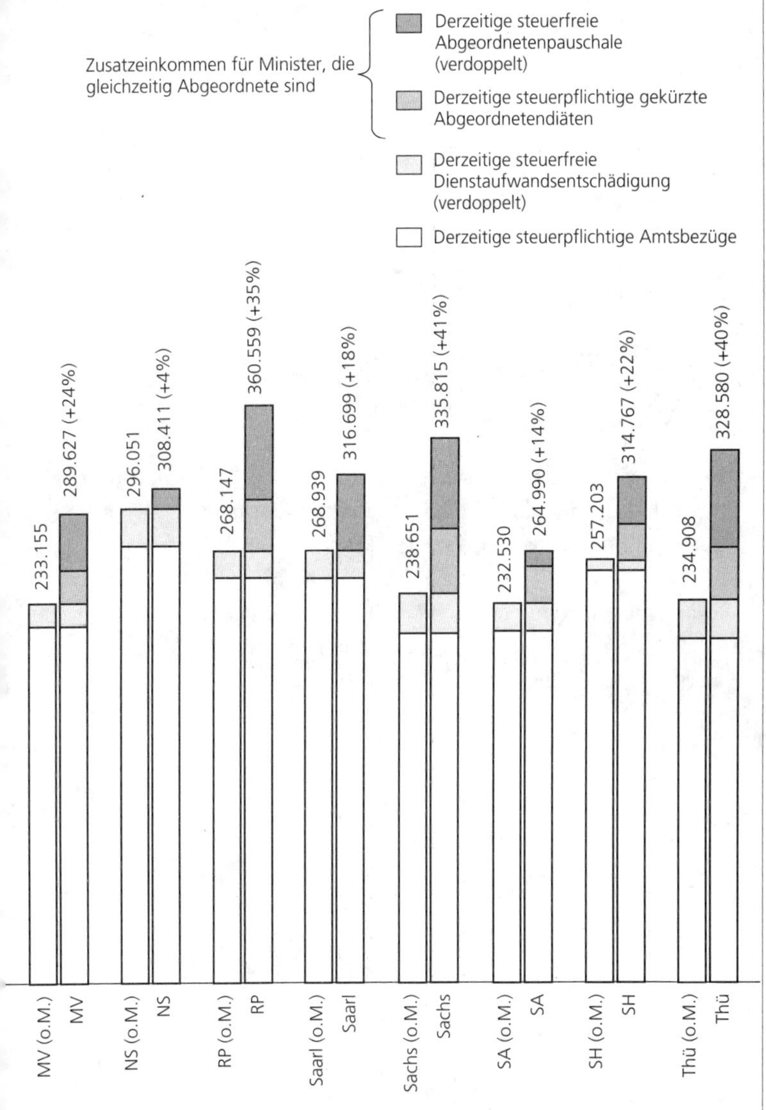

Übersicht 1:
Von Landesministerien Nordrhein-Westfalens an die Kienbaum Unternehmensberatung GmbH in den Jahren 1990 bis 1996 vergebene Aufträge

- Eine Untersuchung betreffend die Personalbewirtschaftung im Schulbereich (Vorlage: Oktober 1991).

- Eine Untersuchung betreffend staatliche Vorprüfungsstellen (Dezember 1992).

- Eine Untersuchung betreffend das Landesamt für Besoldung und Versorgung (Dezember 1992).

- Ein Untersuchung betreffend die Verwaltung für Agrarordnung und das Landesamt für Ökologie, Landschaftsentwicklung und Forstplanung (März 1993).

- Eine Untersuchung betreffend die Finanzierung der Landwirtschaftskammern und der Direktoren der Landwirtschaftskammern als Landesbeauftragte (März 1993).

- Eine Untersuchung betreffend den Vollzugs- und Verwaltungsdienst (Dezember 1994).

- Eine Untersuchung beteffend die staatliche Schulaufsicht (Dezember 1994).

- Eine Untersuchung betreffend die Aufgabenkritik der Polizei (August 1995).

- Eine Untersuchung betreffend die Verwaltung der Fachhochschule für öffentliche Verwaltung (Oktober 1995).

- Eine Untersuchung betreffend die Lehrbereiche der drei verwaltungsinternen Fachhochschulen (Oktober 1995).

- Eine Untersuchung betreffend den Schreib- und Protokolldienst der Gerichte und Staatsanwaltschaften (Februar 1996).

- Eine Untersuchung des Ministeriums für Arbeit, Gesundheit und Soziales (ca. Dezember 1996).

Übersicht 2: Jahreseinkommen von Ministerpräsidenten, Ministern, Senatoren und parlamentarischen Staatssekretären mit und ohne Abgeordnetenmandat in DM[1]

	Ministerpräsidenten, Minister, Senatoren und Staatssekretäre »						
	1	2	3	4		5	
	Name	Funktion/ Ministerium	Steuer-pflichti-ges Amts-gehalt	Steuerfreie Dienstaufwands-entschädigung		Brutto-einkom-men aus dem Amt (Spalte 3 und 4b)	
				4a netto	4b brutto[2]		6 Steuerp tige D
Bund							
Bundes-kanzler	Gerhard Schröder	Bundeskanzler	360.640	24.000	48.000	408.640	77.2
Bundes-minister	Joschka Fischer	Außenminister und Vizekanzler	310.447	7.200	14.400	324.847	77.2
	Kurt Bodewig	Bundesminister für Verkehr, Bau und Wohnungswesen	310.447	7.200	14.400	324.847	77.2
	Edelgard Bulmahn	Bundesministerin für Bildung und Forschung	310.447	7.200	14.400	324.847	77.2
	Prof. Dr. Herta Däubler-Gmelin	Bundesministerin der Justiz	310.447	7.200	14.400	324.847	77.2
	Andrea Fischer	Bundesministerin für Gesundheit	310.447	7.200	14.400	324.847	77.2
	Rudolf Scharping	Bundesminister der Verteidigung	310.447	7.200	14.400	324.847	77.2
	Otto Schily	Bundesminister des Innern	310.447	7.200	14.400	324.847	77.2
	Jürgen Trittin	Bundesminister für Umwelt, Naturschutz und Reaktorsicherheit	310.447	7.200	14.400	324.847	77.2
	Heidemarie Wieczorek-Zeul	Bundesministerin für wirtschaftliche Zusammenarbeit und Entwicklung	310.447	7.200	14.400	324.847	77.2

e« (mit Abgeordnetenmandat)					Regierungschefs, Minister, Senatoren und Staatssekretäre ohne Mandat			
6			7	8	9	10	11	12
ıkommen aus Mandat			Brutto-gesamt-einkom-men (Spalte 5 und 6c)	davon Schat-ten-einkom-men (Spalte 4b+ 6c)	Name	Funktion/ Ministerium	Brutto-einkom-men aus dem Amt (= Spalte 5)	Davon Schat-ten-einkom-men (=Spalte 4b)
6b euer- reie sten- schale	6c **Summe von Spalten 6a und 6b[3]**	6d **Summe von Spalten 6a und 6b in % von Spalte 5**						
.680	**194.616**	**48%**	603.256	242.616				
.680	**194.616**	**60%**	519.463	209.016	Christine Bergmannn	Bundesministerin für Familie, Senioren, Frauen und Jugend	324.847	14.400
.680	**194.616**	**60%**	519.463	209.016	Hans Eichel	Bundesminister der Finanzen	324.847	14.400
.680	**194.616**	**60%**	519.463	209.016	Karl-Heinz Funke	Bundesminister für Ernährung, Landwirtschaft und Forsten	324.847	14.400
.680	**194.616**	**60%**	519.463	209.016	Werner Müller	Bundesminister für Wirtschaft und Technologie	324.847	14.400
.680	**194.616**	**60%**	519.463	209.016	Walter Riester	Bundesminister für Arbeit und Sozialordnung	324.847	14.400
.680	**194.616**	**60%**	519.463	209.016				
.680	**194.616**	**60%**	519.463	209.016				
.680	**194.616**	**60%**	519.463	209.016				
680	**194.616**	**60%**	519.463	209.016				

Ministerpräsidenten, Minister, Senatoren und Staatssekretäre »de Lu							
	1	2	3	4		5	
	Name	Funktion/ Ministerium	Steuerpflichtiges Amtsgehalt	Steuerfreie Dienstaufwandsentschädigung		Bruttoeinkommen aus dem Amt (Spalte 3 und 4b)	
				4a netto	4b brutto[2]		6a Steuerp tige Di
Parlamentarische Staatssekretäre	Gisela Altmann	Parlamentarische Staatssekretärin im Bundesumweltministerium	238.473	5.400	10.800	249.273	80.4
	Gerd Andres	Parlamentarischer Staatssekretär im Bundesministerium für Arbeit und Sozialordnung	238.473	5.400	10.800	249.273	80.4
	Hans-Martin Bury	Staatsminister beim Bundeskanzler	238.473	5.400	10.800	249.273	80.4
	Wolf-Michael Catenhusen	Parlamentarischer Staatssekretär im Bundesministerium für Bildung und Forschung	238.473	5.400	10.800	249.273	80.4
	Karl Diller	Parlamentarischer Staatssekretär im Bundesfinanzministerium	238.473	5.400	10.800	249.273	80.4
	Dr. Ursula Eid	Parlamentarische Staatssekretärin im Bundesministerium für wirtschaftliche Zusammenarbeit	238.473	5.400	10.800	249.273	80.4
	Achim Großmann	Parlamentarischer Staatssekretär im Bundesministerium für Verkehr und Bauwesen	238.473	5.400	10.800	249.273	80.4
	Dr. Barbara Hendricks	Parlamentarische Staatssekretärin im Bundesfinanzministerium	238.473	5.400	10.800	249.273	80.4
	Stephan Hilsberg	Parlamentarischer Staatssekretär im Bundesministerium für Verkehr und Bauwesen	238.473	5.400	10.800	249.273	80.4

it Abgeordnetenmandat)					Regierungschefs, Minister, Senatoren und Staatssekretäre ohne Mandat			
6			7	8	9	10	11	12
kommen aus Mandat			Brutto-gesamt-einkom-men (Spalte 5 und 6c)	davon Schat-ten-einkom-men (Spalte 4b+ 6c)	Name	Funktion/ Ministerium	Brutto-einkom-men aus dem Amt (= Spalte 5)	davon Schat-ten-einkom-men (=Spalte 4b)
6b euer- eie sten- schale	6c **Summe von Spalten 6a und 6b[3]**	6d **Summe von Spalten 6a und 6b in % von Spalte 5**						
.680	**197.801**	**79%**	447.074	208.601	Dr. Michael Naumann	Staatsminister beim Bundeskanzler	249.273	10.800
.680	**197.801**	**79%**	447.074	208.601				
.680	**197.801**	**79%**	447.074	208.601				
.680	**197.801**	**79%**	447.074	208.601				
680	**197.801**	**79%**	447.074	208.601				
680	**197.801**	**79%**	447.074	208.601				
680	**197.801**	**79%**	447.074	208.601				
680	**197.801**	**79%**	447.074	208.601				
680	**197.801**	**79%**	447.074	208.601				

Ministerpräsidenten, Minister, Senatoren und Staatssekretäre »de Lu

	1	2	3	4		5	
	Name	Funktion/ Ministerium	Steuerpflichtiges Amtsgehalt	Steuerfreie Dienstaufwandsentschädigung		Bruttoeinkommen aus dem Amt (Spalte 3 und 4b)	
				4a netto	4b brutto[2]		6a Steuerp tige D
	Fritz Rudolf Körper	Parlamentarischer Staatssekretär im Bundesinnenministerium	238.473	5.400	10.800	249.273	80.4
	Walter Kolbow	Parlamentarischer Staatssekretär im Bundesverteidigungsministerium	238.473	5.400	10.800	249.273	80.4
	Ulrike Mascher	Parlamentarische Staatssekretärin im Bundesministerium für Arbeit und Sozialordnung	238.473	5.400	10.800	249.273	80.4
	Angelika Mertens	Parlamentarische Staatssekretärin im Bundesministerium für Verkehr und Bauwesen	238.473	5.400	10.800	249.273	80.4
	Sigmar Mosdorf	Parlamentarischer Staatssekretär im Bundesministerium für Wirtschaft und Technologie	238.473	5.400	10.800	249.273	80.4
	Dr. Edith Niehuis	Parlamentarische Staatssekretärin im Bundesministerium für Familie, Senioren und Frauen	238.473	5.400	10.800	249.273	80.4
	Christa Nickels	Parlamentarische Staatssekretärin im Bundesministerium für Gesundheit	238.473	5.400	10.800	249.273	80.4
	Prof. Dr. Eckhart Pick	Parlamentarischer Staatssekretär im Bundesjustizministerium	238.473	5.400	10.800	249.273	80.4

it Abgeordnetenmandat)					Regierungschefs, Minister, Senatoren und Staatssekretäre ohne Mandat			
6			7	8	9	10	11	12
nkommen aus Mandat			Brutto-gesamt-einkom-men (Spalte 5 und 6c)	davon Schat-ten-einkom-men (Spalte 4b+ 6c)	Name	Funktion/ Ministerium	Brutto-einkom-men aus dem Amt (= Spalte 5)	davon Schat-ten-einkom-men (=Spalte 4b)
6b euer-reie sten-schale	6c **Summe von Spalten 6a und 6b[3]**	6d **Summe von Spalten 6a und 6b in % von Spalte 5**						
.680	**197.801**	**79%**	447.074	208.601				
.680	**197.801**	**79%**	447.074	208.601				
.680	**197.801**	**79%**	447.074	208.601				
.680	**197.801**	**79%**	447.074	208.601				
.680	**197.801**	**79%**	447.074	208.601				
.680	**197.801**	**79%**	447.074	208.601				
.680	**197.801**	**79%**	447.074	208.601				
.680	**197.801**	**79%**	447.074	208.601				

	Ministerpräsidenten, Minister, Senatoren und Staatssekretäre »c						
	1	2	3	4		5	
	Name	Funktion/ Ministerium	Steuerpflichtiges Amtsgehalt	Steuerfreie Dienstaufwandsentschädigung		Bruttoeinkommen aus dem Amt (Spalte 3 und 4b)	
				4a netto	4b brutto[2]		6a Steuerpf tige Di
	Simone Probst	Parlamentarische Staatssekretärin im Bundesumweltministerium	238.473	5.400	10.800	249.273	80.4
	Brigitte Schulte	Parlamentarische Staatssekretärin im Bundesverteidigungsministerium	238.473	5.400	10.800	249.273	80.4
	Rudolf Schwanitz	Staatsminister beim Bundeskanzler	238.473	5.400	10.800	249.273	80.4
	Dr. Cornelie Sonntag-Wolgast	Parlamentarische Staatssekretärin im Bundesinnenministerium	238.473	5.400	10.800	249.273	80.4
	Dr. Gerald Thalheim	Parlamentarischer Staatssekretär im Bundesernährungsministerium	238.473	5.400	10.800	249.273	80.4
	Dr. Ludger Volmer	Staatsminister beim Bundesminister des Auswärtigen	238.473	5.400	10.800	249.273	80.4
	Dr. Christoph Zöpel	Staatsminister beim Bundesminister des Auswärtigen	238.473	5.400	10.800	249.273	80.4
Baden-Württemberg							
Ministerpräsident	Erwin Teufel	Ministerpräsident	303.272	24.000	48.000	351.272	69.5
Minister	Dr. Walter Döring	Stellvertretender Ministerpräsident und Wirtschaftsminister	253.131	12.000	24.000	277.131	69.5

« (mit Abgeordnetenmandat)					Regierungschefs, Minister, Senatoren und Staatssekretäre ohne Mandat			
6			7	8	9	10	11	12
kommen aus Mandat			Brutto-gesamt-einkommen (Spalte 5 und 6c)	davon Schatten-einkommen (Spalte 4b+ 6c)	Name	Funktion/ Ministerium	Brutto-einkommen aus dem Amt (= Spalte 5)	davon Schatten-einkommen (=Spalte 4b)
b uer- ie ten- chale	6c **Summe von Spalten 6a und 6b**[3]	6d **Summe von Spalten 6a und 6b in % von Spalte 5**						
680	**197.801**	**79%**	447.074	208.601				
680	**197.801**	**79%**	447.074	208.601				
680	**197.801**	**79%**	447.074	208.601				
680	**197.801**	**79%**	447.074	208.601				
680	**197.801**	**79%**	447.074	208.601				
680	**197.801**	**79%**	447.074	208.601				
680	**197.801**	**79%**	447.074	208.601				
56	**123.900**	**35%**	475.172	171.900				
56	**123.900**	**45%**	401.031	147.900	Prof. Dr. Ulrich Goll	Justizminister	277.131	24.000

	Ministerpräsidenten, Minister, Senatoren und Staatssekretäre						
	1	2	3	4		5	
	Name	Funktion/ Ministerium	Steuerpflichtiges Amtsgehalt	Steuerfreie Dienstaufwandsentschädigung		Bruttoeinkommen aus dem Amt (Spalte 3 und 4b)	
				4a netto	4b brutto[2]		6 Steuer tige I
	Ulrich Müller	Minister für Umwelt und Verkehr	253.131	12.000	24.000	277.131	69.
	Dr. Friedhelm Repnik	Sozialminister	253.131	12.000	24.000	277.131	69.
	Dr. Thomas Schäuble	Innenminister	253.131	12.000	24.000	277.131	69.
	Gerhard Stratthaus	Finanzminister	253.131	12.000	24.000	277.131	69.
	Klaus von Trotha	Minister für Wissenschaft, Forschung und Kunst	253.131	12.000	24.000	277.131	69.
Staatssekretäre (im Kabinettsrang)	Willi Stächele	Staatsekretär in der Vertretung des Landes Baden-Württemberg beim Bund	215.521	6.000	12.000	227.521	69.
Politische Staatssekretäre	Rudolf Köberle	Politischer Staatssekretär im Ministerium für Kultus, Jugend und Sport	215.521	6.000	12.000	227.521	69.
	Johanna Lichy	Politische Staatssekretärin im Ministerium für Soziales	215.521	6.000	12.000	227.521	69.
	Stefan Mappus	Politischer Staatssekretär im Ministerium für Umwelt und Verkehr	215.521	6.000	12.000	227.521	69.
	Wolfgang Rückert	Politischer Staatssekretär im Ministerium für Finanzen	215.521	6.000	12.000	227.521	69.

e« (mit Abgeordnetenmandat)					Regierungschefs, Minister, Senatoren und Staatssekretäre ohne Mandat			
6			7	8	9	10	11	12
ıkommen aus Mandat			Brutto-gesamt-einkom-men (Spalte 5 und 6c)	davon Schat-ten-einkom-men (Spalte 4b+ 6c)	Name	Funktion/ Ministerium	Brutto-einkom-men aus dem Amt (= Spalte 5)	davon Schat-ten-einkom-men (=Spalte 4b)
6b euer-reie sten-schale	6c **Summe von Spalten 6a und 6b[3]**	6d **Summe von Spalten 6a und 6b in % von Spalte 5**						
.156	**123.900**	**45%**	401.031	147.900	Dr. Christoph E. Palmer	Minister im Staatsministerium	277.131	24.000
.156	**123.900**	**45%**	401.031	147.900	Dr. Annette Schavan	Ministerin für Kultus, Jugend und Sport	277.131	24.000
.156	**123.900**	**45%**	401.031	147.900	Gerdi Staiblin	Ministerin für den ländlichen Raum	277.131	24.000
.156	**123.900**	**45%**	401.031	147.900				
.156	**123.900**	**45%**	401.031	147.900				
.156	**123.900**	**55%**	351.421	135.900	Dr. Horst Mehrländer	Staatssekretär im Wirtschafts-ministerium	227.521	12.000
.156	**123.900**	**55%**	351.421	135.900				
.156	**123.900**	**55%**	351.421	135.900				
.156	**123.900**	**55%**	351.421	135.900				
.156	**123.900**	**55%**	351.421	135.900				

	Ministerpräsidenten, Minister, Senatoren und Staatssekretäre »						
	1	2	3	4		5	
	Name	Funktion/ Ministerium	Steuerpflichtiges Amtsgehalt	Steuerfreie Dienstaufwandsentschädigung		Bruttoeinkommen aus dem Amt (Spalte 3 und 4b)	
				4a netto	4b brutto[2]		6a Steuerp tige D
	Michael Sieber	Politischer Staatssekretär im Ministerium für Wissenschaft, Forschung und Kunst	215.521	6.000	12.000	227.521	69.
Bayern							
Ministerpräsident	Dr. Edmund Stoiber	Ministerpräsident	323.327	27.600	55.200	378.527	62.
Stellvertreterin des Ministerpräsidenten	Barbara Stamm	Staatsministerin für Arbeit und Sozialordnung, Familie, Frauen und Gesundheit und Stellvertreterin des Min.präs.	300.130	21.600	43.200	343.330	62.
Minister	Dr. Günther Beckstein	Staatsminister des Inneren	300.130	15.600	31.200	331.330	62.
	Reinhold Bocklet	Staatsminister für Bundes- und Europaangelegenheiten in der Staatskanzlei	300.130	15.600	31.200	331.330	62.
	Prof. Dr. Kurt Faltlhauser	Staatsminister der Finanzen	300.130	15.600	31.200	331.330	62.
	Monika Hohlmeier	Staatsministerin für Unterricht und Kultus	300.130	15.600	31.200	331.330	62.
	Erwin Huber	Staatsminister und Leiter der Bayerischen Staatskanzlei	300.130	15.600	31.200	331.330	62.
	Josef Miller	Staatsminister für Ernährung, Landwirtschaft und Forsten	300.130	15.600	31.200	331.330	62.
	Dr. Manfred Weiß	Staatsminister der Justiz	300.130	15.600	31.200	331.330	62.

e« (mit Abgeordnetenmandat)					Regierungschefs, Minister, Senatoren und Staatssekretäre ohne Mandat			
6			7	8	9	10	11	12
kommen aus Mandat			Brutto-gesamt-einkom-men (Spalte 5 und 6c)	davon Schat-ten-einkom-men (Spalte 4b+ 6c)	Name	Funktion/ Ministerium	Brutto-einkom-men aus dem Amt (= Spalte 5)	davon Schat-ten-einkom-men (=Spalte 4b)
b uer- eie ten- chale	6c **Summe von Spalten 6a und 6b**[3]	6d **Summe von Spalten 6a und 6b in % von Spalte 5**						
156	**123.900**	**55%**	351.421	135.900				
928	**152.640**	**40%**	531.167	207.840				
928	**152.640**	**44%**	495.970	195.840				
928	**152.640**	**46%**	483.970	183.840	Dr. Werner Schnappauf	Staatsminister für Landesentwicklung und Umweltfragen	331.330	31.200
928	**152.640**	**46%**	483.970	183.840				
928	**152.640**	**46%**	483.970	183.840				
928	**152.640**	**46%**	483.970	183.840				
928	**152.640**	**46%**	483.970	183.840				
928	**152.640**	**46%**	483.970	183.840				
928	**152.640**	**46%**	483.970	183.840				

	Ministerpräsidenten, Minister, Senatoren und Staatssekretäre						
	1	2	3	4		5	
	Name	Funktion/ Ministerium	Steuerpflichtiges Amtsgehalt	Steuerfreie Dienstaufwandsentschädigung		Bruttoeinkommen aus dem Amt (Spalte 3 und 4b)	
				4a netto	4b brutto[2]		6 Steuer… tige I…
	Dr. Otto Wiesheu	Staatsminister für Wirtschaft, Verkehr und Technologie	300.130	15.600	31.200	331.330	62.
	Hans Zehetmair	Staatsminister für Wissenschaft, Forschung und Kunst	300.130	15.600	31.200	331.330	62.
Staatssekretäre	Marianne Deml	Staatssekretärin im Staatsministerium für Ernährung, Landwirtschaft und Forsten	276.740	9.600	19.200	295.940	62.
	Karl Freller	Staatssekretär im Staatsministerium für Unterricht und Kultus	276.740	9.600	19.200	295.940	62.
	Hermann Regensburger	Staatssekretär im Staatsministerium des Innern	276.740	9.600	19.200	295.940	62.
	Georg Schmid	Staatssekretär im Bayerischen Staatsministerium für Arbeit und Sozialordnung, Familie, Frauen und Gesundheit	276.740	9.600	19.200	295.940	62.
	Hans Spitzner	Staatssekretär im Staatsministerium für Wirtschaft, Verkehr und Technologie	276.740	9.600	19.200	295.940	62.
	Christa Stewens	Staatssekretärin im Staatsministerium für Landesentwicklung und Umweltfragen	276.740	9.600	19.200	295.940	62

e« (mit Abgeordnetenmandat)					Regierungschefs, Minister, Senatoren und Staatssekretäre ohne Mandat			
6			7	8	9	10	11	12
kommen aus Mandat			Brutto-gesamt-einkom-men (Spalte 5 und 6c)	davon Schat-ten-einkom-men (Spalte 4b+ 6c)	Name	Funktion/ Ministerium	Brutto-einkom-men aus dem Amt (= Spalte 5)	davon Schat-ten-einkom-men (=Spalte 4b)
b euer-eie sten-schale	6c **Summe von Spalten 6a und 6b**[3]	6d **Summe von Spalten 6a und 6b in % von Spalte 5**						
.928	**152.640**	**46%**	483.970	183.840				
.928	**152.640**	**46%**	483.970	183.840				
.928	**152.640**	**52%**	448.580	171.840				
928	**152.640**	**52%**	448.580	171.840				
928	**152.640**	**52%**	448.580	171.840				
928	**152.640**	**52%**	448.580	171.840				
928	**152.640**	**52%**	448.580	171.840				
928	**152.640**	**52%**	448.580	171.840				

	Ministerpräsidenten, Minister, Senatoren und Staatssekretäre »						
	1	2	3	4		5	
	Name	Funktion/ Ministerium	Steuerpflichtiges Amtsgehalt	Steuerfreie Dienstaufwandsentschädigung		Bruttoeinkommen aus dem Amt (Spalte 3 und 4b)	6a Steuerp tige D
				4a netto	4b brutto[2]		
Berlin							
Regierender Bürgermeister	Eberhard Diepgen	Regierender Bürgermeister	296.575	9.000	18.000	314.575	33.6
Bürgermeister	Klaus Böger	Bürgermeister und Senator für Schule, Jugend und Sport	267.184	6.000	12.000	279.184	33.6
Senatoren	Wolfgang Branoner	Senator für Wirtschaft und Technologie	249.705	3.600	7.200	256.905	33.6
	Gabriele Schöttler	Senatorin für Arbeit, Soziales und Frauen	249.705	3.600	7.200	256.905	33.6
	Peter Strieder	Senator für Stadtentwicklung	249.705	3.600	7.200	256.905	33.6
Brandenburg							
Ministerpräsident	Manfred Stolpe	Ministerpräsident	234.955	14.400	28.800	263.755	22.7
Minister	Wolfgang Birthler	Minister für Landwirtschaft, Umweltschutz und Raumordnung	215.730	9.600	19.200	234.930	22.7
	Hartmut Meyer	Minister für Stadtentwicklung, Wohnen und Verkehr	215.730	9.600	19.200	234.930	22.7
	Steffen Reiche	Minister für Bildung, Jugend und Sport	215.730	9.600	19.200	234.930	22.7
	Jörg Schönbohm	Minister des Innern	215.730	9.600	19.200	234.930	22.7
	Dagmar Ziegler	Ministerin der Finanzen	215.730	9.600	19.200	234.930	22.7
	Alwin Ziel	Minister für Arbeit, Soziales, Gesundheit und Frauen	215.730	9.600	19.200	234.930	22.7

« (mit Abgeordnetenmandat)					Regierungschefs, Minister, Senatoren und Staatssekretäre ohne Mandat			
6			7	8	9	10	11	12
ommen aus Mandat			Brutto-gesamt-einkommen (Spalte 5 und 6c)	davon Schatten-einkommen (Spalte 4b+ 6c)	Name	Funktion/ Ministerium	Brutto-einkommen aus dem Amt (= Spalte 5)	davon Schatten einkommen (=Spalte 4b)
) er- ie en- hale	6c Summe von Spalten 6a und 6b[3]	6d Summe von Spalten 6a und 6b in % von Spalte 5						
·00	74.460	24%	389.035	92.460				
·00	74.460	27%	353.644	86.460	Dr. Eckart Werthebach	Bürgermeister und Senator für Inneres	275.184	12.000
·00	74.460	29%	331.365	81.660	Peter Kurth	Senator für Finanzen	256.905	7.200
·00	74.460	29%	331.365	81.660	Dr. Christoph Stölzl	Senator für Wissenschaft, Forschung und Kultur	256.905	7.200
·00	74.460	29%	331.365	81.660				
84	75.096	28%	338.851	103.896				
84	75.096	32%	310.026	94.296	Dr. Wolfgang Fürniß	Minister für Wirtschaft	234.930	19.200
84	75.096	32%	310.026	94.296	Prof. Dr. Kurt Schelter	Minister der Justiz und für Europaangelegenheiten	234.930	19.200
84	75.096	32%	310.026	94.296	Johanna Wanka	Ministerin für Wissenschaft, Forschung und Kultur	234.930	19.200
84	75.096	32%	310.026	94.296				
84	75.096	32%	310.026	94.296				
84	75.096	32%	310.026	94.296				

	Ministerpräsidenten, Minister, Senatoren und Staatssekretäre						
	1	2	3	4		5	6
	Name	Funktion/ Ministerium	Steuerpflichtiges Amtsgehalt	Steuerfreie Dienstaufwandsentschädigung		Bruttoeinkommen aus dem Amt (Spalte 3 und 4b)	
				4a netto	4b brutto[2]		Steuer tige
Bremen							
Präsident des Senats und Bürgermeister							
Bürgermeister							
Senatoren							
Hamburg							
Präsident des Senats und Erster Bürgermeister							

…(mit Abgeordnetenmandat)					Regierungschefs, Minister, Senatoren und Staatssekretäre ohne Mandat			
6			7	8	9	10	11	12
…ommen aus Mandat			Brutto-gesamt-einkom-men (Spalte 5 und 6c)	davon Schat-ten-einkom-men (Spalte 4b+ 6c)	Name	Funktion/ Ministerium	Brutto-einkom-men aus dem Amt (= Spalte 5)	davon Schat-ten-einkom-men (=Spalte 4b)
…er- …e …en- …nale	6c **Summe von Spalten 6a und 6b**[3]	6d **Summe von Spalten 6a und 6b in % von Spalte 5**						
					Dr. Henning Scherf	Bürgermeister, Präsident des Senats, Senator für kirchliche Angelegenheiten, Senator für Justiz und Verfassung	284.331	31.200
					Hartmut Perschau	Bürgermeister, Senator für Finanzen	276.531	23.400
					Hilde Adolf	Senatorin für Arbeit, Frauen, Gesundheit, Jugend und Soziales	268.731	15.600
					Josef Hattig	Senator für Wirtschaft und Häfen	268.731	15.600
					Willi Lemke	Senator für Bildung und Wissenschaft	268.731	15.600
					Dr. Bernd Schulte	Senator für Inneres, Kultur und Sport	268.731	15,600
					Christine Wischer	Senatorin für Bau und Umwelt	268.731	15.600
					Ortwin Runde	Präsident des Senats und Erster Bürgermeister	326.420	30.000

	Ministerpräsidenten, Minister, Senatoren und Staatssekretäre						
	1	2	3	4		5	
	Name	Funktion/ Ministerium	Steuerpflichtiges Amtsgehalt	Steuerfreie Dienstaufwandsentschädigung		Bruttoeinkommen aus dem Amt (Spalte 3 und 4b)	
				4a netto	4b brutto[2]		(Steue tige
Zweiter Bürgermeister							
Senatoren							

« (mit Abgeordnetenmandat)					Regierungschefs, Minister, Senatoren und Staatssekretäre ohne Mandat			
6			7	8	9	10	11	12
:ommen aus Mandat			Brutto-gesamt-einkom-men (Spalte 5 und 6c)	davon Schat-ten-einkom-men (Spalte 4b+ 6c)	Name	Funktion/ Ministerium	Brutto-einkom-men aus dem Amt (= Spalte 5)	davon Schat-ten-einkom-men (=Spalte 4b)
b er- ie en- hale	6c **Summe von Spalten 6a und 6b**[3]	6d **Summe von Spalten 6a und 6b in % von Spalte 5**						
					Krista Sager	Zweite Bürgermeisterin, Wissenschafts-senatorin Senatorin für Gleichstellung	314.420	18.000
					Dr. Willfried Maier	Senator für Europa und Entwicklungs-zusammenarbeit, Vertretung beim Bund, Bevollmächtigter Staatsarchiv	309.620	13.200
					Dr. Thomas Mirow	Wirtschaftssenator	309.620	13.200
					Dr. Ingrid Nümann-Seidewinkel	Finanzsenatorin	309.620	13.200
					Ute Pape	Senatorin für Jugend, Schule und Berufsbildung	309.620	13.200
					Dr. Lore Maria Peschel-Gutzeit	Justizsenatorin	309.620	13.200
					Alexander Porschke	Umweltsenator	309.620	13.200
					Karin Roth	Senatorin für Arbeit, Gesundheit und Soziales	309.620	13.200
					Eugen Wagner	Bausenator	309.620	13.200
					Dr. Christina Weiss	Kultursenatorin	309.620	13.200
					Hartmut Wrocklage	Innensenator	309.620	13.200

	Ministerpräsidenten, Minister, Senatoren und Staatssekretäre						
	1	2	3	4		5	
	Name	Funktion/ Ministerium	Steuer-pflichti-ges Amts-gehalt	Steuerfreie Dienstaufwands-entschädigung		Brutto-einkom-men aus dem Amt (Spalte 3 und 4b)	
				4a netto	4b brutto[2]		Steue tige
Hessen							
Minister-präsident	Dr. Roland Koch	Ministerpräsident	300.967	8.400	16.800	317.767	34
Minister	Volker Bouffier	Minister des Innern und für Sport	251.379	4.200	8.400	259.779	34
	Dr. Christean Wagner	Minister der Justiz	251.379	4.200	8.400	259.779	34
	Karlheinz Weimar	Finanzminister	251.379	4.200	8.400	259.779	34
	Karin Wolff	Kultusministerin	251.379	4.200	8.400	259.779	34
Mecklenburg-Vorpommern							
Minister-präsident	Dr. Harald Ringstorff	Ministerpräsident	237.087	10.380	20.760	257.847	20
Minister	Helmut Holter	Stellvertretender Ministerpräsident und Minister für Arbeit und Bau	218.623	7.266	14.532	233.155	20
	Till Backhaus	Minister für Ernährung, Landwirtschaft, Forsten und Fischerei	218.623	7.266	14.532	233.155	20
	Dr. Martina Bunge	Sozialministerin	218.623	7.266	14.532	233.155	20
	Prof. Dr. Rolf Eggert	Wirtschaftsminister	218.623	7.266	14.532	233.155	20

·« (mit Abgeordnetenmandat)					Regierungschefs, Minister, Senatoren und Staatssekretäre ohne Mandat			
6			7	8	9	10	11	12
kommen aus Mandat			Brutto-gesamt-einkommen (Spalte 5 und 6c)	davon Schatten-einkommen (Spalte 4b+ 6c)	Name	Funktion/ Ministerium	Brutto-einkommen aus dem Amt (= Spalte 5)	davon Schatten einkommen (=Spalte 4b)
b ıer- ɛie ten- ɔhale	6c Summe von Spalten 6a und 6b[3]	6d Summe von Spalten 6a und 6b in % von Spalte 5						
400	**57.456**	**18%**	375.223	74.256				
400	**57.456**	**22%**	317.235	65.856	Wilhelm Dietzel	Minister für Umwelt, Landwirtschaft und Forsten	259.779	8.400
400	**57.456**	**22%**	317.235	65.856	Marlies Mosiek-Urbahn	Sozialministerin	259.779	8.400
400	**57.456**	**22%**	317.235	65.856	Dieter Posch	Minister für Wirtschaft, Verkehr und Landes-entwicklung	259.779	8.400
400	**57.456**	**22%**	317.235	65.856	Jochen Riebel	Minister für Bundes- und Europa-angelegenheiten	259.779	8.400
					Ruth Wagner	Ministerin für Wissenschaft und Kunst	259.779	8.400
16	**56.472**	**22%**	314.319	77.232				
16	**56.472**	**24%**	289.627	71.004	Prof. Dr. Peter Kauffold	Minister für Bildung, Wissenschaft und Kultur	233.155	14.532
16	**56.472**	**24%**	289.627	71.004	Prof. Dr. Wolfgang Methling	Umweltminister	233.155	14.532
16	**56.472**	**24%**	289.627	71.004	Erwin Sellering	Justizminister	233.155	14.532
16	**56.472**	**24%**	289.627	71.004				

	Ministerpräsidenten, Minister, Senatoren und Staatssekretäre »						
	1	2	3	4		5	
	Name	Funktion/ Ministerium	Steuer-pflichti-ges Amts-gehalt	Steuerfreie Dienstaufwands-entschädigung		Brutto-einkom-men aus dem Amt (Spalte 3 und 4b)	
				4a netto	4b brutto[2]		6 Steuer… tige D…
	Sigrid Keler	Finanzministerin	221.897	7.266	14.532	236.429	20.…
	Dr. Gottfried Timm	Innenminister	221.897	7.266	14.532	236.429	20.…
Niedersachsen							
Minister-präsident	Sigmar Gabriel	Ministerpräsident	306.776	18.000	36.000	342.776	
Minister	Heinrich Aller	Finanzminister	272.051	12.000	24.000	296.051	
	Heiner Bartling	Innenminister	272.051	12.000	24.000	296.051	
	Wolfgang Jüttner	Umweltminister	272.051	12.000	24.000	296.051	
	Thomas Oppermann	Minister für Wissenschaft und Kultur	272.051	12.000	24.000	296.051	
	Wolfgang Senff	Minister für Bundes- und Europa-angelegenheiten	272.051	12.000	24.000	296.051	
Nordrhein-Westfalen							
Minister-präsident	Wolfgang Clement	Ministerpräsident	334.816	27.600	55.200	390.016	52.…
Minister	Gabriele Behler	Ministerin für Schule, Wissenschaft und Forschung	303.556	15.600	31.200	334.756	52.…
	Peer Steinbrück	Finanzminister	303.556	15.600	31.200	334.756	52.…

…« (mit Abgeordnetenmandat)					Regierungschefs, Minister, Senatoren und Staatssekretäre ohne Mandat			
6			7	8	9	10	11	12
…kommen aus Mandat			Brutto-gesamt-einkommen (Spalte 5 und 6c)	davon Schatten-einkommen (Spalte 4b+ 6c)	Name	Funktion/ Ministerium	Brutto-einkommen aus dem Amt (= Spalte 5)	davon Schatten-einkommen (=Spalte 4b)
b …er- …ie …ten- …chale	6c **Summe von Spalten 6a und 6b**[3]	6d **Summe von Spalten 6a und 6b in % von Spalte 5**						
…916	**56.472**	**24%**	292.901	71.004				
…916	**56.472**	**24%**	292.901	71.004				
…80	**12.360**	**4%**	355.136	48.360				
…80	**12.360**	**4%**	308.411	36.360	Uwe Bartels	Minister für Ernährung, Landwirtschaft und Forsten	296.051	24.000
…80	**12.360**	**4%**	308.411	36.360	Renate Jürgens-Pieper	Kultusministerin und Stellvertreterin des Ministerpräsidenten	296.051	24.000
…80	**12.360**	**4%**	308.411	36.360	Dr. Susanne Knorre	Minister für Wirtschaft, Technologie und Verkehr	296.051	24.000
…80	**12.360**	**4%**	308.411	36.360	Prof. Dr. Christian Pfeiffer	Justizminister	296.051	24.000
…80	**12.360**	**4%**	308.411	36.360	Dr. Gitta Trauernicht	Ministerin für Jugend, Familie, Frauen, Arbeit und Soziales	296.051	24.000
…92	**121.752**	**31%**	511.762	176.952				
…92	**121.752**	**36%**	456.508	152.952	Dr. Michael Vesper	Stellvertreter des Ministerpräsidenten, Minister für Städtebau und Wohnen, Kultur und Sport	334.756	31.200
…92	**121.752**	**36%**	456.508	152.952	Dr. Fritz Behrens	Innenminister	334.756	31.200

	Ministerpräsidenten, Minister, Senatoren und Staatssekretäre »						
	1	2	3	4		5	
	Name	Funktion/ Ministerium	Steuerpflichtiges Amtsgehalt	Steuerfreie Dienstaufwandsentschädigung		Bruttoeinkommen aus dem Amt (Spalte 3 und 4b)	
				4a netto	4b brutto[2]		6 Steuer tige

…« (mit Abgeordnetenmandat)					Regierungschefs, Minister, Senatoren und Staatssekretäre ohne Mandat			
6			7	8	9	10	11	12
…kommen aus Mandat			Bruttogesamteinkommen (Spalte 5 und 6c)	davon Schatteneinkommen (Spalte 4b+ 6c)	Name	Funktion/ Ministerium	Bruttoeinkommen aus dem Amt (= Spalte 5)	davon Schatteneinkommen (=Spalte 4b)
…b …uer- …eie …sten- …chale	6c **Summe von Spalten 6a und 6b[3]**	6d **Summe von Spalten 6a und 6b in % von Spalte 5**						
					Jochen Dieckmann	Justizminister	334.756	31.200
					Birgit Fischer	Ministerin für Frauen, Jugend, Familie und Gesundheit	334.756	31.200
					Bärbel Höhn	Ministerin für Umwelt und Naturschutz, Landwirtschaft und Verbraucherschutz	334.756	31.200
					Detlev Samland	Minister für Bundes- und Europaangelegenheiten	334.756	31.200
					Ernst Schwanhold	Minister für Wirtschaft und Mittelstand, Energie und Verkehr	334.756	31.200
					Harald Schartau	Minister für Arbeit, Soziales, Qualifikation und Technologie	334.756	31.200

	Ministerpräsidenten, Minister, Senatoren und Staatssekretäre						
	1	2	3	4		5	
	Name	Funktion/ Ministerium	Steuerpflichtiges Amtsgehalt	Steuerfreie Dienstaufwandsentschädigung		Bruttoeinkommen aus dem Amt (Spalte 3 und 4b)	
				4a netto	4b brutto[2]		(Steuer tige
Rheinland-Pfalz							
Ministerpräsident	Kurt Beck	Ministerpräsident	275.580	18.000	36.000	311.580	33
Minister	Hans-Artur Bauckhage	Stellvertretender Ministerpräsident und Minister für Wirtschaft, Verkehr, Landwirtschaft und Weinbau	252.139	8.004	16.008	268.147	33
	Florian Gerster	Minister für Arbeit, Soziales und Gesundheit	252.139	8.004	16.008	268.147	33
	Herbert Mertin	Minister der Justiz	252.139	8.004	16.008	268.147	33
	Gernot Mittler	Minister der Finanzen	252.139	8.004	16.008	268.147	33
	Walter Zuber	Minister des Innern und für Sport	252.139	8.004	16.008	268.147	33
Saarland							
Ministerpräsident	Peter Müller	Ministerpräsident	275.580	16.800	33.600	309.180	
Minister	Annegret Kramp-Karrenbauer	Ministerin für Inneres und für Sport	252.139	8.400	16.800	268.939	
	Jürgen Schreier	Minister für Bildung, Kultur und Wissenschaft	252.139	8.400	16.800	268.939	

« (mit Abgeordnetenmandat)					Regierungschefs, Minister, Senatoren und Staatssekretäre ohne Mandat			
			7	8	9	10	11	12
kommen aus Mandat			Brutto-gesamt-einkommen (Spalte 5 und 6c)	davon Schatten-einkommen (Spalte 4b+ 6c)	Name	Funktion/ Ministerium	Brutto-einkommen aus dem Amt (= Spalte 5)	davon Schatten-einkommen (=Spalte 4b)
b uer- eie sten- chale	6c Summe von Spalten 6a und 6b[3]	6d Summe von Spalten 6a und 6b in % von Spalte 5						
700	**92.412**	**30%**	403.992	128.412				
700	**92.412**	**35%**	360.559	108.420	Dr. Rose Götte	**Ministerin** für **Kultur, Jugend, Familie und Frauen**	268.147	16.008
700	**92.412**	**35%**	360.559	108.420	Klaudia Martini	**Ministerin** für **Umwelt und Forsten**	268.147	16.008
700	**92.412**	**35%**	360.559	108.420	Prof. Dr. Jürgen Zöllner	**Minister** für **Bildung, Wissenschaft und Weiterbildung**	268.147	16.008
700	**92.412**	**35%**	360.559	108.420				
700	**92.412**	**35%**	360.559	108.420				
880	**47.760**	**15%**	356.940	81.360				
880	**47.760**	**15%**	316.699	64.560	Dr. Hanspeter Georgi	**Minister** für **Wirtschaft**	268.939	16.800
880	**47.760**	**15%**	316.699	64.560	Dr. Regina Görner	**Ministerin** für **Arbeit, Frauen, Gesundheit und Soziales**	268.939	16.800
					Peter Jacoby	**Minister** für **Finanzen und Bundesangelegenheiten**	268.939	16.800
					Stefan Mörsdorf	**Minister** für **Umwelt**	268.939	16.800
					Ingeborg Spoerhase-Eisel	**Ministerin der Justiz**	268.939	16.800

	Ministerpräsidenten, Minister, Senatoren und Staatssekretäre »						
	1	2	3	4		5	
	Name	Funktion/ Ministerium	Steuer-pflichti-ges Amts-gehalt	Steuerfreie Dienstaufwands-entschädigung		Brutto-einkom-men aus dem Amt (Spalte 3 und 4b)	
				4a netto	4b brutto[2]		6 Steuer tige D
Sachsen							
Minister-präsident	Dr. Kurt Biedenkopf	Ministerpräsident	257.036	24.000	48.000	305.036	40.
Minister	Steffen Flath	Staatsminister für Umwelt und Landwirtschaft	214.651	12.000	24.000	238.651	40.
	Dr. Hans Geisler	Staatsminister für Soziales, Gesundheit, Jugend und Familie	214.651	12.000	24.000	238.651	40.
	Prof. Dr. Georg Milbradt	Staatsminister für Finanzen	214.651	12.000	24.000	238.651	40.
	Dr. Matthias Rößler	Staatsminister für Kultus	214.651	12.000	24.000	238.651	40.
	Christine Weber	Staatsministerin für die Gleichstellung von Frau und Mann	214.651	12.000	24.000	238.651	40.
Sachsen-Anhalt							
Minister-präsident	Dr. Reinhard Höppner	Ministerpräsident	237.087	13.200	26.400	263.487	23.
Minister	Dr. Jürgen Heyer	Minister für Wohnungswesen, Städtebau und Kultur	215.730	8.400	16.800	232.530	23.
	Dr. Gerlinde Kuppe	Ministerin für Arbeit, Frauen, Gesundheit und Soziales	215.730	8.400	16.800	232.530	23.
	Dr. Manfred Püchel	Innenminister	215.730	8.400	16.800	232.530	23.

« (mit Abgeordnetenmandat)					Regierungschefs, Minister, Senatoren und Staatssekretäre ohne Mandat			
			7	8	9	10	11	12
kommen aus Mandat			Brutto-gesamt-einkom-men (Spalte 5 und 6c)	davon Schat-ten-einkom men (Spalte 4b+ 6c)	Name	Funktion/ Ministerium	Brutto-einkom-men aus dem Amt (= Spalte 5)	davon Schatten einkom-men (=Spalte 4b)
b ıer- ie ten- chale	6c Summe von Spalten 6a und 6b[3]	6d Summe von Spalten 6a und 6b in % von Spalte 5						
320	**97.164**	**32%**	402.200	145.164				
320	**97.164**	**41%**	335.815	121.164	Klaus Hardraht	Staatsminister des Innern	238.651	24.000
320	**97.164**	**41%**	335.815	121.164	Manfred Kolbe	Staatsminister für Justiz	238.651	24.000
320	**97.164**	**41%**	335.815	121.164	Dr. Thomas de Maiziére	Staatsminister und Chef der Staatskanzlei	238.651	24.000
320	**97.164**	**41%**	335.815	121.164	Prof. Dr. Hans Joachim Meyer	Staatsminister für Wissenschaft und Kunst	238.651	24.000
320	**97.164**	**41%**	335.815	121.164	Dr. Kajo Schommer	Staatsminister für Wirtschaft und Arbeit	238.651	24.000
					Stanislaw Tillich	Staatsminister für Bundes- und Europaangelegen-heiten in der Staatskanzlei	238.651	24.000
80	**32.460**	**12%**	295.947	58.860				
80	**32.460**	**14%**	264.990	49.260	Matthias Gabriel	Minister für Wirtschaft und Technologie	232.530	16.800
80	**32.460**	**14%**	264.990	49.260	Wolfgang Gerhards	Finanzminister	232.530	16.800
80	**32.460**	**14%**	264.990	49.260	Dr. Gerd Harms	Kultusminister	232.530	16.800

	Ministerpräsidenten, Minister, Senatoren und Staatssekretäre »						
	1	2	3	4		5	
	Name	Funktion/ Ministerium	Steuerpflichtiges Amtsgehalt	Steuerfreie Dienstaufwandsentschädigung		Bruttoeinkommen aus dem Amt (Spalte 3 und 4b)	
				4a netto	4b brutto[2]		6. Steuerp tige D
Schleswig-Holstein							
Ministerpräsidentin	Heide Simonis	Ministerpräsidentin	278.195	6.240	12.440	290.635	22.
Minister	Ute Erdsiek-Rave	Ministerin für Bildung, Wissenschaft, Forschung und Kultur	256.531	3.360	6.720	263.251	22.
	Ingrid Franzen	Ministerin für ländliche Räume, Landesplanung, Landwirtschaft und Tourismus	256.531	3.360	6.720	263.251	22.
	Dr. Bernd Rohwer	Minister für Wirtschaft, Technologie und Verkehr	256.531	3.360	6.720	263.251	22.
Thüringen							
Ministerpräsident	Dr. Bernhard Vogel	Ministerpräsident	250.348	18.000	36.000	286.348	32.
Minister	Andreas Trautvetter	Finanzminister und stellvertretender Ministerpräsident	210.908	12.000	24.000	234.908	32.

…e« (mit Abgeordnetenmandat)					Regierungschefs, Minister, Senatoren und Staatssekretäre ohne Mandat			
			7	8	9	10	11	12
…kommen aus Mandat			Brutto-gesamt-einkom-men (Spalte 5 und 6c)	davon Schat-ten-einkom men (Spalte 4b+ 6c)	Name	Funktion/ Ministerium	Brutto-einkom-men aus dem Amt (= Spalte 5)	davon Schatten einkom-men (=Spalte 4b)
…b …uer-…eie …sten-…chale	6c Summe von Spalten 6a und 6b[3]	6d Summe von Spalten 6a und 6b in % von Spalte 5						
					Johnann Konrad Keller	Minister für Raumordnung, Landwirtschaft und Umwelt	232.530	16.800
					Karin Schubert	Justizministerin	232.530	16.800
400	51.516	18%	342.151	63.956				
400	51.516	20%	314.767	58.236	Klaus Buß	Innenminister	263.251	6.720
400	51.516	20%	314.767	58.236	Anne Lütkes	Ministerin für Justiz, Frauen, Jugend und Familie	263.251	6.720
400	51.516	20%	314.767	58.236	Heide Moser	Ministerin für Arbeit, Gesundheit und Soziales	263.251	6.720
					Klaus Müller	Minister für Umwelt, Natur und Forsten	263.251	6.720
					Claus Möller	Minister für Finanzen und Energie	263.251	6.720
348	93.672	33%	380.020	129.672				
348	93.672	40%	328.580	117.672	Dr. Andreas Birkmann	Justizminister	234.908	24.000

	Ministerpräsidenten, Minister, Senatoren und Staatssekretäre »						
	1	2	3	4		5	
	Name	Funktion/ Ministerium	Steuer-pflichti-ges Amts-gehalt	Steuerfreie Dienstaufwands-entschädigung		Brutto-einkom-men aus dem Amt (Spalte 3 und 4b)	
				4a netto	4b brutto[2]		6a Steuerp tige D
	Christian Köckert	Innnenminister	210.908	12.000	24.000	234.908	32.9
	Dr. Frank-Michael Pietzsch	Minister für Soziales, Familie und Gesundheit	210.908	12.000	24.000	234.908	32.9
	Franz Schuster	Minister für Wirtschaft, Arbeit und Infrastruktur	210.908	12.000	24.000	234.908	32.9
	Dr. Volker Sklenar	Minister für Landwirtschaft, Naturschutz und Umwelt	210.908	12.000	24.000	234.908	32.9

e« (mit Abgeordnetenmandat)					Regierungschefs, Minister, Senatoren und Staatssekretäre ohne Mandat			
			7	8	9	10	11	12
ıkommen aus Mandat			Brutto-gesamt-einkom-men (Spalte 5 und 6c)	davon Schat-ten-einkom men (Spalte 4b+ 6c)	Name	Funktion/ Ministerium	Brutto-einkom-men aus dem Amt (= Spalte 5)	davon Schatten einkom-men (=Spalte 4b)
6b euer-freie osten-schale	6c **Summe von Spalten 6a und 6b[3]**	6d **Summe von Spalten 6a und 6b in % von Spalte 5**						
.348	**93.672**	**40%**	328.580	117.672	Jürgen Gnauck	Minister für Bundes- und Europaange-legenheiten und Chef der Staatskanzlei	234.908	24.000
.348	**93.672**	**40%**	328.580	117.672	Dr. Michael Krapp	Kultusminister	234.908	24.000
.348	**93.672**	**40%**	328.580	117.672	Prof. Dr. Dagmar Schipanski	Ministerin für Wissenschaft, Forschung und Kunst	234.908	24.000
.348	**93.672**	**40%**	328.580	117.672				

Personal: Stand 30.11.2000

Bezahlung: Stand 1.1.2000

[1] Mit Ausnahme von Spalte 6d.

[2] Zur Umrechnung in Bruttoeinkommen verdoppelt.

[3] Summe aus Spalten 6a und 6b, letztere zur Umrechnung in Bruttoeinkommen verdoppelt.

Professor Dr. Peter Badura

Vermerk
zur Vorlage bei der 3. Sitzung der Gemeinsamen Kommission Bayern/Nordrhein-Westfalen zur Neuordnung der Bezüge von Mitgliedern der Landesregierungen am 22. Oktober 1999

1. In der 2. Sitzung der Kommission wurde die Frage aufgeworfen, ob es aufgrund des Diätenurteils des Bundesverfassungsgerichts zweifelhafte Bestandteile des Gesamteinkommens der Minister gibt – Herr von Arnim nennt die steuerfreien Aufwandsentschädigungen und den Sockelbetrag des Ruhegeldes – und damit die Gefahr einer Verschiebung solcher Bestandteile in die verfassungsrechtlich unproblematischen Bestandteile des Gesamteinkommens besteht (Ergebnisprotokoll der Sitzung, S. 5).
   Der Herr Vorsitzende der Kommission hat mich mit Schreiben vom 23. Juli 1999 hierzu um eine gutachtliche Äußerung gebeten und Herrn von Arnim eine nähere Erläuterung seiner Auffassung anheim gestellt. Herr von Arnim hat von einer derartigen Äußerung abgesehen (siehe das Schreiben des Herrn von Arnim vom 11.8.1999 und das Schreiben des Vorsitzenden vom 25.8.1999). Da die Anknüpfungspunkte und die Zielrichtung der verfassungsrechtlichen Bedenken aus dem Ergebnisprotokoll nur unvollkommen hervorgehen, kann ich mich nur vorläufig äußern; vielleicht kann eine Erörterung bei der 3. Sitzung einer vertieften Begutachtung den Boden bereiten. Immerhin dürfte es sich nur um solche Bestandteile des »Gesamteinkommens« von Mitgliedern der Landesregierung handeln, die sich daraus ergeben können, dass diese zugleich Abgeordnete sind und aus diesem Amt Einkünfte beziehen oder künftig beziehen werden.

2. Das Urteil des Bundesverfassungsgerichts vom 5. November 1975 (BVerfGE 40, 296) hat aufgrund einer Verfassungsbeschwerde einige Vorschriften des Saarländischen Landtagsgesetzes für mit dem Grundgesetz unvereinbar erklärt (Art. 48 Abs. 3 Satz 1, Art. 3 Abs. 1 GG). Das Gericht konstatiert Veränderungen der Verhältnisse, die für Art und Bemessung der Abgeordnetenentschädigung maßgebend sind. Aus der Entschädigung für einen besonderen, mit dem Mandat verbundenen Aufwand sei eine Alimentation des Abgeordneten und seiner Familie aus der Staatskasse geworden, als Entgelt für die Inanspruchnahme des Abgeordneten durch sein zur Hauptbeschäftigung (»Fulltimejob«) gewordenes Mandat, eine Bezahlung also für die im Parlament geleistete Tätigkeit. Der Abgeordnete, der dadurch natürlich nicht »Beamter« geworden sei, beziehe aus der Staatskasse ein Einkommen. Für die Bemessung der Abgeordnetenentschädigung (Art. 48 Abs. 3 GG) ergebe sich, dass diese für den Abgeordneten und seine Familie während der Dauer seiner Zugehörigkeit zum Parlament eine ausreichende Existenzgrundlage abgeben können müsse (BVerfGE 40, 296/314, 315).
Neben dem mit einem weitergebildeten Inhalt versehenen Art. 48 Abs. 3 GG zieht das Gericht – entsprechend seiner bisherigen Rechtsprechung – den »formalisierten« Gleichheitssatz als Prüfungsmaßstab heran. Von den sich daraus ergebenden Schlussfolgerungen des Gerichts könnten für die Meinungsbildung der Kommission insbesondere zwei Rechtsauffassungen von Interesse sein:

a) Die einheitliche Entschädigung mit Alimentationscharakter schließt alle weiteren, der Höhe nach differenzierten, individuellen oder pauschalierten finanziellen Leistungen an einzelne Abgeordnete aus öffentlichen Mitteln aus, die nicht einen Ausgleich für sachlich begründeten, besonderen, mit dem Mandat verbundenen finanziellen Aufwand darstellen. Danach werden also künftig z. B. eine Reihe von Pauschalen, Tage- und Sitzungsgeldern, Verdienstausfallentschädigungen und ähnlichen Zuwendungen aus der Parlamentskasse sowie gestaffelte Diäten für Abgeordnete mit besonderen parlamentarischen Funktionen entfallen (BVerfGE 40, 296/318).

b) Das Gericht gibt dem Gesetzgeber für die notwendige Neuregelung der Abgeordnetenentschädigung eine Direktive für den Fall, dass in einer Person zwei Bezüge aus öffentlichen Kassen mit Alimentationscharakter zusammentreffen können: die Abgeordnetenentschädigung und beispielsweise das Gehalt eines Hochschullehrers, eines Parlamentarischen Staatssekretärs, eines Ministers. Die Alimentationsverpflichtung der öffentlichen Hand gehe in einem solchen Fall nicht notwendig auf eine doppelte Aufbringung des angemessenen Lebensunterhalts. »Es fehlt jedenfalls an jedem sachlich zureichenden Grund, diesen Fall anders als entsprechend den gegenwärtig im Beamtenrecht geltenden Grundsätzen zu behandeln und den Abgeordneten zu privilegieren (vgl. BVerfGE 32, 157/166). Das wäre unvereinbar mit dem Gleichheitssatz« (BVerfGE 40, 296/329 f).

3. Das Diätenurteil sah sich erheblicher Kritik ausgesetzt, vor allem wegen der Übertragung des an sich beamtenrechtlichen Alimentationsprinzips auf die Abgeordnetenentschädigung. Es war sogar erwogen worden, die Tätigkeit als Abgeordneter als ein dem Mitglied der Bundes- oder einer Landesregierung verwehrtes »anderes besoldetes Amt« (siehe Art. 66 GG) anzusehen (H. H. von Arnim, Diener vieler Herren, 1998, S. 140, unter Bezugnahme auf A. Dittmann, Unvereinbarkeit von Regierungsamt und Abgeordnetenmandat – eine unliebsame Konsequenz des »Diätenurteils«? ZRP 1978, 52).
Die ungenügende Berücksichtigung der prinzipiellen Verschiedenartigkeit des Amtes des Abgeordneten und des Amtes des Beamten ist bereits im Sondervotum Seuffert kritisiert

worden (BVerfGE 40, 296, 330, 334 ff). U. a. verwirft das Sondervotum die kurze Darlegung des Senats zu der Anrechnung anderer Einkommen aus öffentlichen Kassen auf die Abgeordnetenentschädigung (a.a.O. S. 341 ff). Der Beschluss des Bundesverfassungsgerichts vom 30. September 1987 (BVerfGE 76, 256/740 ff) ist denn auch in diesem Punkt vom Diätenurteil ausdrücklich abgerückt. Dieser Beschluss bekräftigt, dass zwischen Abgeordneten und Beamten grundliegende statusrechtliche Unterschiede bestehen, so dass eine für Abgeordnete gegenüber dem Beamtenrecht günstigere Anrechnungsregelung keine willkürliche Ungleichbehandlung ist. Dieselbe Beurteilung gilt für die gesetzliche Regelung der Versorgungsbezüge von Bundesministern und Parlamentarischen Staatssekretären (BVerfGE 76, 256/343 ff). Das Gericht führt dazu aus: »Zwar steht dieses Amt (sc. des Bundesministers) demjenigen des Beamten deshalb näher als das Amt des Abgeordneten, weil es sich hier um ein Amt in der Legislative, dort um Ämter in der Exekutive handelt. Gleichwohl sind die Verschiedenheiten zwischen dem politischen Amt eines Mitglieds der Bundesregierung und den Ämtern an der politischen Leitung allenfalls in ihrer Spitze beteiligter, aber auch dort nicht für sie verantwortlicher Amtsinhaber im administrativen Bereich so groß, dass eine unterschiedliche Struktur der Besoldung und Versorgung gerechtfertigt ist.« Für das Amt von Mitgliedern einer Landesregierung kann nichts anderes gelten.

Die verfassungsrechtlichen Prämissen des Diätenurteils sind noch in einem anderen Punkt überholt, nämlich soweit für den Bereich der parlamentarischen Repräsentation der allgemeine Gleichheitssatz in einer »formalisierten« Strenge, nämlich auf die Funktionsfähigkeit der Volksvertretung beschränkten Form, zur Anwendung komme. Das Bundesverfassungsgericht hat neuerdings die Lehre von der regulativen und letztlich übergeordneten Bedeutung des allgemeinen Gleichheitssatzes für die Wahlrechtsgleichheit aufgegeben (BVerfGE 95, 408/417 f.; BVerfG NJW 1999, 43).

4. Aus dem Diätenurteil des Bundesverfassungsgerichts lassen sich nach alledem keine Schlüsse daraus ziehen, dass zwischen Ministeramt und Abgeordnetenmandat eine Unvereinbarkeit bestände. Aus diesem Urteil kann auch nicht abgeleitet werden, dass die Einkünfte eines Mitglieds der Landesregierung aus dem Ministeramt von vornherein auf dessen Einkünfte als Abgeordneter anzurechnen seien oder umgekehrt. Ob und inwieweit eine Anrechnung erfolgen darf oder muss, ist nur durch die Eigenart von Ministeramt und Abgeordnetenmandat, nicht dagegen durch beamtenrechtliche Analogien vorgezeichnet.

Eine weitergehende Prüfung muss für den Fall vorbehalten bleiben, dass dem Diätenurteil speziellere Rechtsfolgen entnommen werden.

München, am 20. September 1999

Hans Herbert von Arnim
Fetter Bauch regiert nicht gern

Die politische Klasse – selbstbezogen und abgehoben

464 Seiten
ISBN 3-426-77385-6

Die politische Klasse ist satt und träge geworden. Anstehende Probleme werden nicht gelöst, notwendige Reformen verwässert. Auf ihren eigenen Vorteil bedacht, verstrickt sich die politische Klasse im Dschungel der Interessen und verkommt zum Lobbyistenverband in eigener Sache. Die Lähmung der Politik ist nur zu lösen, wenn Regierung und Parlament ihre Handlungsfähigkeit zurückgewinnen. Dazu sind grundlegende institutionelle Reformen nötig. Hans Herbert von Arnim schildert die Missstände, analysiert die Gründe und zeigt Wege aus der politischen Erstarrung.

»Eine frontale Attacke auf die Kaste der eigensüchtigen Politiker.«

Nürnberger Nachrichten

»Von Arnim beweist mit einer Fülle von Fakten und Beispielen, dass der Stillstand, der Reformstau, die gegenseitige Blockade aus der Beschaffenheit, aus den Interessen der politischen Klasse zwangsläufig folgt.«

Thilo Koch, Süddeutscher Rundfunk

Knaur

Hans Herbert von Arnim
Diener vieler Herren

Die Doppel- und Dreifachversorgung von Politikern

304 Seiten
ISBN 3-426-77372-4

Während Normalverdiener ein ganzes Leben lang arbeiten müssen, um ihre Rente zu verdienen, brauchen Berufspolitiker dafür oft nur kurze Zeit: Jedes ihrer Amtsjahre verschafft ihnen ein Vielfaches an Rentenwert – Spitzenwerte gehen bis zum 75fachen. Aber damit nicht genug: Politiker können Einkommen und Renten aus verschiedenen Ämtern in Gemeinde, Land und Bund geradezu sammeln, ohne dass eine angemessene Verrechnung greift. Sie sitzen gleichzeitig im Parlament und auf der Regierungsbank und beziehen aus beiden Ämtern ein Salär. Abgeordnete können sogar ungestraft ihre Unabhängigkeit an finanzkräftige Interessenten verkaufen – als »Diener vieler Herren«.

Schonungslos macht Hans Herbert von Arnim das ganze System der Mehrfachversorgung unserer Politiker publik. Zugleich legt er einen konkreten Aktionsplan für die notwendigen Reformen vor. – Ein »Handbuch für den wütenden Wähler«.

»Der Verfassungsrechtler Hans Herbert von Arnim hat gute Chancen, bundesweit zum bestgehassten Widersacher der Politiker zu werden.«

Die Zeit

Hans Herbert von Arnim
Staat ohne Diener

Was schert die Politiker das Wohl des Volkes?

448 Seiten
ISBN 3-426-80062-4

Seit Jahren beobachten wir, wie große Teile der politischen Klasse ihre Schlüsselrolle an den Schaltstellen der Macht zum eigenen Nutzen missbrauchen. Statt sich um das Wohl des Volkes zu kümmern, scheinen viele Politiker primär ihre eigenen Interessen an Macht, Posten und Geld zu verfolgen. Dahinter verbirgt sich jedoch eine viel grundlegendere strukturelle Krise: Politik und Staat sind so organisiert, dass das Gemeinwohl gegenüber den gut organisierten Eigeninteressen bestimmter Gruppen den kürzeren zieht. Das führt dazu, dass die Politik bei der Lösung dringender Sachfragen versagt. Hans Herbert von Arnim zeigt, wie die Funktionsfähigkeit des ganzen Systems verbessert oder gar wiederhergestellt werden kann. Wirksame Kontrolleinrichtungen staatlicher Macht und eine gezielte Stärkung des Einflusses der Bürger sind dafür unerlässlich.

»Als Einmann-Instanz gegen die Parteien.«

Die Zeit

Hans Herbert von Arnim
Vom schönen Schein der Demokratie

Politik ohne Verantwortung – am Volk vorbei

392 Seiten
ISBN 3-426-27204-0

Alle Macht geht vom Volke aus – theoretisch. Denn in Wahrheit sind Wahlen, Volksbegehren und Volksentscheid stumpfe Waffen im Kampf um die politische Mitsprache. Die politische Klasse hat die Instrumente demokratischer Bürgerbeteiligung durch eine Fülle einschränkender Bestimmungen weitgehend entschärft. Ungestört vom Volk schiebt einer dem anderen die Verantwortung zu: Die Länder sind politisch kastriert, die Bundesregierung ist durch den Bundesrat gelähmt, der lässt gern das Bundesverfassungsgericht entscheiden, und im Zweifel ist sowieso die EU zuständig. Das Ergebnis: Die Politik ist handlungsunfähig, dringende Reformen werden nicht angepackt.
In seinem bisher eindringlichsten Buch analysiert Hans Herbert von Arnim nicht nur die unerträglichen Defizite des demokratischen Systems – er zeigt auch, wie sich die vorhandenen Möglichkeiten nutzen lassen, um die Mitsprache der Bürger zu stärken, die Kontrolle der politischen Institutionen zu verbessern und die Handlungsfähigkeit des Systems wiederherzustellen.

»Arnim hat sich die Freiheit genommen, radikal zu denken, zu beschreiben und Alternativen zu entwickeln. Das ist gut so.«

Hessischer Rundfunk

»Ein notwendiges Buch zur rechten Zeit.«

Die Zeit

Droemer